西方经济学学习指导与习题集

主　编　卢铁玲　张　丹　洪　爽
副主编　孙碧宁　孙丹丹

天津大学出版社
TIANJIN UNIVERSITY PRESS

图书在版编目(CIP)数据

西方经济学学习指导与习题集 / 卢铁玲, 张丹, 洪爽主编 ; 孙碧宁, 孙丹丹副主编. – 天津 : 天津大学出版社, 2024.2

ISBN 978-7-5618-7678-7

Ⅰ. ①西… Ⅱ. ①卢… ②张… ③洪… ④孙… ⑤孙… Ⅲ. ①西方经济学－高等学校－教材 Ⅳ. ①F0-08

中国国家版本馆CIP数据核字(2024)第044191号

出版发行　天津大学出版社
地　　址　天津市卫津路92号天津大学内(邮编:300072)
电　　话　发行部:022-27403647
网　　址　www.tjupress.com.cn
印　　刷　廊坊市海涛印刷有限公司
经　　销　全国各地新华书店
开　　本　787mm×1092mm　1/16
印　　张　13.25
字　　数　332千
版　　次　2024年2月第1版
印　　次　2024年2月第1次
定　　价　45.00元

前　言

《西方经济学学习指导与习题集》是以马克思主义理论研究和建设工程重点教材《西方经济学(第二版)》上下册为基础,并参考其他普通高等院校通用教材编写而成。本书按章编写,每章包括三部分内容。第一部分以思维导图的形式凝练本章的基本内容,对本章的学习目标进行全面的规划。第二部分是重点、难点讲解,主要针对本章的重要内容和疑难知识点进行深度分析。第三部分是习题练习,主要包括单项选择题、多项选择题、判断题、名词解释、填空题、问答题、观点辨析及案例分析等题型。每一类型习题都紧扣知识点,覆盖全面,难易适中。最后附答案解析,对每一习题给出答案及解析,便于学生课下自学。

《西方经济学学习指导与习题集》的特点及适用范围如下。(1)本书以试题的形式提炼知识点,以答案的形式归纳、提升、扩展基本理论和技能,读者通过阅读本书可以轻松掌握微观经济学和宏观经济学的基本概念和基本理论,培养和巩固经济思维,提高运用经济学基本理论和基本方法分析和解决经济问题的能力。(2)本书内容力求做到紧扣教材、深入浅出、题型全面、重点突出。本书针对每个小知识点都编写了大量的单项选择题、多项选择题和判断题,尽量覆盖全部知识点,对于学生全面掌握知识点和参加各种考试帮助巨大。对于复杂的理论问题,本书以问答题、观点辨析和案例分析的形式进行阐述。(3)本书写作目的在于明确重点,厘清思路,帮助读者进行自我检验,是自学、自测、巩固提高、加深理解基本理论和基本知识的良师益友、必备读物,也可以作为高校本科生和考研学生学习"西方经济学"课程的配套教材。

本书是卢铁玲教授在总结多年使用马克思主义理论研究和建设工程重点教材《西方经济学(第二版)》上下册的经验的基础上组织编写的,经学院专家委员会和学校课程教学团队审阅后,同意出版。本书由卢铁玲、张丹、洪爽、孙碧宁老师共同执笔,孙丹丹老师负责基础材料的搜集和文字校对等工作。

目　　录

第一章　导言

一、本章基本内容框架

本章是西方经济学的综合概括，介绍西方经济学的一些预备知识，其目的是使学生对西方经济学有一个初步的和整体的认识，为学好西方经济学做准备。本章要求学生重点掌握经济学研究的对象与方法，掌握微观经济学与宏观经济学的概况，了解计划经济与市场经济的特征及经济理论与经济政策的关系。

- 导言
  - 研究起点：由于人类欲望无穷，而资源有限
  - 基本假设
    - 理性人
    - 完全信息
  - 研究对象
    - 个体经济行为——微观
    - 总体经济行为——宏观
  - 发展过程
    - 古典学派
    - 反古典学派
      - 历史学家
      - 社会主义
      - 边际效用学派
    - 新古典综合派
    - 新剑桥学派
    - 凯恩斯学派
    - 货币学派
    - 理性预期学派
    - 供给学派
    - 公共选择学派
    - 新制度经济学派
  - 研究方法
    - 实证经济学与规范经济学
    - 均衡分析与边际分析
    - 局部均衡与一般均衡
    - 静态分析、比较静态分析与动态分析

本章思维导图

西方经济学经历了重商主义、古典经济学、新古典经济学、当代西方经济学到微观经济学与宏观经济学的发展历程。

西方经济学研究的首要问题是如何用有限的物品和劳务在有限的时间内去满足最重要

最迫切的欲望。

西方经济学的研究方法有演绎法,经济模型的构建与数学分析,静态分析、比较静态分析与动态分析,实证分析与规范分析。

在学习西方经济学时,应该理论联系实际,并运用马克思主义的观点和立场进行分析。

二、重点、难点讲解

1. 理性人与理性行为

【解析】理性人假设是说,人们是理性的,并且是利己的。需要指出的是,尽管人们在大部分情形下都是利己的,但行为可能是理性的,也可能是非理性的。理性行为是说,人们在做决策时会评估成本与收益,总是选择最好的方案。但是理性行为与利他主义动机也并不矛盾。西方经济学也可以分析利他主义的理性行为。

2. 实证分析法和规范分析法

【解析】实证分析法不讲价值判断,回答“是什么”的问题。规范分析法以价值判断为基础,回答“应该是什么”的问题。

3. 稀缺性与短缺

【解析】稀缺是相对于人类社会的无穷欲望而言的,经济物品,或者说生产这些物品所需要的资源总是不足的。这种资源的相对有限性就是稀缺性。稀缺性是人类社会永恒的问题,只要有人类社会,就会有稀缺性。短缺是指经济发展中产品、资源和服务的供给不能满足有支付能力的需求。

三、习题练习

(一)单项选择题

1. 说“资源是稀缺的”是指(　　)。

A. 世界上大多数人生活在贫困中

B. 相对于资源的需求而言,资源总是不足的

C. 资源必须保留给下一代

D. 世界上的资源最终将由于生产更多的物品和劳务而消耗光

2. 对经济学家来讲,非理性意味着(　　)。

A. 人们无意识地伤害自己

B. 人们故意采取与自己的最大利益相悖的行为

C. 人们采取恶毒的行为

D. 人们没有花费足够的时间考虑,从而做出反常的选择

3. 由市场配置资源意味着(　　)。

A. 社会每个成员都能得到他想要的任何东西
B. 稀缺的物品售卖给那些出价最高的人
C. 政府必须决定每个人应该得到多少物品
D. 要得到急需的物品必须排队

4. 微观经济学要解决的问题是(　　)。
A. 资源配置　B. 资源总量的决定
C. 如何实现充分就业　D. 国民收入的决定

5. 经济学产生的原因(　　)。
A. 生产的需要　B. 欲望满足的需要
C. 稀缺性的存在与选择的必要　D. 选择的需要
E. 社会发展的需要

6. 微观经济学的内容包括(　　)。
A. 价格决定　B. 产量决定
C. 成本决定　D. 利润决定
E. 以上所有

7.(　　)不是宏观经济学的内容。
A. 收入决定　B. 物价水平
C. 经济增长　D. 厂商均衡
E. 国际收支

8. 下列表述中是规范分析的是(　　)。
A. 社会面临着通货膨胀与失业之间的短期权衡取舍
B. 减少货币增长率将降低通货膨胀率
C. 社会应该要求福利者去找工作
D. 美联储降低货币增长率

9. 在市场经济条件下,配置资源的核心要素是(　　)。
A. 生产者　B. 消费者　C. 信息　D. 价格

10. 经济物品是指(　　)。
A. 有用的物品　B. 稀缺的物品
C. 要用钱购买的物品　D. 有用且稀缺的物品

(二)多项选择题

1. 经济形式包括(　　)。
A. 自给自足　B. 市场经济　C. 混合经济　D. 计划经济

2. 经济学的基本假设包括(　　)。
A. 理性人　B. 完全信息　C. 稀缺性　D. 短缺性

3. 根据研究对象不同,将经济学的研究范畴划分为(　　)。

A. 微观经济学　　B. 宏观经济学　　C. 劳动经济学　　D. 政治经济学

(三)判断题

1. 如果社会不存在资源的稀缺性,也就不会产生经济学。　(　)
2. 资源的稀缺性决定了资源可以得到充分利用,不会出现资源浪费现象。　(　)
3. 实证经济学要解决“应该是什么”的问题,规范经济学要解决“是什么”的问题。　(　)
4. 是否以一定的价值判断为依据是实证经济学与规范经济学的重要区别之一。　(　)
5. “人们的收入差距大一点好还是小一点好”的命题属于实证经济学问题。　(　)
6. 因为资源是稀缺的,所以产量是既定的,永远无法增加。　(　)
7. 微观经济学要解决的问题是资源利用,宏观经济学要解决的问题是资源配置。　(　)
8. 经济学按其研究方法的不同可以分为实证经济学和规范经济学。　(　)
9. 资源的稀缺性是指世界上的资源终将由于不断用于生产产品和劳务而消耗完。　(　)
10. 汽车是可以自由买卖的,所以是自由物品。　(　)

(四)名词解释

1. 稀缺性　2. 经济学　3. 经济物品　4. 机会成本　5. 微观经济学
6. 宏观经济学　7. 实证分析　8. 规范分析　9. 均衡

(五)填空题

1. 经济学之父为________。

2.________以单个经济单位(消费者、生产者)为研究对象,研究单个经济单位的经济行为,以及相应的经济变量的单项数值如何决定。

3.________研究的是社会总体的经济行为及其后果,即对经济运行的整体,包括整个社会的产量、收入、价格水平和就业水平进行分析。

(六)问答题

1. 如何理解“经济人”假设的内涵?经济人假设对于经济学研究的意义是什么?
2. 局部均衡分析与一般均衡分析之间的差别是什么?分别在什么情况下适用?
3. 微观经济学与宏观经济学的含义。
4. 经济学中的均衡的含义是什么?
5. 试述西方经济学的研究对象和研究方法。
6. 任何经济社会都必然面临的三大基本经济问题是什么?
7. 如何理解微观经济学与宏观经济学的联系与区别?

(七)观点辨析

1. 知识无国界,西方经济学的所有结论都适用于我国市场经济建设,适应我国国情。

2. 如果经济学家讨论的是“人们的收入差距大一点好些还是小一点好些”的问题，试问这属于实证经济学问题还是属于规范经济学问题？

3. 加拿大经济学家迈克尔·帕金写了一本畅销世界的教科书《经济学》，该书的第一章开头就写道：“从你每天早上醒来的一刻到你每天晚上睡下的一刻，你的生活充满了选择。”著名经济学家梁小民教授说：“经济学就是一门选择的科学。”如何理解这些观点？

4. 什么是经济理性主义？日常生活中有哪些行为是符合这个原则的？有没有“非理性”或“反理性”行为？自私自利和损人利己是理性的还是反理性的，为什么？您给出的答案是实证性的还是规范性的？

（八）案例分析

1. 晋文公退避三舍

作为春秋五霸之一的晋文公重耳，有过这样一段惊心动魄的流亡经历。其父晋献公死后不久，晋文公的弟弟登上了君王宝座，为了减少哥哥对自己的威胁，决定杀掉他，以绝后患。

重耳无路可走，只好逃到齐国，并表示愿为齐桓公效犬马之劳。为了不让齐桓公对自己有疑心，重耳过着安逸的生活，且行为举止十分低调。齐桓公当然也没有亏待他，不仅赏给他许多东西，而且还将齐姜许配给他。可惜在齐国一段时间以后，出了一点意外，晋文公的妻子和其他一些人将重耳灌醉，并用马车把重耳偷偷送出齐国。就这样，重耳又流亡到了曹国。经过一系列的波折后，晋文公跑到了楚国。楚成王为了表示对重耳的尊敬，设宴隆重接待了他。席间楚成王问重耳如何报答楚国对他的恩情。重耳想了想，回答说：“楚国在大王您的治理下，物产丰饶，人民生活殷实，兵强马壮，国力强大，金银珠宝数不胜数，大王还需要我用什么来报答呢？”楚成王听了这段话后，便哈哈大笑，说：“所言极是，但你总要有所表示吧？”重耳灵机一动，干脆地回答道：“如果大王您能助我重返晋国，一旦晋、楚两国交战，我就让晋军退避三舍，以报答大王对我的恩情。”宴席结束后，楚国有人请求楚成王杀掉重耳，以绝后患。但楚成王认为这样做不合天理，于是又把重耳送到秦国去了。

重耳来到秦国，秦穆公也隆重接待了他，并将自己的亲生女儿怀嬴嫁给了重耳。终于在公元前636年，秦穆公派人护送重耳回到晋国。回国之后，晋文公为了实现他称霸天下的愿望，采取了一系列改革措施，如鼓励生产，加强军备等，使得晋国一天天强大起来。

公元前632年，晋文公率兵解救宋国与楚国交战，为了实现自己“退避三舍”的诺言，晋文公下令军队退避三舍，最后城濮一战大败楚军。后来晋、齐、鲁等国，以及周王室订立盟约，正式称晋文公为盟主，晋文公终于成为诸侯霸主。

根据资料请解释理性人，理性行为及非理性行为。

2. 邻人献玉

从前魏国有这样一组邻居——其中一家人都不认识玉，而另一家则是可以识别玉的，因此发生了下面的故事。

农耕时节到了,有一天那个不认识玉的农夫赶牛来到了自家的田里,开始耕地。地才犁了一会儿,突然他听到"嘎吱"一声,他也不知道究竟是怎么回事。于是他喝住耕牛,停下了活儿,来到犁旁边,刨开土层一看,原来是犁铧碰到了一块石头。农夫将石头捡起来,抹去表面的泥土,发现这石头竟有一尺多宽而且有光泽,农夫很是奇怪,从来没有见过这样的石头,也不知为何物。农夫抱着这块石头找到了邻居,准备让邻人去辨认,看看究竟是什么。邻人不愧是行家,一眼就看出这"石头"是美玉,但他又不想说出实情,于是便想欺骗农夫。他随口编了一句谎言:"这石头是鬼怪变成的不祥之物,迟早会给你带来麻烦的,趁早扔掉得了。"农夫一听这话,还真有点犹豫,但觉得如此好看的石头,扔了怪可惜的,最后还是将信将疑地把石头抱回家。回到家里,家人看到如此美丽的石头后,都认为这明明是很好的一块石头啊,怎么会是鬼怪变成的呢?就这样,农夫决定留着石头,并把石头放在家中。

夜幕降临,"石头"开始发光,而且随着夜越变越黑,"石头"的光也越来越显眼,最后把整个屋子都照亮了。农夫全家人都不知道是怎么回事,第二天清早就去问邻人。邻人故弄玄虚地说:"昨天不是告诉你这块石头是鬼怪变的,肯定是它在作祟。"农夫一听就吓坏了,立刻扔掉了石头。过了几天,认识玉的邻人捡回了"石头"。

不久,邻人就抱着玉石去奉献给魏国大王。魏王召来工匠,让其评估玉石的价值。工匠一见玉石,为之一震,立刻向魏王说道:"恭喜大王,贺喜大王!"魏王奇怪地说:"何喜之有?"工匠继续说:"大王您得到的是一件价值连城的稀世珍宝啊!""那你看看值多少钱啊?"魏王继续问道。"这个东西是没有办法用金钱去衡量的啊,大王。"工匠继续说。

魏王听后,立刻就赏给邻人许多金银财宝。

根据资料解释信息不对称及启示。

3. 无为而治的"文景之治"

秦朝末年,连年的战争严重破坏了社会的生产秩序,导致人口锐减,经济萧条,民不聊生,到处是一片荒凉凄惨的景象。汉高祖及其后的汉文帝、汉景帝等,尤其是文帝和景帝面对这样一个经济凋零的局面,如何才能恢复战争所带来的创伤呢?他们相继采取了一系列措施,使得经济逐渐恢复,史称"文景之治",为日后的汉武帝征伐匈奴奠定了基础。所采取的措施如下。

第一,吸取秦朝灭亡的教训,即秦朝采取了法家的思想,对农民实行严厉的重压政策。文帝和景帝以秦为鉴,逐渐清除了这些法家思想,转而都采取了"黄老之学",就是无为而治的统治思想。同时为了能够做到"与民生息",政府也不去过多打扰农民的生产生活。

第二,由于秦始皇的横征暴敛和修建大量工程,导致农民起义不断,最终导致秦的灭亡。为此,他们为了减少农民的抵抗,不仅采取了轻徭薄赋的政策,税率最低的时候达到了"三十税一",极大地减少了农民的负担,而且大量削减农民的徭役和劳役等,让农民拥有相对的自由,从而更好地发展生产。

第三,文帝时期,为了维持国家的安定,对周边少数民族都采取了很友好的政策,特别是面对实力较强而又屡次侵犯汉朝的匈奴采取了和亲政策,绝不轻易对外用兵。这样不仅使边疆地区得到开发,而且使国内有一个很好的发展环境。

第四,由于农业生产的恢复和人口的迅速增加,接着就出现了因粮食过多而使粮价下降的问题。粮食价格下降了,当然会影响到农民的收益。为了增加农民收入,使得农业生产能够继续发展,文帝采取了鼓励富裕人家或官员去购买农民的粮食的措施,从而提高粮食价格,进而来稳定农业生产。

汉朝经过几十年的发展,国家经济逐步繁荣,社会安定有序,人民生活安居乐业,出现了四海升平的景象。

根据案例说明政府与市场在经济运行中扮演的角色,或是根据案例说明如何处理政府与市场的关系。

第二章　需求、供给及均衡价格

一、本章基本内容框架

微观经济学以单个经济单位为研究对象，通过研究单个经济单位的经济行为来说明价格机制如何解决社会的资源配置问题，本章可作为微观经济学研究的出发点。本章要求学生重点掌握需求理论、价格的决定，掌握供给理论与价格如何调节经济，了解价格政策。

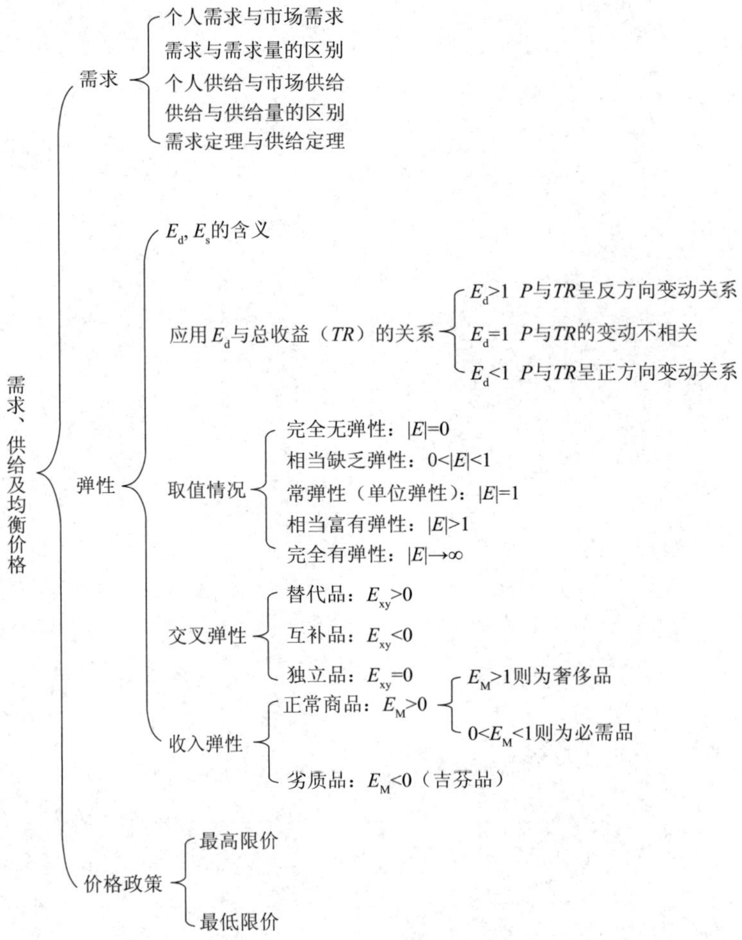

本章思维导图

需求表示在其他条件不变的情况下，某种商品的需求量与其价格之间的关系，通常满足需求规律，即在其他条件不变的情况下，需求量与价格呈反方向变动关系。

供给表示在其他条件不变的情况下，某种商品的供给量与其价格之间的关系，满足供给规律，即在其他条件不变的情况下，某种商品的价格越高，生产者对该商品的供给量就越大。

在竞争市场上某种商品的需求与供给相互作用使得市场处于均衡水平。市场需求或市场供给发生改变，均衡价格也会相应地发生变动。

一个经济变量对另一个经济变量的影响程度可以由弹性来衡量。

市场机制调节资源配置的优点在于其处理经济信息和协调利益关系的自发性，但是它存在盲目性和滞后性等特点，因此需要价格制定政策。

二、重点、难点讲解

1. 需求的理解

【解析】必须具备的两个条件：①消费者要具有购买欲望；②消费者要具有购买能力。

这就表明需求是购买欲望和支付能力的统一，缺少任何一个条件都不能成为需求。例如：想听某一著名歌手的演唱会而买不起门票或者能买得起门票但没有听演唱会欲望的人都不能构成需求，只有那些既想听演唱会又能买得起门票的人才会构成需求。

2. 需求量的理解及与需求的区别

【解析】需求量是指消费者在某一特定时期内，在某一价格水平时，愿意而且能够购买的某种商品的数量。需求指在不同价格水平时的不同需求量的总称。

区别：①需求由各种因素决定，需求量由价格决定；②在需求曲线上，需求指整个曲线，需求量是该曲线上的一点。这就是说，需求是不同价格水平时的一组需求量，而需求量是某一价格水平时的特定需求量。

3. 需求规律的理解

【解析】需求规律是指在其他条件不变的情况下，商品的需求量与价格呈反方向变动的规律，即价格上升需求量减少，价格下降需求量增加。需求规律基于除商品本身价格之外影响需求的因素都不变的前提，研究商品本身价格与需求量之间的关系，如果没有这一前提，需求规律就无法成立。如果消费者的收入增加，商品本身的价格与需求量就不一定呈反方向变动。

4. 供给的理解

【解析】供给是指生产者在一定时期内，在各种可能的价格下，愿意而且能够提供某种产品或劳务的数量。必须具备的两个条件：①生产者有出售愿望；②生产者要有供给能力。

可见，供给是出售愿望和供给能力的统一，生产者如果只有生产出售的愿望，而没有生产能力，则不能形成有效供给，同样，生产者有生产能力，但是缺乏生产和供应商品的愿望也不能形成供给。例如黑龙江不能生产并提供甘蔗，是因为不具备种植的自然条件，缺乏生产能力。

5. 均衡价格

【解析】均衡价格是在完全竞争市场上由供求双方的竞争自发形成的。均衡价格的形成也就是价格决定的过程。因此,价格也就是由市场供求双方的竞争所决定的。需要强调的是,均衡价格形成的市场应该是完全竞争的,形成的过程完全是自发的。如果市场是不完全竞争市场或者受外力的干预(如:垄断的力量或国家的干预),那么,这种价格就不是均衡价格。

6. 供求定理

【解析】供求定理指在其他条件不变的情况下,需求的变动分别引起均衡价格和均衡数量的同方向的变动;供应变动分别引起均衡价格的反方向变动和均衡数量的同方向变动。即需求增加,供给不变,使均衡价格上升,均衡数量增加;需求减少,供给不变,使均衡价格下降,均衡数量减少;供应增加,需求不变,使均衡价格下降,均衡数量增加;供应减少,需求不变,使均衡价格上升,均衡数量减少。

7. 需求的价格弹性

【解析】需求的价格弹性表示在一定时期内一种商品的需求量变动对于该商品的价格变动的反应程度。它告诉我们,当某种商品的价格上升 1% 时,该商品的需求量将会发生多大的百分比变化。其弧弹性的计算公式为: $E_d=-\frac{\Delta Q/Q}{\Delta P/P}$。点弹性计算公式为: $E_d=-\frac{P}{Q}\frac{\mathrm{d}Q}{\mathrm{d}P}$。其中: E_d 代表需求弹性系数; P 代表商品价格; ΔP 代表价格的变动量; Q 代表需求量; ΔQ 代表需求的变动量; $\Delta Q/Q$ 代表需求量变动的比率, $\Delta P/P$ 代表价格变动的比率。一般需求量与价格变化负相关,因此 ΔP 与 ΔQ 二者变化方向相反,所以需求价格弹性系数前面加个"负号"。

8. 影响需求价格弹性的因素

(1)商品的可替代程度。一种商品其替代品越多,替代性越强,则需求弹性越大。例如樟脑过去没有替代品,其需求弹性较小;现在有了人造樟脑,当天然樟脑的价格上涨时可以用人工樟脑代替,因而其需求量大幅减少,需求弹性也就变大。

(2)商品的消费支出在消费者全部支出中所占的比例。一种商品的消费支出在全部支出中所占的比例越大,则其需求弹性越大;反之,则越小。例如,报纸、火柴、铅笔、肥皂等商品的需求价格弹性就比较小。因为,消费者每月在这些商品上的支出是很小的,他们往往对这类商品价格的变化不敏感。

(3)商品用途的广泛性。一种商品的用途越多,其需求弹性越大。例如玉米最早是食品,后来作为牲畜的饲料,再以后用来榨油,最近又用来制做玉米糖浆。当其用途不断增加时,其需求曲线逐渐向右移动且渐趋平坦。因价格上涨时各种用途的需求量均要减少,价格下跌时各种用途的需求量均要增加,故其作用越多,需求弹性越大。

(4)商品对消费者生活的重要程度。一种商品对人们的生活越重要,则其需求弹性越小。例如作为生活必需品的粮食,其需求弹性甚小,而看电影对一般消费者来说并非生活必需品,其需求弹性就很大。

(5)所考察的消费者调整需求量的时间。考察的时间越长,需求价格弹性就可能越大。因为当消费者决定减少或停止对某种价格上升的商品的购买之前,他一般需要花费时间去寻找和了解该商品的替代品。例如当石油价格上升时，消费者在短期内不会较大幅度地减少需求量。但设想在长期内，消费者可能找到替代品，于是，石油价格上升会导致石油的需求量较大幅度下降。

9. 需求价格弹性与总收益

由于不同商品的需求价格弹性不一样，因此降价与提价对总收益的影响也不同。下面分三种情况考察改变产品价格对厂商总收益的影响。

1）需求富有弹性的商品

需求富有弹性的商品，即 $E_d>1$，降价会增加厂商的总收益，提价会减少厂商的总收益。因为降价造成的总收益 $P \cdot Q$ 值的减少量小于需求量增加带来的总收益 $P \cdot Q$ 值的增加量。

例如，项链的需求富有弹性，$E_d=3$，当价格 $P_1=1\ 000$ 元 / 条时，销售量 $Q_1=10$ 条，总收益 $TR_1=P_1 \cdot Q_1=10\ 000$ 元。当价格下降 10%，即 $P_2=900$ 元 / 条时，由于 $E_d=3$，销售量增加 30%，即 $Q_2=13$ 条，总收益 $TR_2=P_2 \cdot Q_2=900 \times 13=11\ 700$ 元。降价后总收益增加了 1 700 元；如果提价，则总收益减少。

2）需求缺乏弹性的商品

需求缺乏弹性的商品，即 $0 \leqslant E_d<1$，降价会减少厂商的总收益，提价会增加厂商的总收益。因为降价造成的总收益 $P \cdot Q$ 值的增加量小于需求量增加带来的总收益 $P \cdot Q$ 值的减少量。

例如，小麦的需求缺乏弹性，$E_d=0.5$，当价格 $P_1=1$ 元 / 千克时，销售量 $Q_1=1\ 000$ 千克，总收益 $TR_1=P_1 \cdot Q_1=1\ 000$ 元。当价格下降 10%，即 $P_2=0.9$ 元 / 千克时，由于 $E_d=0.5$，销售量增加 5%，即 $Q_2=1\ 050$ 千克，总收益 $TR_2=P_2 \cdot Q_2=0.9 \times 1\ 050=945$ 元。降价后总收益减少了 55 元；如果提价，则总收益增加。

3）单位需求弹性的商品

单位需求弹性的商品，即 $E_d=1$，降价或提价对厂商的总收益都没有影响。因为价格变动造成的总收益 $P \cdot Q$ 值的增加量或减少量等于需求量变动带来的总收益 $P \cdot Q$ 值的减少量或增加量。

10. 最低限价和最高限价

【解析】最低限价，指政府为了扶持某一行业的生产而规定的该行业产品的最低价格。最低价格总是高于市场均衡价格。一般情况下，政府会运用“支持价格”政策保护农业类产品。因为农产品生产具有周期性，丰收年份农产品产量增加，农产品价格下跌，农民收入相应减少，这种生产而不增收的现象易挫伤农民生产的积极性，导致农民在下一年里减少农产品的种植，从而导致农产品生产与供应的不稳定。为了稳定农民收入，政府就要实行“支持价格”政策。硬性规定如小麦、玉米、棉花、稻米和烟草等农产品的最低限价，农民按这种最低价格向市场出售后的剩余部分由政府收购。

最高限价，是指政府为了防止某些生活必需品的价格上涨而规定的这些产品的最高价格。最高价格总是低于市场均衡价格。由于商品短缺，政府为了维持这种限制价格，往往采取配给制，限定消费者购买的数量，但这时市场上往往会出现抢购、黑市交易、投机现象。

11. 政府赋税的承担

【解析】政府税收究竟主要由谁来负担,取决于供给曲线与需求曲线的斜率。当需求曲线的斜率大于供给曲线的斜率时,税负主要由消费者来承担,例如粮食、米面一类的生活必需品;当需求曲线的斜率小于供给曲线的斜率时,税负主要由生产者来承担,例如小轿车、珠宝等奢侈品。这是因为,当需求曲线的斜率大于供给曲线的斜率时,商品的需求弹性小于供给弹性,因而税收可以通过提高销售价格来转移,因为即使销售价格有较大提高,消费者也不能不买;当需求曲线的斜率小于供给曲线的斜率时,商品的需求弹性大于供给弹性,因而税收难以通过提高销售价格来转移,因为销售价格稍有提高,消费者就会大量减少购买。

三、习题练习

(一)单项选择题

1. 其他条件不变,当羽毛球的价格下降时,羽毛球的需求量将(　　)。

A. 不变　　B. 减少　　C. 增加　　D. 无法确定

2. 小麦歉收导致小麦价格上升,在这个过程中(　　)。

A. 小麦供给的减少引起需求下降　　B. 小麦供给减少引起需求量的下降

C. 小麦供给的减少引起需求下降　　D. 小麦供给量的减少引起需求量的下降

3. 在其他情况不变的条件下,下述(　　)可使汽油的整条需求曲线向右移动。

A. 汽车价格上升　　B. 铁路和空中运输费用提高

C. 低成本电力车辆问世　　D. 新疆发现地下油田

4. 下列哪一种情况引起 X 物品的供给曲线向左方移动(　　)。

A. 生产 X 物品的工人的工资减少　　B. 生产 X 物品的机器成本增加

C. 生产 X 物品的技术进步　　D.X 物品的价格下降

5. 在得出某棉花种植农户的供给曲线时,下列除哪个因素以外,其余均保持为常数(　　)。

A. 土壤的肥沃程度　　B. 技术水平

C. 棉花的种植面积　　D. 棉花的价格

6. 在常规状态下,如果兴城地区苹果的供给大于需求则意味着苹果的价格(　　)。

A. 不久将会上升　　B. 不久就会下降

C. 保持不变　　D. 价格的变化无法确定

7. 政府为了扶持新兴行业的生产而规定的该行业产品的价格大于市场均衡价格水平,则在价格管制方面属于(　　)。

A. 最高限价　　B. 最低限价　　C. 自由浮动价格　　D. 国际市场定价

8. 辽西地区由于扩大玉米的播种面积并取得大丰收,则可预测玉米的销售收入将(　　)。

A. 不变　B. 减少　C. 增加　D. 无法确定

9. 下列(　　)的需求价格弹性系数最小。

A. 胰岛素　B. 小汽车　C. 化妆品　D. 运动鞋

10. 下列(　　)降低价格后，预期销售收入会增加。

A. 胰岛素　B. 食盐　C. 大米　D. 服装

11. 5 月份，X 商品的替代品的价格上升和互补品的价格上升，分别引起 X 商品的需求变动量为 50 单位和 80 单位，则在它们共同作用下该月 X 商品需求数量(　　)。

A. 增加 30 单位　B. 减少 30 单位　C. 增加 130 单位　D. 减少 130 单位

12. 若某商品价格上升 2%，其需求下降 10%，则该商品的需求价格弹性是(　　)。

A. 缺乏弹性的　B. 富有弹性的　C. 单位弹性的　D. 无限弹性的

13. 消费者偏好不变，对某商品的消费量随着该消费者收入的增加而减少，则该商品是(　　)。

A. 替代品　B. 互补品　C. 正常品　D. 低档品

14. 在下述原因中，(　　)是彩色电视机的需求曲线向左平移的原因。

A. 彩色电视机的价格上升　B. 消费者对彩色电视机的预期价格上升

C. 消费者对彩色电视机的预期价格下降　D. 消费者的收入水平提高

15. 如果商品 a 和商品 b 是替代品，则 a 的价格下降将造成(　　)。

A. a 的需求曲线向右移动　B. a 的需求曲线向左移动

C. b 的需求曲线向右移动　D. b 的需求曲线向左移动

16. 均衡价格一定随着(　　)。

A. 需求与供给的增加而上升　B. 需求的增加和供给的减少而上升

C. 需求的减少和供给的增加而上升　D. 需求和供给减少而上升

17. 已知某种商品的需求是富有弹性的，在其他条件不变的情况下，生产者要想获得更多的收益，应该(　　)。

A. 适当降低价格　B. 适当提高价格　C. 保持价格不变　D. 不断地降低价格

18. 下面(　　)会导致粮食制品的均衡价格上升。

A. 居民收入的下降　B. 牛奶价格的下降　C. 良好的气候条件　D. 鸡蛋价格的增加

19. 建筑工人工资提高将使(　　)。

A. 新房子供给曲线左移并使房子价格上升

B. 新房子供给曲线右移并使房子价格下降

C. 新房子供给曲线左移并使房子价格下降

D. 新房子供给曲线右移并使房子价格上升

20. 政府为了扶持农业，对农产品规定了高于其均衡价格的支持价格。政府为了维持支持价格，应该采取的相应措施是(　　)。

A. 增加对农产品的税收　B. 实行农产品配给制

C. 收购过剩的农产品　D. 对农产品生产者予以补贴

21. 当咖啡的价格急剧上升时,对茶叶的需求量将(　　)。

A. 不变　　B. 减少　　C. 增加　　D. 无法确定

22. 如果低成本电力车辆投入运营,会引起汽油的整个需求曲线(　　)。

A. 向右下方移动　　B. 向左下方移动　　C. 向左上方移动　　D. 向右上方移动

23. 当出租车租金上涨后,对公共汽车服务的(　　)。

A. 需求增加　　B. 需求量增加　　C. 需求减少　　D. 需求量减少

24. 已知某商品的需求函数和供给函数分别为: $Q_d=14-3P$, $Q_s=2+6P$,该商品的均衡价格是(　　)。

A.4/3　　B.4/5　　C.2/5　　D.5/2

25. 已知 X、Y 两种商品的交叉弹性为 1.8,则这两种商品为(　　)。

A. 独立品　　B. 替代品　　C. 补充品　　D. 不能确定

26."谷贱伤农"准确地说,是指(　　)。

A. 粮食供给的减少引起农民收入下降　　B. 粮食供给的减少引起粮价下降

C. 粮食供给的增加引起农民收入下降　　D. 粮食供给的增加引起粮价下降

27. 当政府对商品实行最高限价时,通常市场上会出现的现象是(　　)。

A. 市场过剩　　B. 变相降价　　C. 市场短缺　　D. 政府收购

28. 最高限价的目标是(　　)。

A. 保护消费者利益或支持某一产业的发展

B. 保护生产者利益或支持某一产业的发展

C. 保护消费者利益或降低某些生产者的生产成本

D. 保护生产者利益或降低某些生产者的生产成本

29. 某城市决定从 2011 年 8 月 1 日起,把辖区内一著名风景区门票价格从 32 元 / 张提高到 40 元 / 张,已知该风景区 2011 年 8 月的游客为 88 000 人次,与 2010 年 8 月相比减少了 12%,则以弧弹性公式计算的该风景区旅游的需求价格弹性系数是(　　)。

A.0.57　　B.0.48　　C.1.1　　D.2.08

30. 在其他条件不变的情况下,如果某产品需求价格弹性系数小于 1,则当该产品价格提高时(　　)。

A. 会使生产者的销售收入减少　　B. 不会影响生产者的销售收入

C. 会使生产者的销售收入增加　　D. 生产者的销售收入可能增加也可能减少

31. 在下列说法中,体现了需求规律的是(　　)。

A. 汽油的价格提高,小汽车的销售量减少

B. 药品的价格上涨,使药品质量得到了提高

C. 小麦的价格下降,导致销售量增加

D. 丝绸的价格提高,游览公园的人数增加

32. 水产品安全问题一度被炒得沸沸扬扬,让多数人意识到海水鱼比淡水鱼更安全,于是更多人转而食用海水鱼,这导致了渔民加大力度打捞海水鱼。若其他条件不变,以下说法

正确的是(　　)。

A. 海水鱼的需求曲线和供给曲线都向右移动

B. 海水鱼的需求曲线和供给曲线都向左移动

C. 海水鱼的需求曲线向右移动,供给曲线向左移动

D. 海水鱼的需求曲线向左移动,供给曲线向右移动

33. 在其他条件不变的情况下,下列可以使商品房供给曲线向右移动的是(　　)。

A. 商品房价格不断上涨

B. 建筑材料成本不断提高

C. 房贷新政策规定,购买第二套房的首付提高到房价的 50%

D. 政府降低了土地出让价格

34. 某类电影现行平均票价为 4 元 / 张,对该类电影需求的价格弹性为 1.5,经常出现许多观众买不到票的现象,这些观众大约占可买到票观众的 15%,采取以下(　　)项方法,可以使所有想看电影而又能买得起票的观众都能买到票。

A. 电影票降价 10%　　B. 电影票提价 10%

C. 电影票降价 15%　　D. 电影票提价 15%

35. 下列哪一项会导致某种商品需求曲线向左移动。(　　)

A. 消费者收入增加　　B. 互补品价格上涨

C. 替代品价格上升　　D. 该商品价格下降

36. 当价格高于均衡价格时(　　)。

A. 需求量大于供给量　　B. 需求量小于供给量

C. 需求量与供给量相等　　D. 需求量与供给量可能相等,也可能不等

37. 关于需求和供给变动对均衡价格和均衡数量的影响,下列说法错误的是(　　)。

A. 需求不变,供给减少,会使均衡数量减少,均衡价格上升

B. 供给不变,需求减少,会使均衡数量减少,均衡价格下降

C. 供给和需求同时减少,会使均衡数量减少,均衡价格的变化不确定

D. 供给减少,需求增加,会使均衡数量增加,均衡价格的变化不确定

(二)多项选择题

1. 对大白菜供给的减少,可能是由于(　　)。

A. 气候异常严寒　　B. 政策限制大白菜的种植

C. 大白菜价格下降　　D. 化肥价格上涨

2. 政府实行最低限价的后果有(　　)。

A. 政府收购价格高于市场价格　　B. 产品将供过于求

C. 政府要负责收购多余产品　　D. 政府对负责收购的企业进行补贴

3. 政府针对铁路制定最高限价的可能后果是(　　)。

A. 短缺　　B. 排队　　C. 配额　　D. 社会风气败坏

4. 解释为什么服装常打折销售，而酱油不会。（　　）

A. 二者的需求价格弹性不一样

B. 因为服装需求价格弹性系数大于 1，是属于需求富有弹性的商品

C. 酱油是需求缺乏弹性的商品

D. 需求富有弹性的商品降低价格后，销售收入才会增加，实现薄利多销

5. 为什么风调雨顺时，农民的收入反而减少。（　　）

A. 风调雨顺时，农产品的供给增加而需求不变，所以压低了市场价格

B. 农产品属于需求缺乏弹性的商品

C. 需求缺乏弹性的商品降低价格后，收入反而减少，所以不能使农民从中获益，形成了“谷贱伤农”现象

D. 农产品属于需求富有弹性的商品，降低价格后，销售收入才会增加

6. 在放任自由的市场经济下，同一商品在甲地和乙地价格水平不统一，供求自发力量应如何调节。（　　）

A. 低价区买进，需求增加，供给不变，该地区价格要上升

B. 高价区卖出，供给增加，需求不变，该地区价格要下降

C. 买进和卖出行为最终使两地区的价格趋于一致

D. 供求自发力量的调节是通过投机行为完成的

7. 影响需求价格弹性的因素有（　　）。

A. 购置欲望　　B. 商品的可替代程度

C. 用途的广泛性　　D. 商品价格

E. 商品的使用时间

8. 关于需求曲线，下列说法中错误的有（　　）。

A. 当人们对商品 X 的偏好增强时，其需求曲线向右移动

B. 当人们的收入增加时，正常商品的需求曲线向右移动

C. 商品 X 的替代品价格上升时，商品 X 的需求曲线向左移动

D. 商品 X 的互补品价格上升时，商品 X 的需求曲线向右移动

E. 当消费者预测商品 X 的价格将会上升时，其需求曲线向右移动

（三）判断题

1. 新技术带来了高效率，商品的供给增加，供给曲线向右下方平移。（　）

2. 服装的需求价格弹性大于药品的需求价格弹性。（　）

3. 某种物品越容易被替代，其需求也就越缺乏弹性。（　）

4. 当政府想让人民节约水时，提价是最有效的方法。（　）

（四）名词解释

1. 需求　2. 供给　3. 需求规律　4. 供给规律　5. 供求定理　6. 均衡价格

7. 需求价格弹性　8. 需求收入弹性　9. 需求交叉价格弹性　10. 供给价格弹性

11. 最低限价 12. 最高限价

（五）填空题

1. 需求函数是 $Q_d=600-5P$，供给函数是 $Q_s=120+3P$。当地政府为了维持价格不低于68元/单位，采取收购部分产品的措施，政府必须收购 ________ 单位。

2. 一般说来，生产技术水平与供给量呈 ________ 方向变动。（同还是反）

3. 其他条件不变，当某种商品的生产成本下降时，会引起该商品 ________ 的变动。（需求还是供给）

4. 在经济学中，将供求相等状态称为 ________。

5. 需求价格弹性表示某一商品的需求量变动对它 ________ 变动的反应程度。

6. 当需求增加，供给不变，会引起均衡价格 ________。

7. 已知某一时期内，A商品的需求函数为 $Q_d=50-5P$，供给函数为 $Q_s=-10+5P$，该商品的均衡价格为 ________ 元。

8. 某产品市场的供给曲线和需求曲线分别为：$Q_s=-4.5+16P$，$Q_d=13.5-8P$，均衡数量为 ________。

9. 假定需求函数 $Q_d=600-100P$，当价格由2元/单位涨到4元/单位时，其需求价格弧弹性为 ________。

10. 已知某一时期内，A商品的需求函数为 $Q_d=50-5P$，供给函数为 $Q_s=-10+P$，该商品的均衡价格为 ________ 元。

11. 某产品市场的供给曲线和需求曲线分别为：$Q_s=-4+8P$，$Q_d=12-8P$，均衡数量为 ________。

12. 假定某商品的需求函数为 $P=120-3Q_d$，供给函数为 $P=5Q_s$。商品均衡点的需求弹性为 ________。

13. 某商品的需求函数和供给函数分别为：$Q_d=20-3P$，$Q_s=2+3P$。假设厂家要扩大销售收入，应该采取 ________ 的策略（提价还是降价）。

14. 某种商品在价格由8元/单位下降为6元/单位时，需求量由20单位增加为30单位。用中点法计算这种商品的需求弹性，根据弹性取值大小，其类型属于 ________。

（六）问答题

1. 试论商品的均衡价格是怎样形成的。

2. 政府实行限制价格的后果有哪些。

3. 简述需求规律的含义及其特例。

4. 什么是供给规律？它有没有特例？谈谈你对经济学中经济规律的看法。

（七）观点辨析

1. 某城市大量运输的需求的价格弹性估计为1.6，城市管理者问你，为了增加大量运输的收入，运输价格应该增加还是降低，你应当怎样回答。

2. 有人说,气候不好对农民不利,因为农业要歉收。但有人说,气候不好对农民有利,因为农业歉收以后谷物要涨价,收入会增加。对这两种讨论你有何评价。

3.“均衡价格是供给等于需求时的价格”是否正确?说明理由。

4. 降价是市场上常见的促销方式。但为什么餐饮业可以采用降价促销的方式,而中小学教科书不采用降价促销的方式。用需求弹性理论解释这种现象。

5.“需求曲线越陡,价格弹性就越小;需求曲线越平缓,价格弹性就越高。”这句话对吗?试举例加以说明。

(八)案例分析

1. 多收了三五斗

著名作家叶圣陶先生于 1933 年 7 月 1 日发表了一篇文章——《多收了三五斗》。文章中讲述了这样一个故事。老天爷对百姓格外开恩,一年四季风调雨顺,待到秋收时节,农民自然“多了三五斗”然而当他们一家人愉快地坐下来计算当年收入的时候,结果却令他们大吃一惊,丰收年景却无益于收入提高。在文章中叶圣陶先生还描述了万盛米行的米价波动情况。六月份粮食的价格一片喜人:“在六月里,你们不是卖十三块么?”“十五块也卖过,不要说十三块。”然而到了丰收季节,粮食市场上出现大量超额供给,粮食价格一落千丈;“糙米五块,谷三块”…… “哪里有跌得这样厉害的!”“现在什么时候,你们不知道吗?各处的米像潮水般涌来,过几天还要跌呢!”糙米五块,谷三块,这个价格连上一年都不如,进一步观察,稻米价格的降低亦没有带来商埠收购量的大幅度提高,丰收的喜悦并未使粮农称心,于是“谷贱伤农”的“丰收悖论”便出现了,农民苦不堪言。

结合本章学习内容解释上述现象。

2. 洛阳纸贵

《晋书·文苑·左思传》中记载西晋太康年间出了位有名的文学家左思。他的著作《三都赋》,因人们认为其水平超过了班固写的《两都赋》和张衡写的《二京赋》,一时间在洛阳广为流传,人们啧啧称赞,竞相传抄,一下子使纸昂贵了几倍,由原来的每刀一千文,涨到了两三千文。请问纸的价格为什么上涨了?

第三章　消费者选择

一、本章基本内容框架

本章通过阐述基数效用论和序数效用论说明单个消费者在收入、商品的价格既定时，如何在多种商品之间做出消费选择，最终实现满足感最大化，进而推导需求曲线；本章要求学生重点掌握边际效用分析法和无差异曲线分析法，理解消费者剩余的概念，了解消费者的其他决策。

- 消费者选择
  - 基数效用分析（边际效用分析）
    - 边际效用递减规律
    - 消费者均衡：$MU_X/P_X=MU_Y/P_Y=\cdots=MU_N/P_N=a$
    - 由 MU 导出需求曲线
    - 消费者剩余：$CS=\int_0^{Q_0} f(Q)\mathrm{d}Q-p_0Q_0$
  - 序数效用分析（无差异曲线分析）
    - 无差异分析：含义、特性、斜率（MRS 递减规律）
    - 消费者均衡
      - 预算线：$P_XX_X+P_YX_Y=I$
      - 无差异曲线
      - $MU_X/P_X=MU_Y/P_Y$
    - 价格－消费曲线：导出消费者的需求曲线
    - 收入－消费曲线：导出消费者的恩格尔曲线
    - 替代效应和收入效应
      - 正常品
      - 低档品
      - 吉芬品

本章思维导图

效用理论说明位于需求曲线上的每一点都代表着消费者在该价格下获得最大效用的均衡状态。

商品给消费者带来的效用满足可以用效用函数或者无差异曲线表示。效用分为总效用和边际效用。

在保持效用水平不变的情况下，随着一种商品消费数量的增加，消费者增加一单位该商品的消费而愿意放弃的另外一种商品的消费数量逐渐减少。

消费者均衡的条件：消费者遵循每单位支出购买任意一种商品所获得的边际效用都相等，或者选择的最优商品数量组合使得两种商品的边际替代率等于这两种商品的价格之比。

二、重点、难点讲解

1. 边际效用的理解

【解析】边际效用(MU)强调消费者在一定时间内两个经济量的变化,一个经济量是消费数量增加的单位,另一个是增加该消费所得到的效用量的增量。边际效用等于总效用的变动量与商品消费量的变动量的比值。如:面包片消费数量由3片增加到4片,消费面包片的总效用由40单位增加到50单位,则第4单位商品的边际效用为10。

2. 边际效用递减规律的理解

【解析】在一个人非常饥饿的情况下,吃第一个包子给他带来的效用是很大的,之后,随着他所吃的包子数量的连续增加,虽然总效用是不断增加的,但每一个包子给他带来的效用增量即边际效用是递减的。当他完全吃饱的时候,包子的总效用达到最大值,边际效用却降为零。他如果继续吃包子,就会感到不适,这意味着包子的边际效用进一步降为负值,总效用也开始下降。(前提条件:只消费一种商品,其他商品的消费数量保持不变)。因此边际效用递减规律是在一定时间内,在其他商品的消费数量保持不变的条件下,随着消费者对某种商品消费数量的增加,消费者从该商品连续增加的每一消费单位中所得到的效用增量即边际效用是递减的。

3. 边际效用递减规律的成因

【解析】第一,从生理和心理的角度来说。由于相同消费品的连续增加,消费者从每一单位消费品中所感受到的满足程度和对重复刺激的反应程度是递减的,从而导致物品增加所带来的追加效用呈递减趋势。

第二,从商品不同用途的角度来说。如果一种商品具有几种用途,消费者总是将第一单位的消费品用在最重要的用途上,第二单位的消费品用在次重要的用途上,这样,随着消费品用途的重要性逐渐递减,消费品的边际效用也随之递减。

4. 消费者均衡的实现

【解析】当 $MU_X/P_x<MU_Y/P_Y$ 时,说明对于消费者来说,同样的一元钱购买商品X所得到的边际效用小于购买商品Y所得到的边际效用。这时理性的消费者就会调整这两种商品的购买量。例如,他把用于购买商品X的一元钱用于购买商品Y,这时并没有超出其收入的限制,但通过这种调整,消费者在商品X上损失的效用为 MU_X/P_X,而从商品Y那里得到的效用增加量为 MU_Y/P_Y,其损失的效用小于得到的效用,因而通过调整消费者会使得效用增加。这说明,在 $MU_X/P_X<MU_Y/P_Y$ 时,消费者并没有得到最大的满足,消费者会减少商品X的购买量,同时增加商品Y的购买量。

另一方面,在边际效用递减规律的作用下,商品X的边际效用会随其购买量的不断减少而递增,商品Y的边际效用会随其购买量的不断增加而递减。当消费者将其购买组合调整到同样的一元钱购买这两种商品所得到的边际效用相等时,即达到 $MU_X/P_X=MU_Y/P_Y=a$ 状态时,他便得到了最大好处。

当 $MU_X/P_X > MU_Y/P_Y$ 时,消费者会增加商品X的购买量而减少商品Y的购买量,直到一元钱购买这两种商品的边际效用相等时，才能获得最大的效用，即达到了均衡。

如果有 N 种商品可供消费者选择，那么可以将消费者均衡条件扩展为：

$$MU_1/\mathrm{P}_1=MU_2/\mathrm{P}_2=\cdots=MU_N/P_N=a$$

约束条件为：

$$M=P_1Q_1+P_2Q_2+P_3Q_3+\cdots+P_NQ_N$$

式中：$Q_1, Q_2, Q_3, \cdots, Q_N$ 分别为第 N 种商品的数量。

此时消费者实现效用最大化的条件是花在每一种商品上的最后一元钱所带来的边际效用均相等，并且等于货币的边际效用。上述均衡条件要求的是每一元钱所得到的边际效用相等，而不是每种商品的边际效用相等。每一种商品的边际效用相等并不能保证消费者获得最大的效用，因为各种商品的价格是不同的。消费者达到均衡也不是指消费者在各种商品上花费相同数额的钱，而是指消费者购买商品时使商品的边际效用和价格成比例。另外消费者获得了最大效用并不是指消费者的欲望得到了完全的满足，而是指在货币收入和商品价格既定的条件下得到了最大效用。

5. 商品的边际替代率

【解析】当一个消费者沿着一条既定的无差异曲线进行选择的时候，两种商品的数量组合会不断地发生变化，而效用水平却保持不变。这就说明，在维持效用水平不变的条件下，消费者增加一种商品的消费数量时，必然会减少另一种商品的消费数量，即两商品的消费数量之间存在着替代关系。。

6. 商品的边际替代率递减规律

【解析】商品的边际替代率递减规律是说，在维持效用水平不变的前提下，随着一种商品消费数量的连续增加，消费者为得到每一单位的这种商品所需要放弃的另一种商品的消费数量是递减的。这主要是因为，随着一种商品消费的连续增加，消费者获取这种商品的欲望会降低，从而他愿意为此放弃的另一种商品的数量会越来越少，因此边际替代率会降低。从商品边际替代率的几何意义上来讲，边际替代率递减表示无差异曲线的斜率的绝对值是递减的，这也决定了差异曲线具有凸向原点的特征。商品的边际替代率递减规律是一个普遍规律。例如，将货币看成一种特殊的商品，人们花钱购买手机的过程可以看作用货币换取手机的过程，最开始人们愿意用几万元来换它，随着手机数量的增加，人们就用几千元、几百元来换它。

7. 替代效应和收入效应

【解析】替代效应是指由于商品的相对价格发生了变化，消费者增加跌价商品的购买量以代替价格相对上升的商品，替代效应不改变效用水平。收入效应是指由于收入变化而导致的商品购买量变化的现象。以正常品为例，假如某种商品的价格下跌，会使得消费者用这种商品来代替其他价格未变或上升的商品，因而对该商品的需求增加，即替代效应是正效应。同时，价格下跌会引起消费者的实际收入提高，从而增加对该商品的需求，即收入效应也为正数。总效应 = 替代效应 + 收入效应。

三、习题练习

(一)单项选择题

1. 一个消费者想要一单位 X 商品的心情甚于想要一单位 Y 商品,原因是(　　)。

A. 商品 X 比商品 Y 的用途更广泛　　B. 商品 X 的价格较低

C. 商品 X 更稀缺　　D. 商品 X 有更大的效用

2. 如果某种商品的边际效用为零时,则这时消费该商品所得到的总效用(　　)。

A. 等于零　　B. 等于 1　　C. 降至最小　　D. 达到最大

3. 消费者剩余是指消费者从商品的消费中得到(　　)。

A. 满足程度

B. 边际效用

C. 满足程度超出了他实际支出的价格部分

D. 满足程度小于他实际支出的价格部分

4. 如果消费者支付的货币效用大于所购入的商品效用,则他会(　　)。

A. 继续购买　　B. 停止购买

C. 退掉已购入的商品　　D. 大量购买

5. 商品的价格不变而消费者的收入增加,则预算线(　　)。

A. 向左下方移动　　B. 向右上方移动　　C. 不动　　D. 绕着一点转动

6. 消费者的预算线反映了(　　)。

A. 消费者的收入约束　　B. 消费者的偏好

C. 消费者的需求　　D. 消费者效用最大化状态

7. 已知某产品需求函数为 $Q_d=100-5P$,供给函数为 $Q_s=5P-50$,则市场均衡时的消费者剩余为(　　)。

A.100　　B.125　　C.62.5　　D.56.5

8. 关于无差异曲线,下列说法中不正确的是(　　)。

A. 同一条无差异曲线代表相同的效用水平

B. 离原点越近的无差异曲线代表的效用水平越低

C. 同一平面坐标上的任意两条无差异曲线不会相交

D. 无差异曲线凹向原点

9. 同一条无差异曲线上的不同点表示(　　)。

A. 效用水平不同,但所消费的两种商品组合比例相同

B. 效用水平相同,但所消费的两种商品的组合比例不同

C. 效用水平不同,两种商品的组合比例也不同

D. 效用水平相同,两种商品的组合比例也相同

10. 序数效用论认为,商品效用的大小(　　)。

A. 取决于它的用途　　B. 取决于它的价格

C. 不可比较　　D. 可以比较

11. 在消费者均衡点上的无差异曲线的斜率(　　)。

A. 大于预算线的斜率　　B. 小于预算线的斜率

C. 等于预算线的斜率　　D. 可能大于、小于或等于预算线的斜率

12. 消费者均衡意味着(　　)。

A. 消费者的支出最少　　B. 消费者获得的总效用最大

C. 既定支出下消费者获得的效用最大　　D. 消费者消费某种商品的边际效用最大

13. 某消费者逐渐增加商品的消费量,直至达到了效用的最大化,在这个过程中,该商品的(　　)。

A. 总效用和边际效用不断增加　　B. 总效用和边际效用不断减少

C. 总效用不断下降,边际效用不断增加　　D. 总效用不断增加,边际效用不断减少

14. 在以下情况中,实现了消费者均衡的是(　　)。

A.$MU_x/P_x>MU_Y/P_Y$　　B.$MU_x/P_x<MU_Y/P_Y$

C.$MU_x/P_x=MU_Y/P_Y$　　D.$MU_x/P_x=MU_Y/P_Y=0$

15. 已知商品 X 的价格为 1.5 元 / 单位,商品 Y 的价格为 1 元 / 单位,如果消费者从这两种商品的消费中得到最大效用的时候,商品 X 的边际效用是 30,那么商品 Y 的边际效用是(　　)。

A.20　　B.30　　C.45　　D.55

16. 无差异曲线任一点上商品 X 和商品 Y 的边际替代率等于它们的(　　)。

A. 价格之比　　B. 数量之比　　C. 边际效用之比　　D. 边际成本之比

17. 若某消费者消费了两单位某物品之后,得知边际效用为零,则此时(　　)。

A. 消费者获得了最大的平均效用　　B. 消费者获得的总效用最大

C. 消费者获得的总效用最小　　D. 消费者获得的总效用为负

18. 已知消费者的收入为 50 元,P_X=5 元 / 单位,P_Y=4 元 / 单位,假设该消费者计划购买 6 单位商品 X 和 5 单位商品 Y,商品 X 和 Y 的边际效用分别为 60 和 30,如要实现效用最大化,他应该(　　)。

A. 增购商品 X 而减少商品 Y 的购买量　　B. 增购商品 Y 而减少商品 X 的购买量

C. 同时增加商品 X 和商品 Y 的购买量　　D. 同时减少商品 X 和商品 Y 的购买量

19. 同一条无差异曲线上(　　)。

A. 消费商品 X 获得的总效用等于消费商品 Y 获得的总效用

B. 消费商品 X 获得的边际效用等于消费商品 Y 获得的边际效用

C. 曲线上任两点对应的消费品组合(X,Y)所能带来的边际效用相等

D. 曲线上任两点对应的消费品组合(X,Y)所能带来的总效用相等

20. 预算线向右上方平移的原因是(　　)。

A. 商品 X 的价格下降了

B. 消费者的收入下降了

C. 商品 Y 的价格下降了

D. 商品 X 和商品 Y 的价格按同一方向和比率下降了

21. 某些人在收入较低时购买黑白电视机，在收入增加时，去购买彩色电视机，黑白电视机对这些人来说是(　　)。

A. 生活必需品　B. 奢侈品　C. 低档品　D. 吉芬品

22. 某消费者获得更多的某种商品时(　　)。

A. 消费者获得的总效用递增　B. 消费者获得的总效用递减

C. 消费者获得的边际效用递增　D. 消费者获得的边际效用递减

23. 假如某消费者所消费的几种商品的价格都相同，为了使其在消费的过程中获得最大的满足，该消费者应该购买(　　)。

A. 相同数量的这几种商品　B. 这几种商品并使其总效用相等

C. 这几种商品并使其边际效用相等　D. 以上答案都不对

24. 下面除了(　　)外，都是对物品的边际效用的正确理解。

A. 每增加(减少)一单位对物品的消费所引起总效用增(减)量

B. 最后增加的那一单位的物品的消费所提供的效用

C. 消费一定数量的某种物品的消费所提供的效用

D. 数学表达式为 $MU=\Delta TU/\Delta Q$(TU 为总效用，Q 为物品数量)

25. 对于一种商品的消费，如果消费者得到了最大满足，那么，从基数效用论的角度分析，这实际上意味着此时(　　)。

A. 边际效用为最大值　B. 边际效用为正数

C. 边际效用为零　D. 边际效用为负数

26. 预算线上的点所对应的商品组合表明(　　)。

A. 该消费者没有用完预算支出　B. 预算支出条件下的最大可能数量组合

C. 该消费者处于均衡状态　D. 该消费者超出了预算支出

27. 在序数效用论中，消费者实现效用最大化的点必定落在(　　)。

A. 预算线右侧的区域　B. 预算线左侧的区域

C. 预算线上　D. 预算线上与左侧的区域

28. 总效用曲线达到顶点时(　　)。

A. 边际效用曲线达到最高点　B. 边际效用为零

C. 边际效用为正　D. 边际效用为负

29. 消费者剩余就是消费者的(　　)。

A. 实际所得　B. 主观感受　C. 没有购买的部分　D. 消费剩余部分

30. 边际效用随着消费量的增加而(　　)。

A. 递减　B. 递增　C. 不变　D. 先增后减

31. 关于基数效用论，不正确的是(　　)。

A. 基数效用论中效用可以用确定的数字表达出来

B. 基数效用论中效用可以加总

C. 基数效用论与序数效用论使用的分析工具完全相同

D. 基数效用论认为消费一定量的某物的总效用可以由每增加一单位的消费所增加的效用加总得出

32. 已知某家庭的总效用方程为 $TU=14Q-Q^2$，Q 为消费商品数量，该家庭获得最大效用时的商品数量为(　　)。

A.49　　B.7　　C.14　　D.2

33.$M=P_X \cdot Q_X+P_Y \cdot Q_Y$ 就是消费者的(　　)。

A. 需求函数　　B. 效用函数

C. 预算约束条件方程　　D. 不确定函数

34. 总效用与边际效用的关系(　　)。

A. 当边际效用为零时，总效用最大　　B. 当边际效用为零时，总效用递增

C. 当边际效用为负时，总效用最大　　D. 当边际效用为负时，总效用不变

35. 低档品的需求量可能随(　　)而增加。

A. 该商品的价格下降或收入提高　　B. 该商品的价格下降或收入下降

C. 该商品的价格上升或收入提高　　D. 该商品的价格上升或收入下降

36. 无差异曲线的坐标分别表示的经济含义是(　　)。

A. 两种消费品　　B. 消费品与价格

C. 两种生产要素　　D. 生产要素及其产出

37. 以下(　　)的需求与价格之间的关系就是需求规律的例外。

A. 面包　　B. 吉芬品　　C. 低档品　　D. 小汽车

38. 由于人们对效用的认识不同，就形成了两种效用理论，即(　　)。

A. 总效用论、平均效用论　　B. 基数效用论、序数效用论

C. 序数效用论、总效用论　　D. 边际效用论、总效用论

39. 第四张葱油饼带来的满足不如第三张葱油饼这一事实是下列哪一个概念的例子(　　)。

A. 消费者剩余　　B. 总效用递减　　C. 边际效用递减　　D. 价值之谜

40. 水与钻石的价值之谜（水比钻石对人更有用，但价格却低得多），可用下列说法解释的是(　　)。

A. 钻石的总效用更高　　B. 水的边际效用高

C. 钻石的边际效用高　　D. 钻石的需求曲线向右上方倾斜

41. 当总效用以递减的速率增加时，边际效用应该是(　　)。

A. 为正值，且不断增加　　B. 为正值，但不断减少

C. 为负值，且不断减少　　D. 为负值，但不断增加

42. 若无差异曲线上任一点的斜率为 -1/2，这意味着消费者有更多商品 X 时，他更愿意放弃(　　)单位商品 X 而获得 1 单位商品 Y。

A.1/2　　B.2　　C.1　　D.1.5

43. 商品 X 和商品 Y 的价格按相同的比率增加,但收入不变,预算线将(　　)。

A. 向左下方平移　　B. 向右上方平移

C. 不变　　D. 向左下方或右上方平移

44. 无差异曲线上任意一点商品 X 和商品 Y 的边际替代率等于它们的(　　)。

A. 价格之比　　B. 数量之比　　C. 边际效用之比　　D. 边际成本之比

45. 已知消费者的收入是 100 元,商品 X 的价格是 10 元 / 单位,商品 Y 的价格是 5 元 / 单位。假定他打算购买 7 单位的商品 X 和 6 单位的商品 Y,这时商品 X 和商品 Y 的边际效用分别是 50 和 20。为获得最大效用,他应该(　　)。

A. 停止购买　　B. 增购商品 X,减少商品 Y 的购买

C. 减少商品 X 的购买,增购商品 Y　　D. 同时增购商品 X 和商品 Y

46. 已知商品 X、商品 Y 的价格分别为 P_X, P_Y,当时 $MRS_{XY}>P_X/P_Y$,消费者为达到效用最大化,他将(　　)。

A. 增购商品 X,减购商品 Y　　B. 减购商品 X,增购商品 Y

C. 同时增购商品 X、商品 Y　　D. 同时减购商品 X、商品 Y

47. 某消费者需求曲线上的各点(　　)。

A. 表示该消费者的效用最大点　　B. 表示商品边际替代率相等点

C. 表示两种商品边际效用相等点　　D. 表示供给量和需求量相等点

(二)多项选择题

1. 关于边际效用与总效用关系的正确表达式是(　　)。

A.$MU=TU/\Delta Q$(TU 为总效用,Q 为物品数量)

B.$TU=\Sigma MU$

C. 边际效用为总效用曲线每一点与原点连线的斜率

D. 边际效用为总效用曲线每一点切线的斜率

2. 商品的边际替代率(　　)。

A. 是正的　　B. 是负的

C. 具有递减的趋势　　D. 等于该两种商品的边际效用之比

E. 是指消费者为保持原有的效用水平或满足程度不变的前提下,增加一单位某种商品的消费时,而需放弃的另外一种商品的消费数量

3. 序数效用论者提出的消费者偏好的基本假定是(　　)。

A. 偏好的完全性　　B. 偏好的一致性　　C. 偏好的可传递性　　D. 偏好的非饱和性

E. 偏好的个体性

4. 随着消费商品数量的增加(　　)。

A. 边际效用递减　　B. 边际效用总大于零

C. 每单位商品增加的总效用减少　　D. 总效用是负的

（三）判断题

1. 商品价格既定时收入相同的消费者，拥有相同的无差异曲线。（　）
2. 边际效用只是在消费商品的数量达到一定数值时才开始递减的。（　）
3. 同一条无差异曲线上，不同的消费者得到的总效用是无差别的。（　）
4. 如果消费者从每种商品中得到的边际效用与它们的价格之比均相等，他将获得最大效用。（　）
5. 一般商品的消费者均衡点是无差异曲线与预算线的相切点。（　）
6. 无差异曲线上每一点都表示消费者消费物品的数量组合相同。（　）
7. 当总效用增加时，边际效用应该为正值，且其值不断增加。（　）
8. 当边际效用为零时，总效用最小。（　）
9. 人们常说的“多多益善”，从经济学角度来说，是指随着所消费的商品数量增多，总效用递增。（　）
10. 设某消费者的效用函数为 $U=Q_XQ_Y$，预算方程为 $Q_Y=50-Q_X$，则消费组合（$Q_X=20$，$Q_Y=30$）一定是均衡点。（　）
11. 消费者均衡是研究消费者在既定收入条件下，如何实现边际效用最大化。（　）
12. 经济分析中一般假定消费者的目标是效用最大化。（　）
13. 消费者均衡表示既定收入下效用最大化。（　）

（四）名词解释

1. 边际效用　2. 边际效用递减规律　3. 无差异曲线　4. 消费者均衡　5. 消费者剩余
6. 商品的边际替代率　7. 市场需求曲线

（五）填空题

1. 某人的收入中有 120 元花费在商品 X 和商品 Y 上，效用函数是 $U=Q_XQ_Y$，商品 X 的价格为 2 元 / 单位，商品 Y 的价格为 3 元 / 单位，为了获得最大效用，消费者应该购买商品 X、商品 Y 分别为 ________，此时的总效用是 ________。

2. 设某商品的需求方程为 $Q=10-2P$，试求价格 $P_1=2$ 元 / 单位和 $P_2=4$ 元 / 单位时的消费者剩余分别为 ________。

3. 已知某消费者每年收入中用于商品 X 和商品 Y 的为 540 元，两商品的价格分别为 20 元 / 单位和 30 元 / 单位，该消费者的效用函数为 $U=Q_XQ_Y^2$，该消费者每年购买这两种商品的数量各应是 ________，每年从中获得的总效用是 ________。

（六）问答题

1. 简要说明总效用和边际效用之间的关系。
2. 无差异曲线具有哪些特点？试解释其经济意义。
3. 基数效用论和序数效用论有何异同？
4. 用无差异曲线分析法说明消费者均衡如何实现。

5. 什么是边际替代率,它为什么呈递减趋势?

6. 正常品的需求曲线为什么向右下方倾斜?

(七)观点辨析

1. 如果你有一辆需要四个轮子才能开动的车子,目前有了三个轮子,那么当你有第四个轮子时,这第四个轮子的边际效用似乎超过了第三个轮子的边际效用,这是不是违反了边际效用递减规律?

2. 请问是穷人幸福还是富人幸福?

(八)案例分析

1. 钻石和木碗

有一个人家徒四壁,只得头顶着一只旧木碗四处流浪。一天,他上了一只渔船去帮工。不幸的是,渔船在航行中遇到了特大风浪,船上的人除了他以外都淹死了。

他被海水冲到一个小岛上,岛上的酋长看见他头顶的木碗,感到非常好奇,便用一大口袋最好的珍珠宝石换走了木碗,并把他送回了家。

一个富翁听到了他的奇遇,心中暗想:"一只木碗都能换回这么多宝贝,如果我送去很多可口的食物,该换回多少宝贝!"于是,富翁装了满满一船山珍海味和美酒,找到了那个小岛。酋长接受了富人送来的礼物,品尝之后赞不绝口,声称要送给他最珍贵的东西。富人心中暗自得意。一抬头,富人猛然看见酋长双手捧着的"珍贵礼物",不由得愣住了!

请问如何理解效用?

2. 朱元璋与"珍珠翡翠白玉汤"

相传,明太祖朱元璋,在很小的时候就因家里贫穷而不得不给人家放牛,过着食不果腹、衣不蔽体的悲惨生活。到了十几岁的时候,朱元璋的家乡又发生了可怕的瘟疫,瘟疫夺走了他的亲人,使他无家可归,这下他的生活更加窘迫。万般无奈之下,朱元璋选择了当和尚,图口饭吃,不至于饿死。

他跑到皇觉寺受戒当了小和尚,尽管日子过得很苦,但毕竟还是能吃上一口饭。可是,这和尚还没当多久,就遇到了荒年,庙中的香火渐渐稀少,寺庙难以为继。为此寺庙的住持不得不打发一些和尚出去化缘,以减轻寺庙的压力。可怜的朱元璋也被列在其中,就这样朱元璋又开始了他的化缘生活,遇到这样的荒年,普通百姓自己吃饭都成了问题,哪里还顾得上这些化缘的和尚啊!有一次,朱元璋连续好几天都没有吃上一口饭,这下都快把他饿晕了。幸好一位过路的好心老婆婆可怜朱元璋,但是自己又没有啥好吃的,只能将仅有的一小块豆腐和一些不太好的菠菜,加点米粒和些许盐巴,煮好了让朱元璋吃下去。朱元璋吃完后,自然也就清醒了,但心里一想:"刚才吃的这个是什么东西啊,这么好吃!"于是,他除了感谢婆婆之外,还顺便问了一下吃的是什么东西。婆婆随口答了一下:"珍珠翡翠白玉汤。"朱元璋再三拜谢之后,便走了。

后来朱元璋参加了反元起义,投奔了红巾军,他因作战英勇,受到郭子兴的赏识,此后他一路升迁。在郭子兴死后，他不仅广罗天下人才，还采取了“高筑墙、广积粮、缓称王”的策略，先后击败了陈友谅、张士诚等，最后当上了明朝的开国皇帝。这皇帝的生活当然是天天山珍海味，美酒佳肴了。开始的时候感觉还可以，可惜时间长了，朱元璋就感觉无味了，甚至是腻烦了。于是便想起当年老婆婆给他做的“珍珠翡翠白玉汤”。于是下令让御厨给他做，可是无论御厨们怎么去做这道菜，尽管味道再好，也不能使朱元璋满意。

上述内容说明了什么规律的存在，我们应该如何去做。

3. 价值悖论

钻石用处极小但价格昂贵，生命必不可少的水却非常便宜。请用边际效用的理论加以分析解释。

4. 手机款式为什么变化那么快

在通信市场上，各商家为了在竞争中取胜，以获取市场的占有率，不断地优化手机的性能。请问为什么？

5. 我们为什么要讨价还价

你在商场里看中了一个 100 元的书包，你在购买时肯定要向卖书包的人砍价，问 80 元卖不卖，卖书包的理解消费者的这种心理，往往会同意让些利，促使你尽快决断，否则你就会有到其他柜台看看的念头。经过讨价还价，双方可能在 90 元成交。在这个过程中你为什么讨价还价？

6. 每一分钱都用在刀刃上

宋人有善为不龟手之药者，世世以洴澼絖为事。客闻之，请买其方百金。聚族而谋曰：“我世世为洴澼絖，不过数金；今一朝而鬻技百金，请与之。”客得之，以说吴王。越有难，吴王使之将。冬，与越人水战，大败越人，裂地而封之。结合消费者均衡理论解释一下上述现象。

7. 五袋谷物的使用

19 世纪 80 年代著名的奥地利经济学家庞巴维克在其于 1888 年出版的《资本实证论》中以一个十分通俗的例子做了论证：一个农民在原始森林中建了一座小木屋，独自在那里劳动和生活。他收获了 5 袋谷物，这些谷物要用到来年秋天，但不必留有剩余。他是一个善于精打细算的人，因而制订了一个在一年内使用这些谷物的计划。第一袋谷物是他维持生存所必需的。第二袋谷物是在维持生存之外来增强体力和精力的。此外，他希望有些肉可吃，所以留第三袋谷物来饲养鸡、鸭等家禽。他爱喝酒，于是他将第四袋谷物用于酿酒。对于第五袋谷物，他觉得最好用它来养几只他喜欢的鹦鹉，这样可以解闷儿。请结合效用理论回答如下问题。

（1）五袋谷物的用途不同，对于农民产生的重要性一样吗？

（2）如果一袋谷物遭受了损失比如被小偷偷走了，那么他将失去哪种用途？会带来哪些启示呢？

第四章　生产理论与成本理论

一、本章基本内容框架

本章研究的是生产者行为,与消费者选择相似的是,生产者的选择也取决于两方面的因素:一是生产技术状况;二是生产要素的成本。生产技术是生产者在进行生产活动中所具备的物质技术条件,而生产成本则是生产者从事这一活动所具备的社会经济条件。消费者选择理论研究消费者如何在既定的收入下达到效用最大化;而生产者选择理论讨论生产者(厂商)如何在达到既定产量的同时使成本最小化。成本理论属于货币流问题,即从货币量的角度分析厂商为实现利润最大化所投入的要素量而产生的成本和由此带来的产量之间的经济关系,这又表现为成本函数,它是厂商成本理论研究的核心。生产理论与成本理论具有内在的一致性,是同一厂商行为的不同表现形式。

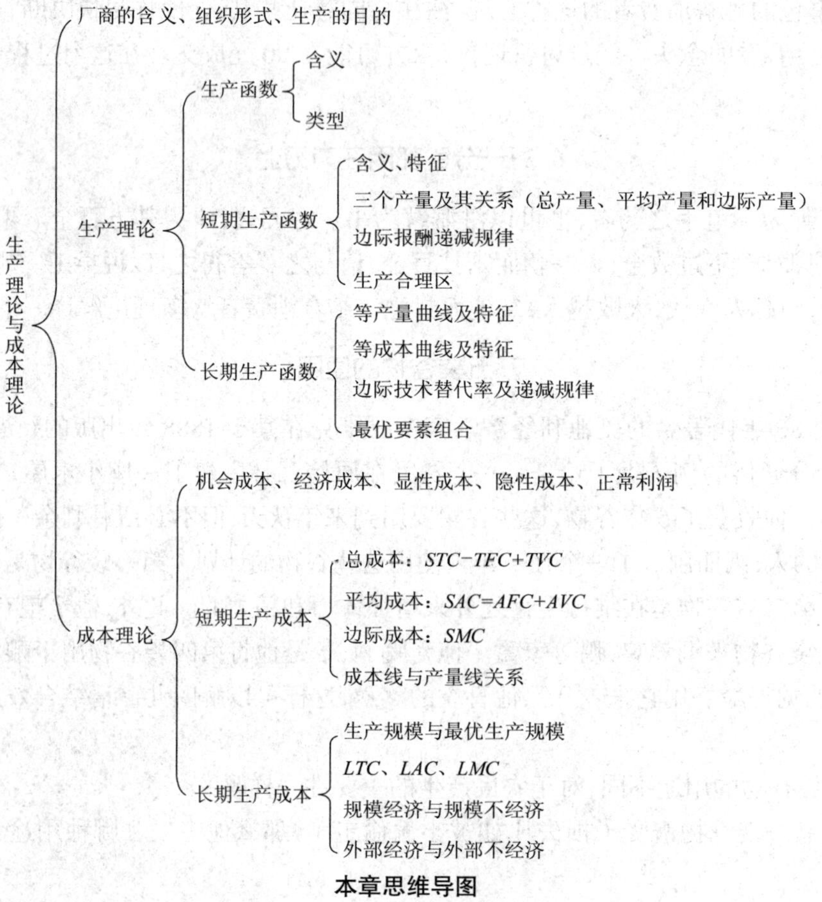

本章思维导图

生产过程中投入与产出的技术关系可以由生产函数表示。

生产要素投入对于产出的边际贡献服从边际报酬递减规律导致两种要素的边际技术替代率递减。

利润最大化动机激励着企业采用最有效率的方式进行生产，即在每个产量上，企业依照生产要素最优组合来安排投入量，将生产要素配置到更加富有效率的组合上。

等成本方程反映了企业的成本约束。企业在成本既定条件下产量最大或在产量既定条件下成本最小，以便实现利润最大化，条件是任意两种要素之间的边际技术替代率等于两种要素的价格比，或者每单位成本的边际产量都相等——等边际原则。

二、重点、难点讲解

1. 短期和长期的理解

【解析】短期和长期，并不是以时间为标准的，而是以全部要素的投入量是否可以进行全部调整为标准的，如果可以则是长期，若不可以则是短期。例如达丰企业，在生产的过程中只投入了劳动和资本两种要素，若二者的投入数量可以进行完全调整则为长期，否则为短期。

2. 正常利润的理解

【解析】正常利润不是利润，是隐性成本。它是指厂商所提供的企业家才能的报酬，如小曾是主修人力资源管理专业的，毕业后自己创业，在经营管理中投入了企业家才能，这一要素投入所得到的补偿，即为正常利润。经济利润不含正常利润。

3. 边际报酬递减规律的理解

【解析】所谓边际报酬递减规律是指，在技术水平保持不变的条件下，当把一种可变的生产要素连同其他一种或几种不变的生产要素投入到生产过程之中，随着这种可变的生产要素投入量的增加，最初每增加一单位该要素所带来的产量增加量是递增的；但当这种可变的生产要素投入量增加到一定程度之后，增加一单位该要素的投入所带来的产量增加量是递减的。简言之，边际报酬递减规律意味着，在其他条件不变的情况下，一种可变的生产要素投入量在增加到一定程度之后，它所产生的边际产量递减。

4. 规模报酬的理解

【解析】规模报酬变化是指在其他条件不变的情况下，企业内部各种生产要素按相同比例变化时所带来的产量变化。产量增加的幅度大于要素增加的幅度，称为规模报酬递增；产量增加的幅度等于要素增加的幅度，称为规模报酬不变；产量增加的幅度小于要素增加的幅度，称为规模报酬递减。

三、习题练习

(一)单项选择题

1. 企业使用自有的资金应计算利息,从成本角度看,这种利息属于(　　)。

A. 固定成本　B. 显性成本　C. 隐性成本　D. 会计成本

2. 当某企业的产量为 3 个单位时,其总成本、总固定成本分别是 2 100 元和 1 200 元,则该企业的平均可变成本是(　　)。

A.300　B.400　C.700　D.1 100

3. 短期成本曲线中平行于横轴的直线是(　　)。

A. 总可变成本曲线　B. 平均可变成本曲线

C. 总成本曲线　D. 总固定成本曲线

4. 在其他条件不变的情况下,如果连续增加劳动的投入,在总产量达到最大值时,劳动的边际产量(　　)。

A. 等于零　B. 小于零　C. 大于零　D. 等于平均产量

5. 在其他投入保持不变的条件下,由于新增一单位的投入而多生产出来的产量或产出称为(　　)。

A. 总产量　B. 平均产量　C. 边际产量　C. 最大产量

6. 假设只有一种生产要素投入可变,其他生产要素投入不可变,关于总产量和边际产量的关系说法正确的是(　　)。

A. 总产量递增时,边际产量也递增

B. 总产量递减时,边际产量为负值

C. 总产量达到最大值时,边际产量也为最大值

D. 总产量递减时,边际产量不一定递减

7. 机会成本是指当一种生产要素被用于生产某种产品时,所放弃的使用相同生产要素在其他生产用途中所得到的(　　)。

A. 最高收入　B. 最低收入　C. 平均收入　D. 超额收入

8. 隐性成本实际上是一种(　　)。

A. 特殊的显性成本　B. 机会成本　C. 生产成本　D. 可避免成本

9. 当某企业的工人人数为 8 人时,其总产量为 1 600 个;当工人人数为 9 人时,其总产量为 1 900 个,则该企业的边际产量是(　　)个。

A.100　B.200　C.210　D.300

10. 在进行短期成本函数分析时,关于各种成本曲线变动规律的说法,正确的是(　　)。

A. 总固定成本曲线和总可变成本曲线的变动规律是一致的

B. 平均总成本曲线和总固定成本曲线的变动规律是一致的

C. 平均固定成本曲线和平均可变成本曲线的变动规律是一致的

D. 总成本曲线和总可变成本曲线的变动规律是一致的

11. 生产函数是(　　)之间的函数关系。

A. 最大产量与投入要素　B. 最大产量与投入成本

C. 平均产量与投入要素　D. 平均产量与投入成本

12. 企业购买或租用的生产要素所实际支付的货币支出属于(　　)。

A. 显性成本　B. 隐性成本　C. 正常利润　D. 可变成本

13. 某企业生产机器设备，每生产一单位产品所消耗的平均固定成本为 100 元，消耗的平均可变成本为 60 元，一天共生产 200 件产品，那么单位产品消耗的平均总成本为(　　)。

A.60　B.100　C.160　D.320

14. 下列关于成本的计算公式表示错误的是(　　)。

A.$MC=TC/Q$　B.$AVC=TVC/Q$　C.$AFC=TFC/Q$　D.$ATC=TC/Q$

15. 当边际成本与平均可变成本正好相等时，(　　)处于最低点。

A. 边际成本　B. 平均可变成本　C. 平均总成本　D. 平均固定成本

16.(　　)是所有企业在竞争中生存的关键。

A. 实现利润最大化　B. 实现销售收入最大化

C. 实现市场份额最大化　D. 实现企业规模最大化

17. 假设只有一种生产要素投入可变，其他生产要素投入不可变，关于边际产量和平均产量关系的说法正确的是(　　)。

A. 只要边际产量大于平均产量，平均产量就是递增的

B. 只要边际产量等于平均产量，平均产量就是递增的

C. 只要边际产量小于平均产量，平均产量就是递增的

D. 只要边际产量等于平均产量，平均产量就是递减的

18. 生产的有效规模是使以下哪一项最小的产量。(　　)

A. 平均总成本　B. 边际成本　C. 平均固定成本　D. 平均可变成本

19. 以下哪一项表述是正确的(　　)。

A. 在长期中所有成本都是固定的　B. 在长期中所有成本都是可变的

C. 在短期中所有成本都是固定的　D. 在短期中所有成本都是可变的

20. 当 AP_L 为正但递减时，MP_L 是(　　)。

A. 递减　B. 负的　C. 零　D. 上述任何一种

21. 下列说法中错误的一种说法是(　　)。

A. 只要总产量减少，边际产量一定是负数

B. 只要边际产量减少，总产量一定也减少

C. 随着某种生产要素投入量的增加，边际产量和平均产量增加到一定程度将趋于下降，其中边际产量的下降一定先于平均产量

D. 边际产量曲线一定在平均产量曲线的最高点与之相交

22. 如果以横轴表示劳动，纵轴表示资本，则等成本曲线的斜率是（　　）。

A.P_L/P_K　　B.$-P_L/P_K$　　C.P_K/P_L　　D.$-P_K/P_L$

23. 等产量曲线是指在这条曲线上的各点代表（　　）。

A. 为生产同等产量投入要素的各种组合比例是不能变化的

B. 为生产同等产量投入要素的价格是不变的

C. 不管各种要素投入量如何，产量总是相等的

D. 投入要素的各种组合所能生产的产量都是相等的

24. 如果等成本曲线在坐标平面上与等产量曲线相交，那么要生产等产量曲线表示的产量水平（　　）。

A. 应增加成本支出　　B. 不能增加成本支出

C. 应减少成本支出　　D. 不能减少成本支出

25. 等成本曲线平行向外移动表明（　　）。

A. 产量提高了　　B. 成本增加了

C. 生产要素的价格按相同比例提高了　　D. 生产要素的价格按不同比例提高了

26. 在生产者均衡点上，（　　）。

A. $MRTS_{LK}=P_L/P_K$　　B. $MP_L/P_L=MP_K/P_K$

C. 等产量曲线与等成本曲线相切　　D. 上述说法都正确

27. 等产量曲线上某一点的切线斜率等于（　　）。

A. 预算线的斜率　　B. 等成本曲线的斜率　　C. 边际技术替代率　　D. 边际产量

28. 经济学中的长期是（　　）。

A. 至少在一年以上

B. 根据生产要素调整部分生产要素的时期

C. 全部生产要素均可随产量进行调整的时期

D. 根据生产具体情况来确定的时期

29. 短期平均成本曲线呈 U 形的原因与（　　）有关。

A. 规模报酬　　B. 外在经济与不经济

C. 要素的边际生产　　D. 固定成本与可变成本所占比重

30. 如果某厂商增加 1 单位劳动使用量能够减少 3 单位资本，仍生产同样的产出量，则 $MRTS_{LK}$ 为（　　）。

A.1/3　　B.3　　C.−3　　D.6

31.*LAC* 曲线（　　）。

A. 当 $LMC<LAC$ 时下降，而当 $LMC>LAC$ 时上升

B. 随 *LMC* 曲线下降而下降

C. 随 *LMC* 曲线上升而上升

D. 通过 *LMC* 曲线的最低点

32. 如果规模报酬不变，单位时间里增加了 20% 的劳动使用量，但保持资本量不变，则

产出将(　　)。

A. 增加 20%　　B. 减少 20%　　C. 增加大于 20%　　D. 增加小于 20%

33. 假定某机器原来生产产品 A,利润收入为 200 元,现在改生产产品 B,所花的人工、材料费为 1 000 元,则生产产品 B 的机会成本是(　　)。

A.200 元　　B.1 200 元　　C.1 000 元　　D. 无法确定

34. 短期边际成本曲线与短期平均成本曲线的交点是(　　)。

A. 平均成本曲线的最低点

B. 边际成本曲线的最低点

C. 平均成本曲线下降阶段的任何一点

D. 平均成本曲线切线的最低点

35. 关于长期平均成本和短期平均成本的关系,以下正确的是(　　)。

A. 长期平均成本曲线上的每一点都与短期平均成本曲线上的某一点相对应

B. 短期平均成本曲线上的每一点都在长期平均成本曲线上

C. 长期平均成本曲线上的每一点都对应着某一条短期平均成本曲线的最低点

D. 每一条短期平均成本曲线的最低点都在长期平均成本曲线上

E. 以上说法都不正确

36. 下列说法中错误的是(　　)。

A. 只要总产量减少,边际产量一定为负数

B. 只要边际产量减少,总产量一定减少

C. 边际产量曲线一定在平均产量曲线的最高点与之相交

D. 只要平均产量增加,边际产量就大于平均产量

37. 在短期中存在,而在长期中不存在的成本是(　　)。

A. 不变成本　　B. 平均成本　　C. 机会成本　　D. 隐性成本

38. 关于企业长期生产中的等产量曲线,下列说法不正确的是(　　)。

A. 某一条等产量曲线上的任意两点,要素投入组合不同但产量相同

B. 对于任意两条等产量曲线,离原点越远的等产量曲线代表的产量水平越高

C. 等产量曲线均为向右下方倾斜凸向原点的曲线

D. 任意两条不同的等产量曲线不能相交

39. 假若一条等产量曲线凸向原点,则意味着(　　)。

A. 劳动的边际产量递减　　B. 资本的边际产量递减

C. 边际技术替代率递减　　D.A 和 B

40. 设企业的最优要素组合为(L_0, K_0),在条件发生变化后,企业开始增加 L 和减少 K,这表明原来的最优要素组合位于新的最优要素组合的(　　)。

A. 左上方　　B. 左下方　　C. 右上方　　D. 右下方

41. 若等产量曲线 Q 和等成本曲线 C 相交于两点,则在等成本曲线上的左上方的交点处,下列关系正确的是(　　)。

A.$MP_L/MP_K>P_L/P_K$　　B.$MP_L/MP_K<P_L/P_K$

C.$MP_L/MP_K>-P_L/P_K$　　D.$MP_L/MP_K<-P_L/P_K$

42. 从原点出发的射线在与 *TC* 曲线相切的产量上，必有（　　）。

A.*AVC* 最小　　B.*MC*=*AVC*　　C.*AC* 最小　　D.*MC* 最小

43.*AC* 曲线呈 U 形的原因在于（　　）。

A.*MU* 递减规律　　B. 规模经济与不经济

C. 边际报酬递减规律　　D. 以上说法都正确

44. 在 *LAC* 最低点上，下列说法不正确的是（　　）。

A.*LAC* 曲线与 *LMC* 曲线相交

B. 代表短期最优规模的 *AC* 曲线通过 *LAC* 曲线最低点

C. 代表短期最优规模的 *MC* 曲线通过其最优规模的 *AVC* 曲线最低点

D. 代表短期最优规模的 *MC* 曲线通过其最优规模的 *AC* 曲线的最低点

（二）多项选择题

1. 关于成本和利润的正确表述是（　　）。

A. 企业所有的显性成本和隐性成本共同构成企业的总成本

B. 正常利润是生产成本的一部分，作为隐性成本的一部分计入成本

C. 企业所追求的最大利润，指的是最大的经济利润

D. 企业的经济利润是指企业的总收益和总成本之间的差额

E. 经济利润中包括正常利润

2. 下列项目中，从短期来看，属于企业可变成本的有（　　）。

A. 原材料费用　　B. 燃料和动力费用

C. 厂房和设备折旧　　D. 生产工人的工资费用

E. 银行借款利息

3. 下列关于成本曲线的说法中正确的有（　　）。

A. 平均总成本曲线是先下降后上升的曲线

B. 平均可变成本曲线是先下降后上升的曲线

C. 边际成本曲线是先下降后上升的曲线

D. 平均固定成本曲线是先下降后上升的曲线

E. 无论上升或下降，平均可变成本曲线的变动快于边际成本曲线

4. 关于总产量、边际产量、平均产量的说法正确的有（　　）。

A. 边际产量上升时，总产量增加

B. 边际产量下降时，总产量下降

C. 边际产量为零时，总产量最大

D. 边际产量曲线与平均产量曲线交于平均产量曲线的最高点

E. 边际产量曲线与平均产量曲线交于边际产量曲线的最高点

5. 下列属于固定成本的有（　　）。

A. 原材料费用　　B. 生产工人的工资费用

C. 厂房和设备的折旧　　D. 燃料和动力费用

E. 管理人员的工资费用

6. 企业生产过程中所使用的各种生产要素一般被划分为(　　)。

A. 土地　　B. 服务　　C. 资本　　D. 劳动

E. 企业家才能

7. 下列关于总产量、边际产量、平均产量的说法,正确的是(　　)。

A. 当 $MP=0$ 时,TP 最大

B. MP 曲线与 AP 曲线相交之前,$MP>AP$,AP 上升

C. MP 曲线与 AP 曲线相交之后,$MP<AP$

D. AP 曲线和 MP 曲线相交时,TP 最大

E. MP 曲线与 AP 曲线交于 AP 曲线的最高点

8. 关于短期成本曲线的说法,正确的有(　　)。

A. 总成本曲线从原点开始,并随产量的增加而逐步上升

B. 总成本曲线从总成本等于固定成本(产量为零)的那个点开始,并随产量的增加而逐步上升

C. 总可变成本曲线从原点开始,并随产量的增加而逐步上升

D. 总可变成本曲线从总成本等于固定成本(产量为零)的那个点开始,并随产量的增加而逐步上升

E. 总固定成本曲线是平行于横轴的一条直线

9. 平均产量是(　　)的函数。

A. 总产量　　B. 各种生产要素的数量

C. 边际产量　　D. 可变要素的数量

E. 不变要素的数量

10. 等产量曲线具有如下性质(　　)。

A. 凸向原点　　B. 斜率为负

C. 任何两条等产量曲线不能相交　　D. 离原点越远的等产量曲线表示产量越大

E. 等产量曲线上任意一点切线的斜率等于该点的边际技术替代率

11. 在短期内,生产划分为三个阶段,各个阶段的特征如下(　　)。

A. 生产第一阶段的特征是 $MP_L>AP_L>0$

B. 生产第一阶段的特征是 $MP_L<0$

C. 生产第二阶段的特征是 $AP_L>MP_L$

D. 生产第三阶段的特征是 $AP_L>MP_L$,$MP_L\leqslant 0$

E. 生产第二阶段的特征是 $AP_L<MP_L<0$

12. 长期平均成本 LAC 曲线(　　)。

A. 是无数条短期边际 SMC 曲线的包络曲线

B. 是无数条短期平均 *SAC* 曲线的包络曲线

C. 表示厂商在长期内按产量平均计算的最大总成本

D. 表示厂商在长期内在每一产量水平上可以实现的最小的平均成本

13. 正常利润是(　　)。

A. 经济利润的一部分　　B. 经济成本的一部分

C. 隐性成本的一部分　　D. 以上都是

14. 边际成本(　　)。

A. 是 *TC* 曲线的斜率　　B. 是 *TVC* 曲线的斜率

C. 是 *AC* 曲线的斜率　　D. 与固定投入无关

15. 厂商利润最大化是指(　　)。

A. 成本既定下的产量最大　　B. 产量最大

C. 成本最小　　D. 产量既定下的成本最小

E. 价格最低

(三)判断题

1. 支付给工人的工资和薪水是生产的隐性成本的例子。(　　)

2. 如果总收益是 100 美元,显性成本是 50 美元,隐性成本是 30 美元,那么会计利润为 50 美元。(　　)

3. 如果有隐性成本,会计利润将大于经济利润。(　　)

4. 如果一个企业在同等规模的工厂内雇佣更多工人,它最终会经历边际产量递减。(　　)

5. 如果一个企业的生产函数表现出边际产量递减,相应的企业总成本曲线将随产量扩大而变得平坦。(　　)

6. 在长期中,随着企业扩大其生产设备,它通常先经历规模不经济,然后是规模收益不变,再然后是规模经济。(　　)

7. 在一种可变投入生产函数条件下,可变要素合理区域应在 $AP>MP>0$ 的阶段。(　　)

8. 生产理论中的短期是指未能调整全部生产要素的时期。(　　)

9. 能提供相同效用的不同商品组合的点的连线即为等产量曲线。(　　)

10. 边际报酬递减规律决定 *MP* 曲线呈现先上升后下降的走势。(　　)

11. 在一种可变投入的生产函数中,只要平均产量是上升的,就应增加可变要素的投入量。(　　)

12. 在规模报酬不变阶段,若要素的使用量增加 10%,则产出增加 10%。(　　)

13.*LAC* 可划分成不变成本和可变成本。(　　)

14. 在 *LAC* 曲线下降的阶段,*LAC* 是 *SAC* 最低点的连线。(　　)

15.*LAC* 呈 U 形是边际报酬递减规律的作用。(　　)

16. 规模报酬递减,意味着长期平均成本下降。(　　)

17. 短期内,随着产量的增加, *AFC* 会变得越来越小,于是, *AC* 曲线和 *AVC* 曲线之间的

垂直距离越来越小，但绝不会相交。（　）

18.*AP* 曲线的最高点和 *AC* 曲线的最低点相对应。（　）

19. 已知产量为 8 个单位，平均成本为 10 元 / 单位，当产量增加到 9 个单位时，平均成本为 11 元 / 单位，此时边际成本为 1 元 / 单位。（　）

（四）名词解释

1. 生产函数　2. 等产量曲线　3. 边际技术替代率　4. 边际技术替代率递减规律
5. 边际报酬递减规律　6. 等成本曲线　7. 最优生产要素组合　8. 机会成本
9. 显性成本　10. 隐性成本　11. 规模经济　12. 规模不经济　13. 外部经济
14. 外部不经济

（五）填空题

1. 已知生产函数为 $Q=f(K,L)=KL-0.5L^2-0.32K^2$，$Q$ 表示产量，K 表示资本，L 表示劳动。令 $K=10$，当总产量、平均产量和边际产量达到极大值时厂商劳动的投入量各为 ________。

2. 已知某企业的短期总成本函数是 $STC(Q)=0.04Q^3-0.8Q^2+10Q+55$，求最小的平均可变成本值为 ________。

3. 已知某企业的生产函数为 $Q=L^{2/3}K^{1/3}$，劳动价格 $W=2$，资本价格 $R=1$。求：

（1）当成本 $C=3\ 000$ 时，企业实现最大产量时的 L、K 和 Q 的均衡值为 ________；

（2）当产量 $Q=800$ 时，企业实现最小成本时的 L、K 和 C 的均衡值为 ________。

4. 已知某厂商只有一种可变要素 L（劳动），产出一种产品 Q（产量），固定成本为既定，短期生产函数 $Q=-0.1L^3+5L^2+80L$，求：

（1）劳动人数为 10 时，劳动的平均产量和边际产量分别为 ________；

（2）厂商雇用劳动力人数的合理范围 ________。

（六）问答题

1. 总产量曲线、平均产量曲线和边际产量曲线之间的关系如何？
2. 边际报酬递减规律适用的条件有哪些？
3. 生产的三个阶段是如何划分的？为什么厂商的理性决策应在第二区域？
4. 举例说明什么是机会成本。区分机会成本与会计成本的意义何在？

（七）观点辨析

1. 若一个企业主考虑再雇佣一名工人，劳动的平均产量和边际产量他更关心哪一个？
2. 机会成本是实际发生的成本。
3. 在同一块土地上的施肥量越多越好吗？

(八)案例分析

1. 三个和尚没水喝

三个和尚的儿歌中:“一个和尚挑呀么挑水喝,两个和尚抬呀么抬水喝,三个和尚没呀么没水喝”请用微观经济理论解释这一现象出现的原因,并结合分析提出解决“三个和尚没水喝”的具体建议。

2. 积土成山,风雨兴焉;积水成渊,蛟龙生焉启示

“积土成山,风雨兴焉;积水成渊,蛟龙生焉。”(引自《荀子·劝学》)请用经济学原理解释这句话的含义。

3. 干洗店的成本类型分析

小王开了个干洗店,店面是自己家的,要是出租的话,可以获取租金 2 万元。在经营过程中,他购买了 2 台设备,支付 5 万元;雇佣了一个工人,月工资为 2 000 元;水费、电费每个月为 10 00 元;每月用于干洗的材料支出为 600 元。

请分析干洗店成本的构成类型。

4. 鱼与熊掌不可兼得

“鱼,我所欲也;熊掌,亦我所欲也。两者不可得兼,舍鱼而取熊掌者也。”该句出自《孟子》。孟子认为,鱼和熊掌不可兼得,有所得必有所失。 从经济学的角度谈谈你对它的理解。

5. 大的是美好的还是小的是美好的?

德国经济学家舒马赫曾写过《小的是美好的》一书,主张企业不要过大。但是实践中许多大企业成绩显赫,成为世界 500 强。企业的规模到底是大一点好呢,还是小一点好呢?

6. 农业生产的应用

我国是农业大国,每年的农产品出口量很大,因此,农业生产十分重要,请解释边际报酬递减规律在农业生产中的应用。

7. 上大学值得吗?

请用经济学的观点分析,为什么家长舍得把大把的钱花在子女教育上?

第五章　完全竞争市场

一、本章基本内容框架

本章研究的是市场理论，结合市场组织形式探讨在不同的市场类型下，厂商如何确定其产品的价格与最优产量点。由于不同类型的市场条件下，厂商所面临的产品需求状况是不同的，所以分析厂商的利润最大化决策，必须要区分市场的类型。厂商的利润取决于收益与成本。其中，厂商的成本主要取决于厂商的生产技术方面的因素，而厂商的收益则取决于市场对其产品的需求情况。

- 完全竞争市场
  - 市场、厂商的含义及关系
  - 市场类型划分的标准
    - 厂商数量
    - 产品差别程度
    - 价格控制能力
    - 进入、退出市场难易程度
  - 完全竞争市场的特点
  - 厂商利润最大化条件：$MR=MC$
  - 完全竞争厂商特征
    - 价格接受者
    - $P=AR=MR$三线合一
  - 完全竞争厂商短期均衡
    - 条件：$MR=SMC$
    - 利润结果：可正、可负、可为0
    - 供给曲线：$P=SMC$（$SMC \geq AVC$）
  - 完全竞争厂商长期均衡
    - 条件：$P^*=LMR^*=LMC=LAR^*=LAC$，$P^*=MR=MC^*=AR^*=AC^*$
    - 利润结果为0
  - 成本不变行业完全竞争厂商长期供给曲线：$P=LMC=LAC$

本章思维导图

在分析完全竞争假定以及在此基础上建立的完全竞争理论时,必须注意如下三点:第一,完全竞争假定不是资本主义现实的反映;第二,完全竞争的政策不能解决现实资本主义经济中出现的种种问题;第三,完全竞争状态不是社会主义市场经济的理想模式。

从完全竞争企业的利润最大化可以推导出完全竞争市场的短期和长期供给曲线,以此作为参考,可以进一步说明现实市场中的供给的性质。

调整企业进出的不是正常利润,不是零经济利润,也不是零利润率,而是大于零的平均利润率。

在长期均衡中,完全竞争企业不仅可以得到正常利润,而且可以得到一个平均利润。只有在假定平均利润率等于零的条件下,西方经济学关于只要存在进出竞争就没有经济利润的说法才能成立。

二、重点、难点讲解

1. 完全竞争市场

【解析】完全竞争市场必须具备以下四个条件:第一,市场上有大量的买者和卖者;第二,市场上每一个厂商提供的商品都是同质的;第三,所有的资源都具备完全的流动性;第四,信息是完全的。

2. 完全竞争厂商所面临的需求曲线

【解析】完全竞争厂商所面临的需求曲线是一条由既定的市场价格水平出发的水平线。

3. 总收益

【解析】总收益指厂商按一定价格出售一定量产品时所获得的全部收入。

4. 平均收益

【解析】平均收益指厂商在每单位产品销售上所获得的收入。

5. 边际收益

【解析】边际收益指厂商增加一单位产品销售所获得的总收入的增量。

6. 利润最大化的均衡条件

【解析】边际收益等于边际成本是厂商实现利润最大化的均衡条件。

7. 收支相抵点

【解析】厂商无经济利润但能实现正常利润的均衡点被称为收支相抵点。

8. 停止营业点

【解析】厂商的平均收益等于平均可变成本时,厂商可以继续生产,也可以不生产,也就是说,厂商生产或不生产的结果都是一样的。由于在这一均衡点上,厂商处于关闭企业的临界点,所以,该均衡点也被称作停止营业点或关闭点。

三、习题练习

(一)单项选择题

1. 竞争性厂商的供给曲线是它的(　　)。

A. 平均成本曲线　　B. 平均不变成本曲线

C. 平均可变成本曲线　　D. 停止生产点以上的边际成本曲线

2. 以下市场中,可以认为属于完全竞争市场的是(　　)。

A. 汽车市场　　B. 农产品市场　　C. 电脑市场　　D. 通信产品市场

3. 边际收益是指(　　)。

A. 增加一单位产量所导致的总产量的增加量

B. 增加一单位某投入要素引起的总成本的增加量

C. 增加一单位产品所引起的总收益的增加量

D. 增加一单位某投入要素引起的总收益的增加量

4. 如果在竞争市场的厂商面临边际成本大于边际收益的局面时,(　　)。

A. 厂商增加产量利润不变　　B. 厂商增加产量便会增加利润

C. 厂商减少产量便会增加利润　　D. 厂商减少产量便会减少利润

5. 对完全竞争的企业来说,如果产品的平均变动成本高于价格,它就应当(　　)。

A. 边生产边整顿,争取扭亏为盈　　B. 暂时维持生产,以减少亏损

C. 立即停产　　D. 是否需要停产视市场情况而定

6. 垄断企业利润最大化时(　　)。

A.$P=MR=MC$　　B.$P>MR=AC$　　C.$P>MR=MC$　　D.$P>MC=AC$

7. 在完全竞争市场上(　　)。

A. 产品有差别　　B. 产品无差别

C. 产品有的有差别,有的无差别　　D. 以上说法都对

8. 当一个完全竞争行业实现长期均衡时,每个企业(　　)。

A. 显性成本和隐性成本都得到补偿　　B. 利润都为零

C. 行业中没有任何厂商再进出　　D. 以上说法都对

9. 在厂商的停止营业点上,应有(　　)。

A.$AR=AVC$　　B. 总亏损等于 TFC

C.$P=AVC$　　D. 以上说法都对

10. 一个企业在下面的哪种情况下应该关门(　　)。

A.AVC 的最低点大于价格的时候　　B.AC 的最低点大于价格的时候

C. 发生亏损的时候　　D.$MC>MR$

11. 短期内,完全竞争厂商只能通过对(　　)进行调整来实现最大利润。

A. 生产规模　　B. 价格　　C. 全部生产要素　　D. 产量

12. 完全竞争厂商可通过何种方法来获得超额利润(　　)?

A. 提高价格　B. 降低价格　C. 进行技术创新　D. 产品的差别化

13. 在完全竞争市场上,需求曲线与平均成本曲线相切是(　　)。

A. 厂商在短期内得到最大利润的充要条件

B. 某行业的厂商数目不再变化的条件

C. 厂商在长期内要得到最大利润的条件

D. 厂商在长期内亏损最小的条件

14. 利润最大化的原则是(　　)。

A. 边际成本小于边际收益　B. 边际成本等于边际收益

C. 边际成本大于边际收益　D. 边际成本等于平均成本

15. 在完全竞争市场中,厂商短期均衡条件是(　　)。

A. $P=AR$　B. $P=MR$　C. $P=MC$　D. $P=AC$

16. 下列行业中哪一个接近于完全竞争行业(　　)。

A. 飞机　B. 卷烟　C. 稻米　D. 汽车

17. 下列哪一种说法不是完全竞争市场的特征(　　)?

A. 存在许多企业

B. 每个企业都生产略有差别的产品

C. 对进入该行业不存在限制

D. 该行业的企业不比潜在的新进入者有优势

18. 完全竞争的市场是指(　　)。

A. 市场参与者的购销量只占整个市场交易量的极小一部分

B. 市场参与者只能接受价格,而不能影响价格

C. 交易的商品是同质的

D. 以上都对

19. 一个完全竞争企业利润最大化的条件是(　　)。

A. 边际成本等于价格,价格高于最低平均可变成本

B. 边际成本等于价格,价格高于最低平均固定成本

C. 总收益最大化

D. 平均可变成本最小

20. 假定在某一产量水平上,某厂商的平均成本达到了最小值,这意味着(　　)。

A. $MC=AC$　B. 厂商获得了最大利润

C. 厂商获得了最小利润　D. 厂商的超额利润为 0

21. 如果在厂商的短期均衡产量上,AR 小于 SAC,但大于 AVC,则厂商(　　)。

A. 亏损,立即停产　B. 亏损,但继续生产

C. 亏损、生产或不生产都可以　D. 获得正常利润,继续生产

22. 在厂商的停止营业点上,应该有(　　)。

A. $AR=AVC$　B. 总亏损等于 TFC　C. $P=AVC$　D. 以上说法都对

23. 在完全竞争市场上，已知某厂商的产量是 500 单位，总收益是 500 美元，总成本是 800 美元，总固定成本是 200 美元，边际成本是 1 美元，按照利润最大化原则，他应该(　　)。

A. 增加产量　　B. 停止生产　　C. 减少产量　　D. 以上都不对

24. 完全竞争市场中的厂商短期供给曲线是(　　)。

A.AVC>MC 中的那部分 AVC 曲线　　B.AC>MC 中的那部分 AC 曲线

C.$MC \geqslant AVC$ 中的那部分 MC 曲线　　D.$MC \geqslant AC$ 中的那部分 MC 曲线

25. 假如一个完全竞争厂商的收益不能弥补可变成本，为减少损失，它应该(　　)。

A. 减少生产　　B. 增加生产　　C. 提高价格　　D. 停止生产

26. 完全竞争厂商能通过(　　)手段来获得非正常利润。

A. 制定一个高于其竞争对手的价格　　B. 制定一个低于其竞争对手的价格

C. 进行技术创新　　D. 使其产品有别于其他厂商的产品

27. 一个完全竞争的厂商每年获得 1 000 元利润，其规模收益是不变的，(　　)。

A. 在长期，它可以通过增加一倍投入获得加倍的利润

B. 当利润开始削减时，它可以提高价格

C. 在长期，它可以获得相同的利润

D. 当有厂商进入这个行业时，它将得不到利润

(二)多项选择题

1. 在 MR=MC 的均衡点上，厂商(　　)。

A. 一定是盈利的　　B. 如果是盈利的，一定是相对最大的利润

C. 如果是亏损的，一定是相对最大的亏损　　D. 如果是亏损的，一定是相对最小的亏损

2. 完全竞争要素市场的基本性质是(　　)。

A. 要素的供求双方人数很多　　B. 要素可以充分自由地流动

C. 要素的区别比较小　　D. 要素供求双方都具有完全的信息

3. 完全竞争厂商在长期均衡状态时的条件包括(　　)。

A. 短期边际收益等于短期边际成本

B. 平均收益等于长期平均成本但小于短期平均成本

C. 边际收益等于长期边际成本

D. 平均收益等于长期和短期平均成本

(三)判断题

1. 在达到长期均衡的完全竞争市场上，所有企业都以最优规模进行生产。　(　　)

2. 处于完全竞争产品市场而不同时处于完全竞争要素市场的厂商也是完全竞争厂商。　(　　)

3. 完全竞争市场是不存在垄断、竞争程度最高的市场。　(　　)

（四）名词解释

1. 完全竞争市场　2. 完全竞争市场厂商所面临的需求曲线　3. 边际收益
4. 成本不变行业　5. 成本递增行业　6. 成本递减行业　7. 生产者剩余

（五）填空题

1. 完全竞争条件下，厂商获取最大利润的条件是边际收益 ________ 边际成本。
2. 在最优短期产出水平，厂商将使得总亏损最小，或者使得利润最 ________。
3. 在成本不变的完全竞争行业中，长期中需求的增加会导致市场价格 ________。

（六）问答题

1. 为什么 $MR=MC$ 是厂商实现利润最大化的原则？
2. 为什么完全竞争厂商的短期供给曲线是 SMC 曲线上等于和高于 AVC 曲线最低点的部分？
3. 决定市场类型划分的主要因素有哪些？最基本的决定因素是什么？

（七）观点辨析

1. 完全竞争厂商进行生产时，只要出现亏损就应该停止生产吗？为什么？
2. 为什么商场平时不延长营业时间？
3. 为什么会有打折的机票？

（八）案例分析

1. 狡猾的农场主

一个生产小麦的农场主向他的工人发布了如下的消息：今年的小麦价格很低，我将获得的总收益是 3.5 万美元，如果我支付给你们和去年相同的工资 3 万美元，那我就会亏损，因为我不得不考虑 6 个月前我的地租支出了 2 万美元，如果只为了 3.5 万美元的收入让我支出 5 万美元的话，那我一定是疯了。如果你们愿意拿去年一半的工资 1.5 万美元的话，我的总成本就降为 3.5 万美元，至少能收支相抵，如果你们不打算降低工资的话，今年的小麦我就不准备收割了。如果你是工人，你同意降工资吗？

2. 猴子的故事

有几只猴子几天都没有吃到东西了，这天它们来到一个地方，发现这里的树上结满了果子，于是，这几只猴子便爬到树上享用这些果子。没过多久，又有一些猴子赶来，它们也饿了很长时间，正在到处找吃的，见到这里有果子，就一起往树上爬。原来在树上的猴子拼命地用树枝和烂果子打下边的猴子。下边的猴子一边陪着笑脸，一边小心翼翼地往上爬。为了巩固和占领地盘，它们都结成了一个个小团队，进行着更加激烈的争夺。那些势单力孤的猴子只能在最下边，捡些树上掉下来的果子吃。有些猴子自己无法爬上去，就拼命地在下边摇晃，结果被众猴子联手打跑。最终身强力壮的猴子占了上风，年老体弱者不断从树上坠落。

不久这棵树上的果子就被吃得差不多了，只有爬在最上边的猴子能吃到好果子，下边的猴子已渐渐支撑不了了。有些猴子坠树而死，有些还在苦苦挣扎。果子越来越少，只有最佳位置的猴子能吃到果子，一些猴子开始感到对这些果子已无法企及的时候，它们就放弃了这棵树，有些猴子开始寻找另外的树。有的已经饿死。昔日喧闹的大树，也恢复了平静。这其中蕴含了什么经济学原理？

3. 政府办的大型养鸡场为什么赔钱

在20世纪80年代，一些城市为了保证居民的菜篮子，由政府出资办了大型养鸡场，但成功者少，许多养鸡场以破产告终。这其中的原因是什么？

第六章　不完全竞争市场

一、本章基本内容框架

不完全竞争市场理论是一种经济学理论，主要论述除了完全竞争市场之外的其他市场结构，包括垄断市场、寡头市场和垄断竞争市场。垄断市场中只有唯一的一个厂商生产和销售某种产品；寡头市场中是由少数几家厂商控制产品的全部或者大部分生产和销售；垄断竞争市场中厂商数目虽然很多，但单个厂商生产的产品都是有差异的同种产品，从而使得市场上既有垄断因素，又有竞争因素。

不完全竞争市场
- 完全垄断市场
  - 条件
  - 需求曲线：右下方倾斜
  - 收益曲线
    - $TR=P\cdot Q$，$AR=TR/Q=P$
    - $MR=P(1-\frac{1}{e_d})$
- 短期均衡：$MR=SMC$
- 供给曲线：不存在具有规律性的供给曲线
- 长期均衡：$LMR=LMC=MC=MC^*$，$LAR=AR\geq LAC=AC^*$
- 价格歧视：一级、二级、三级
- 垄断竞争市场
  - 条件
  - 需求曲线
    - 右下方倾斜
    - d需求曲线与D需求曲线
  - 短期均衡：$MR=SMC$
  - 长期均衡：$LMR=LMC=MR=MC^*$，$LAR=LAC=AR=AC^*$
- 寡头
  - 特征
  - 古诺模型
  - 斯威齐模型
- 寡头厂商之间的博弈
  - 博弈论的基本要素
  - 博弈均衡的基本概念
  - 寡头厂商的共谋及其特征
  - 威信和承诺的可信性
- 不同市场的比较

本章思维导图

相对于完全竞争市场而言，不完全竞争市场或多或少地带有一定的垄断因素。其中，垄断市场的垄断程度最高,寡头市场次之,垄断竞争市场最低。在这些不完全竞争市场结构中,厂商所面临的需求曲线是向右下方倾斜的,它表示厂商能够在某种程度上影响市场价格,或者说,厂商或多或少地拥有市场力量,这恰恰与完全竞争市场形成鲜明对比。正是在这个意义上,不完全竞争市场中的竞争是"不完全"的,现实中的市场都是一定程度的不完全竞争市场。

二、重点、难点讲解

1. 在短期中,垄断企业是否会亏损?为什么

【解析】和完全竞争企业或其他企业一样,在短期中,垄断企业在利润最大化产量上也可能会亏损。造成垄断企业在短期中可能亏损的原因也主要有两个:①在给定的规模上成本过高;②市场的需求过低。在这两种情况下,在利润最大化产量上,垄断企业的平均成本就可能大于平均收益,从而,垄断企业即使按照利润最大化原则去进行生产,仍然会遭受亏损。

2. 试比较垄断企业与完全竞争企业的最终均衡

【解析】在长期的最终均衡中,垄断企业的长期的边际收益等于长期的边际成本、长期的平均收益大于或等于长期的平均成本、短期边际收益等于最优(规模的)短期边际成本、短期平均收益大于或等于最优(规模的)短期平均成本。

另一方面,在长期的最终均衡中,完全竞争企业的长期的边际收益等于长期的边际成本、长期的平均收益等于长期的平均成本、短期边际收益等于短期边际成本、短期平均收益等于短期平均成本,且它们都等于市场价格。

3. 为什么垄断竞争企业可以对价格施加一定的影响

【解析】垄断竞争企业改变产量的行为会对价格产生一定的影响,这主要是因为:尽管从整个市场来看,垄断竞争企业的"份额"是"微不足道"的,但它生产的却是"差异产品"。对于垄断竞争企业来说,其产品,具有一定的"垄断"性质,故它的价格提高之后,不会失去所有的购买者。于是,垄断竞争企业面临的需求曲线不再像完全竞争时那样为一条水平线,而是向右下方倾斜的。当然,由于垄断竞争企业的产品仍然和同一市场中很多其他产品属于同一种类,相互之间存在着极大的替代性,故它提高价格之后仍然会失去大量的购买者——与真正的垄断相比,失去的购买者要多很多。因此,垄断竞争企业面临的需求曲线的倾斜程度也不会像完全垄断那样"陡峭",而是要"平缓"得多。

4. 试比较垄断竞争企业与完全竞争企业、垄断企业的联系和区别

【解析】垄断竞争企业、完全竞争企业和垄断企业的产品与同一市场(或不同市场)中其他企业的产品的替代程度大相径庭。在完全竞争场合,产品的替代性趋向于无穷大——因为产品是完全同质的;在垄断场合,替代性为0——因为产品是完全不同质的;在垄断竞争场合,替代性介于前两者之间,既不是大到无穷大,也不是小到等于0——因为产品尽管属于同类,但却有差异。

5. 寡头企业与其他类型企业(如完全竞争企业、垄断企业、垄断竞争企业)最主要的区别是什么

【解析】在寡头市场中,企业行为最重要的特点是相互依赖。这是因为,寡头是一些相对于市场来说规模极其巨大的企业。一个寡头企业的行为会改变整个市场的状况,从而影响同一市场中的其他企业;而这些其他企业必定会对寡头企业的行为做出反应;这些其他企业的反应反过来又会再一次地改变市场的状况,从而改变寡头企业最初行动的效果。

完全竞争、垄断竞争和垄断企业则不同。一方面,完全竞争和垄断竞争企业由于规模非常之小,故在决定自己行动的时候,没有必要考虑该行动对其他企业的影响,从而,没有必要考虑其他企业对此可能做出的反应;另一方面,垄断企业由于在市场上"只此一家",也没有必要考虑自己的行动对其他企业的影响。

三、习题练习

(一)单项选择题

1. 某垄断企业实行价格歧视,将(　　)。
A. 在需求价格弹性较高的市场制定较低的价格
B. 确定产品价格和销售量使两个市场上的需求价格弹性相同
C. 在需求价格弹性较高的市场出售较多的产品
D. 以上说法都不正确

2. 下列哪一个不是垄断竞争的特征(　　)。
A. 企业数量很少　　B. 进出该行业容易
C. 需求曲线向下倾斜　　D. 企业忽略其竞争对手的反应

3. 在(　　)市场结构中,企业的决策必须考虑其他企业可能作出的反应。
A. 完全竞争　　B. 垄断竞争　　C. 寡头垄断　　D. 完全垄断

4. 某旅游景点,对一般参观者门票为 50 元,对中小学生门票为 25 元,这种价格策略为(　　)。
A. 一级差别价格　　B. 二级差别价格　　C. 三级差别价格　　D. 无差别价格

5. 下列哪一种情况对单一价格垄断者是不正确的(　　)。
A. 由于只有一个企业,企业的需求就是行业的需求
B. 由于没有替代品,需求缺乏弹性
C. 平均收益曲线就是需求曲线
D. 边际收益小于价格

6. 垄断的主要危害是(　　)。
A. 产品质量差　　B. 厂商限制产量以维持高价
C. 市场太小　　D. 产品品种过少

7. 寡头垄断厂商的产品是(　　)。

A. 同质的　　B. 有差异的

C. 既可以是同质的,也可以是有差异的　　D. 以上都不对

8. 以下最不可能成为垄断者的是(　　)。

A. 小镇上唯一的一个医生　　B. 某汽水公司

C. 某地区的电力公司　　D. 某地区的自来水公司

9. 在短期完全垄断厂商(　　)。

A. 无盈亏　　B. 取得最大利润

C. 发生亏损　　D. 以上任何一种情况都可能出现

10. 完全竞争与垄断竞争的主要区别是(　　)。

A. 产品异质的程度　　B. 市场当中厂商的数目

C. 长期中厂商获得的利润　　D. 以上都是

11. 无论在完全竞争性市场还是垄断市场当中,(　　)厂商将扩大其产出水平。

A. 价格低于边际成本　　B. 价格高于边际成本

C. 边际收益低于边际成本　　D. 边际收益高于边际成本

12. 垄断厂商拥有控制市场的权力,这意味着(　　)。

A. 垄断厂商面对一条向下倾斜的需求曲线

B. 如果他的产品增加一个单位,则全部产品的销售价格必须降低

C. 垄断厂商的边际收益曲线低于其需求曲线

D. 以上都正确

13. 一位垄断厂商所面临的需求曲线为 $Q=100-P/2$,不变的边际成本是 40。如果他不实施价格歧视,其利润最大化的价格为(　　)。

A.120　　B.60　　C.80　　D.40

14. 在一级价格歧视下,(　　)。

A. 厂商根据消费者的需求价格弹性不同收取不同价格

B. 厂商可以在不同时间向消费者收取不同价格

C. 厂商只是改变了定价的方式,但是并没有改变产量水平

D. 产品的边际收益等于产品价格

15. 实施价格歧视的基本条件不包括(　　)。

A. 卖方具有垄断地位　　B. 企业生产的商品或服务具有耐用品性质

C. 消费者之间存在不同的需求价格弹性　　D. 不同消费者所在的市场能被隔离开

16. 下列选项属于三级价格歧视的是(　　)。

A. 供电企业对同一消费者按不同时间实行不同价格

B. 供水企业对住户用水量超过一定额度实行高价格

C. 同样一本书在网上购买与在新华书店购买价格不一样

D. 如果消费者对某一商品评价高,商家对其制定高价格

17. 垄断竞争处于短期均衡时(　　)。

A. 厂商一定能获得超额利润

B. 厂商一定不能获得超额利润

C. 只能得到正常利润

D. 取得超额利润,发生亏损及获得正常利润三种情况可能发生

18. 垄断竞争市场上厂商的短期均衡发生于(　　)。

A. 边际成本等于实际需求曲线中产生的边际收益时

B. 平均成本下降时

C. 主观需求曲线与实际需求曲线相交,并有边际成本等于主观需求曲线中产生的边际收益时

D. 主观需求曲线与平均成本曲线相切时

19. 垄断竞争厂商均衡点上,长期平均成本曲线处于(　　)。

A. 上升阶段　　B. 下降阶段

C. 水平阶段　　D. 以上三种情况都可能

20. 按照古诺模型,下列哪一种说法不正确(　　)。

A. 双头垄断者没有认识到它们的相互依赖性

B. 每个双头垄断者都假定对方保持产量不变

C. 每个双头垄断者假定对方价格保持不变

D. 均衡的结果是稳定的

(二)多项选择题

1. 在不完全竞争市场上,(　　)。

A. 生产者只能接受价格　　B. 资源不能在部门间自由流动

C. 生产者的产量不是最大产量　　D. 市场价格达到最低

E. 市场机制不能充分有效地发挥作用

2. 不完全竞争市场按竞争的不完全程度,分为(　　)。

A. 完全垄断市场　　B. 垄断竞争市场　　C. 寡头垄断市场　　D. 完全竞争市场

3. 不完全竞争市场的特点有(　　)。

A. 各种生产资料可以完全流动　　B. 产品之间存在差异

C. 生产者对产品有一定的控制能力　　D. 生产的产品属于不同的种类

(三)判断题

1. 按市场的竞争程度,可把市场分为完全竞争市场与不完全竞争市场。(　　)

2. 在完全垄断市场条件下,厂商的短期均衡条件是 $MR=MC$,$P \geqslant AC$。(　　)

3. 三级价格歧视所获得的生产者剩余比一级价格歧视所获得的生产者剩余大。(　　)

(四)名词解释

1. 不完全竞争市场　2. 垄断市场　3. 自然垄断　4. 垄断厂商的需求曲线和收益曲线　5. 价格歧视　6. 垄断竞争市场　7. 非价格竞争　8. 寡头市场

(五)填空题

1. 根据 ________ 和 ________ 程度不同,可将市场分为完全竞争市场、完全垄断市场、垄断竞争市场、寡头垄断市场。

2. 垄断竞争市场与完全竞争市场的关键差别是完全竞争产品 ________ 差别,而垄断竞争产品 ________ 差别。

3. 市场类型主要有完全竞争市场、完全垄断市场和 ________ 市场。

(六)问答题

1. 试述垄断竞争厂商的两条需求曲线的含义及其相互关系,进一步说明垄断竞争厂商的短期均衡和长期均衡的形成及其条件。

2. 垄断竞争厂商为什么很少进行价格竞争,而是选择非价格竞争?

3. 为什么说垄断市场比完全竞争市场缺乏效率?

(七)观点辨析

1. 为什么说垄断市场比完全竞争市场缺乏效率?

2. 为什么说垄断竞争兼有竞争和垄断的因素?

(八)案例分析

1. 电影票和爆米花

乔治刚过完他的 60 岁生日,这天,他带着孙女去看电影。他很高兴地发现他可以得到老年人的 50% 电影票折扣,但是他也很惊讶地发现,在他买爆米花时却必须付全价。这是为什么?

2. 麦当劳的折扣券

麦当劳连锁店一直采取向消费者发放折扣券的促销策略。他们对来麦当劳就餐的顾客发放麦当劳产品的宣传品,并在宣传品上印制折扣券。为什么麦当劳不直接将产品的价格降低?

3. 黄鹤楼的入场券

武汉黄鹤楼的入场券采取差别价格政策,国内游客的入场票价为 2 元,国外游客的入场券为 5 元,试用经济理论分析:①为什么采取差别价格?②在怎样的条件下,施行这种政策才能有效?

第七章　一般均衡与福利经济学

一、本章基本内容框架

一般均衡理论是理论性的微观经济学的一个分支，寻求在整体经济的框架内解释生产、消费和价格。一般均衡是指经济中存在着这样一套价格系统，它能够使每个消费者都能在给定价格下提供自己所拥有的生产要素，并在各自的预算限制下购买产品来实现自己的消费效用极大化。每个企业都会在给定的价格下决定其产量和对生产要素的需求，来实现其利润的极大化，每个市场（产品市场和要素市场）都会在这套价格体系下达到总供给与总需求的相等（均衡）。经济在具备上述条件时，就达到了一般均衡，这时的价格就是一般均衡价格。

福利经济学是研究社会经济福利的一种经济学理论体系。福利经济学研究的主要内容包括社会经济运行的目标，或称检验社会经济行为好坏的标准；实现社会经济运行目标所需的生产、交换、分配的一般最适度的条件及其政策建议等。

一般均衡与福利经济学
- 局部均衡和一般均衡
- 瓦尔拉斯一般均衡理论
- 实证经济学与规范经济学
- 帕累托最优状态
  - 交换的帕累托最优条件：$MRS_{XY}^{A} = MRS_{XY}^{B}$
  - 生产的帕累托最优条件：$MRTS_{LK}^{C} = MRTS_{LK}^{D}$
  - 交换和生产的帕累托最优条件：$MRS_{XY} = MRT_{XY}$
  - 完全竞争与帕累托最优
- 社会福利函数与阿罗不可能定理
- 市场社会主义理论基础：兰格模型

本章思维导图

二、重点、难点讲解

1. 帕累托最优的理解

【解析】福利经济学采用帕累托最优标准来衡量资源配置的最优配置。帕累托最优状态是这样一种状态：任何改变都不可能使一个人的境况变好或变坏。当经济系统达到帕累托最优状态时，经济运行是有效率的；反之，不满足帕累托最优状态的经济运行结果就是缺乏效率的。

根据帕累托最优状态的标准，可以对资源配置状态的任意变化做出判断。如果对既定资源配置的状态予以改变，而这种改变使得至少有一个人的境况变好，同时其他人的境况没有因此变坏，则认为这种变化增加了社会福利，或称帕累托改进。如果对于某种既定的资源配置状态，不存在任何对资源配置的帕累托改进使得福利增进，则此状态即为帕累托最优状态（经济效率）。

2. 一般均衡的理解

【解析】一般均衡强调整个市场体系的所有市场同时实现均衡。整个市场体系的所有市场是一个相互联系的整体，一个市场的价格和供求关系的变动，势必影响构成该市场体系的所有市场的价格和供求关系。因此，必须从整个市场体系中各市场间的相互联系、相互影响的视角分析和研究市场均衡问题。当整个市场体系实现均衡的时候，便决定了构成该市场体系的各个市场的均衡价格和数量。

3. 生产可能性曲线的理解

【解析】将生产契约曲线转换到以商品为坐标量的平面直角图上便可得到转换曲线（生产可能性曲线）。

生产可能性曲线是指在其他条件（如技术、要素供给等）不变的情况下，生产产品 X 与 Y 所能达到的最大产量的组合。曲线上的每一点必会满足 $MRTS_{LK}^{C}=MRTS_{LK}^{D}$。

生产可能性曲线具有如下特征：①生产可能性曲线的斜率为负；②生产可能性曲线凹向原点，即曲线自上而下变得越来越陡峭；③边际产品转换率等于两种产品的边际成本之比；④生产可能性曲线的斜率的绝对值为产品的边际转换率。

三、习题练习

（一）单项选择题

1. 洛伦兹曲线越是向横轴凸出（　　）。
A. 基尼系数就越大，收入就越不平等　　B. 基尼系数就越大，收入就越平等
C. 基尼系数就越小，收入就越不平等　　D. 基尼系数就越小，收入就越平等

2. 一般均衡的代表人物是（　　）。
A. 瓦尔拉斯　　B. 马歇尔　　C. 帕累托　　D. 埃奇沃斯

3. 被西方经济学家推崇为“福利经济学之父”的是（　　）。

A. 霍布森　B. 庇古　C. 帕累托　D. 埃奇沃斯

4. 一般均衡的目标是(　　)。

A. 企业利润最大　B. 实现公平　C. 经济效率最优　D. 充分就业

5. 在评价经济效率时,新福利经济学采用的是(　　)。

A. 帕累托最优标准　B. 庇古最优标准　C. 公平标准　D. 就业标准

6. 帕累托最优配置被定义为下列哪种情况下的资源配置(　　)。

A. 总产量达到最大

B. 边际效用达到最大

C. 消费者得到他们想要的所有东西

D. 没有一个人可以在不使他人境况变坏的条件下使自己的境况变得更好

7. 如果既定的配置状态能够在其他人福利水平不下降的情况下,通过资源重新配置使至少一个人的福利水平有所提高,这种资源重新配置被称为(　　)。

A. 一般均衡状态　B. 帕累托改进　C. 瓦尔拉斯均衡　D. 帕累托最优

8. 资源配置达到帕累托最优状态的标准是(　　)。

A. 还存在帕累托改进的资源配置状态

B. 收入在不同居民之间分配公平

C. 可能由重新组合生产和分配使一个人或多个人的福利增加,而不使其他任何人的福利减少

D. 不可能由重新组合生产和分配来使一个人或多个人的福利增加,而不使其他任何人的福利减少

9. 具有经济效率特征的资源配置状态是(　　)。

A. 市场处于寡头垄断的状态　B. 市场处于垄断竞争的状态

C. 市场存在外部影响的状态　D. 不存在帕累托改进的状态

(二)多项选择题

1. 下面哪种情况不是帕累托最优(　　)。

A. 收入分配公平

B. 不使社会中的某些成员福利变差,就无法使其他成员福利改善

C. 企业内部化其所有外部性

D. 不损害他人福利而改善部分人的福利

2. 关于资源最优配置含义和标准的说法,正确的有(　　)。

A. 经济处于一般均衡状态时资源不一定实现最优配置

B. 市场失灵是指资源配置缺乏效率

C. 经济处于瓦尔拉斯均衡状态时资源实现最优配置

D. 帕累托最优状态也被称作经济效率

3. 经济社会中,资源配置达到帕累托最优状态的条件是(　　)。

A. 信息是完全的　　B. 市场是完全竞争的

C. 经济主体是完全理性的　　D. 经济主体的行为不存在外部影响

(三)判断题

1. 一般均衡强调整个市场体系的部分市场同时实现的均衡。 ( )

2. 对于某种既定的资源配置状态而言,如果在影响他人境况的条件下可以改善某个人的福利状况,说明没有达到帕累托最优状态。 ( )

3. 个人在自由竞争的市场上追求私利的活动最终将实现个人和全社会的经济福利最大化。 ( )

(四)名词解释

1. 帕累托最优　2. 一般均衡　3. 福利经济学

(五)填空题

1. 在既定的生产技术条件下,当经济系统不可能以现有可供使用的资源使得社会成员获得更多的福利时,则称经济系统实现了 ________。

2. 对于某种既定的资源配置状态而言,如果不可能在不影响他人境况的条件下来改善某个人的福利状况,则称该状态为 ________ 状态。

3. 个人在自由竞争的市场上追求私利的活动最终将实现个人和全社会的经济福利 ________。

(六)问答题

1. 平等和效率。

2. 局部均衡分析和一般均衡分析的关系。

3. 洛伦兹曲线和基尼系数是如何体现收入分配的平等程度的?

(七)观点辨析

1. 垄断为什么不能实现帕累托最优?

2. 洛伦兹曲线和基尼系数如何表示社会收入分配情况?

(八)案例分析

1. 汽油价格与小型汽车的需求

20 世纪 70 年代,美国市场的汽油价格出现过两次上升,第一次发生在 1973 年,石油输出国组织切断了对美国的石油输出;第二次是在 1979 年,由于伊朗国王被推翻,该国石油供应瘫痪。经过这两起事件,美国的汽油价格从每加仑 1.27 美元猛增至 1.40 美元。那么,是否会影响不同车型的汽车的需求?

2. 苹果和梨

假如甲有一个苹果，乙有一个梨，他们是否就是帕累托最优呢？

3. 发生在空中的帕累托改进

航空公司总是希望航班上座率越高越好，然而他们也知道总有一小部分订了机票的旅客临时取消旅行计划。这就让他们开始尝试超额售票术，就是在一个合理估计的基础上，让售票数量稍大于航班实际座位数。不过，有时可能出现所有旅客都不改变行程，要按期出发的情况，航空公司必须决定取消谁的座位，所以取消了超额售票术。这样一来，飞机可能被迫带着空座位飞行，如何避免这样的损失？

4. 铅笔的故事

米尔顿·弗里德曼曾经说过："伦纳德·里德《铅笔的故事》一文已经成为一篇经典之作，大部分人应该是从未想象过制造一根小小的铅笔竟然需要成千上万的人力，所涉及的行为如此之多，并且世界上没有一个人能用他的知识完整地描绘出铅笔的整个生产过程。"伦纳德·里德在文章《铅笔的故事》里向我们阐述了一根铅笔从原材料的采集到运输再到生产的过程，这个过程纷繁复杂，包含了无数直接参与或间接参与的行业，除了铅笔制造厂的工人外，其他的人不知道自己为制造铅笔出了力，而铅笔制造厂不过是整个生产过程的一小部分而已，一根小小的铅笔在生产制造中涉及了庞大的产业链条，所以需要进行分工合作，然而这一庞大的过程中，人们没有因为需要铅笔而从事自己的工作，但是大家都被"无形的手"所困住，使自己的体力和脑力自主结合，从而带来高效、均衡的社会生产。伦纳德·里德试图通过一只铅笔的制造过程向人们论证了人类可以在没有政府的干预下，自由运转，甚至带来更高效的运转，而这只看不见的手起了关键作用。请运用所学微观经济学知识分析《铅笔的故事》里所蕴含的经济学原理。

第八章　市场失灵

一、本章基本内容框架

市场失灵是指通过市场配置资源不能实现资源的最优配置。一般认为，导致市场失灵的原因包括垄断、外部性、公共物品与公共资源和信息不完全和不对称等因素。

市场失灵的两个主要原因为：成本或利润价格的传达不适切，市场不存在，如信息不对称、外部性、公共物品，进而影响个体经济市场决策机制；次佳的市场结构，垄断市场的影响。此外政府干预亦可能造成无效情况。

- 市场失灵
  - 市场失灵的含义与成因
  - 垄断
    - 产生的原因
    - 政府管制措施
      - 行业的重新组合
      - 经济、行政处罚
      - 反垄断法
  - 外部影响
    - 含义
    - 外部影响与经济效率
    - 削减外部影响的政策
      - 课税和补给
      - 合并企业
      - 赋予财产权
      - 政府直接管制
    - 产权与科斯定理
  - 公共物品与公共资源
    - 公共物品的特征
    - 公共物品的最优数量
    - 公共物品的经济效率
      - 供给不足
      - 利用不足
    - 公共物品的处理方式
  - 信息不完全和不对称

本章思维导图

二、重点、难点讲解

1. 外部影响及其分类

【解析】外部影响指一个经济活动的主体对他所处的经济环境的影响。外部影响会造成私人成本和社会成本之间,或私人利益和社会利益之间的不一致,因此容易造成市场失灵。外部影响的方向和作用结果具有两面性,可以分为外部经济和外部不经济。

那些能为社会和其他个人带来收益或能使社会和个人降低成本支出的外部影响(个人从其活动中得到的私人利益小于该活动所带来的社会利益)称为外部经济,它是对个人或社会有利的外部影响。那些能够引起社会和其他个人成本增加或导致利益减少的外部影响(个人为其活动付出的私人成本小于该活动所造成的社会成本)称为外部不经济,它是对个人或社会不利的外部影响。

2. 公共物品的特征

【解析】公共物品通常具备非竞争性或非排他性。同时具备非排他性和非竞争性的物品为纯公共物品,如国防。只是非竞争性而不是非排他性的物品为非纯公共物品,如道路。不具排他性但却具有竞争性的公共物品叫做公共资源。

3. 私人物品和公共物品的区别

【解析】西方经济学所论述的物品主要是私人物品。食品、衣服、靴鞋、帽子、电视机、洗衣机、电冰箱等是私人物品。私人物品有两个显著的特征:一是竞争性,增加私人物品的供给便包含增加生产该物品的边际成本;二是排他性,消费者一旦在市场上购买了私人物品,他便获得了独享该物品的权利,他不会和其他人共享这种物品。

与此形成对照的是公共物品。顾名思义,公共物品是许多消费者可以共同消费或享用的物品。一旦把这种公共物品提供给消费者,便难以防止其他人消费或享用。例如,把企业作为应用新技术的消费者看待,若一个企业进行一项没有专利权的新技术研究,只要难以排除其他企业应用这项研究的成果,或者,只要其他企业分享这项研究成果而不增加其边际成本,它就具有公共物品的性质,它就是公共物品。

三、习题练习

(一)单项选择题

1. 某造纸厂在其生产过程中,向附近的河流排放了大量的污水,并因此导致附近某粮食产量大幅度下降,但该厂并未对附近种粮的农民给予相应的赔偿。这种现象通常被称为(　　)。

A. 生产的外部经济　　B. 生产的外部不经济

C. 消费的外部经济　　D. 消费的外部不经济

2. 产生外部经济的生产中产出水平低于社会最优产出水平的原因是(　　)。

A. 边际私人成本低于边际社会成本　　B. 边际私人成本等于边际社会成本

C. 私人收益等于边际收益　　D. 私人收益小于社会收益

3. 关于经济学家科斯提出的产权理论的说法，正确的是(　　)。

A. 很多外部性的产生都是因为产权不清晰导致的

B. 不同的产权制度会导致相同的资源配置效率

C. 不论产权是否明确，只要交易成本为零，就可以实现资源的最优配置

D. 如果产权是明晰的，不论交易成本多大，市场最终会实现资源的最优配置

4. 对于可能产生(　　)的行为，政府一般应通过征税或收费的措施予以限制。

A. 搭便车　　B. 道德风险　　C. 逆向选择　　D. 负外部性

5. 某村村民以种植有机蔬菜为主要经济来源。为保证新鲜蔬菜被及时运送到城区，村中两名蔬菜种植大户合资修建了一条连通城市道路的村级公路，并允许其他村民免费使用。根据这一事例，下列说法错误的是(　　)。

A. 其他村民可以“免费搭车”

B. 允许未付费者使用，有损于社会资源配置的帕累托效率准则

C. 村级公路修建的成本不一定非要由全体村民承担

D. 允许未付费者使用，可能会导致无人愿意修建村级道路

6. 购买财产保险后不注意防盗从而造成保险公司的损失，这属于(　　)。

A. 操作风险　　B. 顺向选择　　C. 逆向选择　　D. 道德风险

7. 关于生产的外部经济的说法，正确的是(　　)。

A. 生产者的社会收益等于私人成本　　B. 生产者的社会成本等于私人成本

C. 生产者的私人成本小于社会成本　　D. 生产者的私人收益小于社会收益

8. 按照微观经济学的分析，只有在(　　)上，企业的生产成本从长期来看才是最低的，市场机制才能实现资源的有效配置。

A. 完全垄断市场　　B. 完全竞争市场　　C. 垄断竞争市场　　D. 不完全竞争市场

9. 某人或某企业的经济活动会给社会上其他人带来损害，但该人或该企业却不必为这种损害进行补偿，称为(　　)。

A. 规模经济　　B. 规模不经济　　C. 外部经济　　D. 外部不经济

10. 资源配置达到帕累托最优状态的条件是(　　)。

A. 市场处于完全竞争的状态　　B. 市场处于不完全竞争的状态

C. 存在外部影响　　D. 信息不对称

11. 垄断会导致资源无法达到最优配置，这是由于(　　)。

A. 垄断产生道德风险问题

B. 垄断导致外部不经济

C. 垄断产生“搭便车”行为

D. 垄断使得市场机制难以充分有效地发挥作用

12. 由于买方和卖方之间信息不对称，市场机制会导致某些商品或服务的需求曲线向左下方弯曲，最终结果是出现劣质商品或服务驱逐优质商品或服务，以致市场萎缩甚至消失的

现象，称为（　　）。

A. 道德风险　　B. 优胜劣汰　　C. 逆向选择　　D. 外部性

13. 由于在买卖双方达成协议后，协议的一方利用信息不对称，通过改变自己的行为来损害对方的利益，这种现象称为（　　）。

A. 外部经济　　B. 道德风险　　C. 逆向选择　　D. 外部不经济

14. 消费者对某一种公共物品的消费并不影响其他人对该公共物品的消费，这称为（　　）。

A. 排他性　　B. 竞争性　　C. 非排他性　　D. 非竞争性

15. 市场失灵是指（　　）。

A. 市场价格机制的运行不再具有灵活性　　B. 商品需求对价格变化的敏感程度下降

C. 市场对稀缺性资源配置的无效率　　D. 收入分配不均

16. 垄断缺乏效率的经济学含义是（　　）。

A. 垄断厂商没有在平均成本曲线的最低点进行生产

B. 消费者购买最后一单位商品得到的边际效用超过生产该商品的边际成本

C. 垄断厂商没有遵循边际收益等于边际成本的利润最大化原则

D. 垄断厂商的经济利润为零

17. 垄断厂商销售商品的价格（　　）。

A. 等于边际成本　　B. 小于边际成本　　C. 高于边际成本　　D. 无法确定

18. 垄断厂商的产量（　　）。

A. 等于竞争产量　　B. 大于竞争产量　　C. 小于竞争产量　　D. 以上都不对

19. 对私人汽车的污染排放征税将会直接引起（　　）。

A. 私人汽车所有者购买更多的污染控制装置

B. 对公共汽车运输的需求上升

C. 私人汽车的运输能力提高

D. 以上都不是

20. 一项公共物品是否值得生产，主要看（　　）。

A. 生产的效益　　B. 政府的意志

C. 公众的意志　　D. 成本和收益的比较

21. 公共物品消费的性质是（　　）。

A. 非竞争性或非排他性　　B. 非竞争性与排他性

C. 竞争性与非排他性　　D. 竞争性与排他性

22. 消费的非排他性是指（　　）。

A. 只有支付价格才能获得消费权利　　B. 不支付价格也能获得消费权利

C. 只有一个消费者　　D. 只有一个生产者

23. “搭便车”现象源于（　　）问题。

A. 公共物品　　B. 私人物品　　C. 社会福利　　D. 不完全信息

24. 卖主比买主知道更多关于商品生产和质量信息的情况称为(　　)。
A. 道德风险　B. 搭便车　C. 排他性　D. 信息不对称

(二)多项选择题

1. 根据经济活动的主体不同,外部性可分为(　　)。
A. 消费的外部性　B. 个人外部性　C. 生产的外部性　D. 外部不经济
E. 集体外部性
2. 为了消除外部性对市场的影响,政府可以采取(　　)。
A. 税收和补贴　B. 法律规定　C. 合并相关企业　D. 公共管制
E. 明晰产权
3. 政府对市场进行干预的目的主要是(　　)。
A. 为了克服市场失灵　B. 弥补市场机制的缺陷和不足
C. 优化资源配置　D. 控制生产产品的总量
E. 控制市场价格
4. 关于外部性和市场失灵的说法,正确的是(　　)。
A. 生产的外部不经济会造成产品供给过多
B. 生产的外部经济会造成产品供给过多
C. 明确和界定产权是解决外部性问题的重要途径
D. 很多外部性的产生都是由于产权不清晰导致的
E. 外部经济会导致私人收益小于社会收益
5. 最典型的纯公共物品是(　　)。
A. 国防　B. 治安　C. 教育　D. 医疗卫生
E. 收费公路
6. 某种经济活动存在外部不经济是指该活动的(　　)。
A. 私人成本大于社会成本　B. 私人成本小于社会成本
C. 私人利益大于社会利益　D. 私人利益小于社会利益
7. 下面(　　)的活动会引起正的外部性。
A. 消费比萨饼　B. 在课堂上教育某位学生
C. 公共场所吸烟　D. 注射麻疹免疫针
8. 下面(　　)的情况下不会产生外部性。
A. 企业向空气中排放污染物　B. 家庭主妇铲掉家门口的雪
C. 在一个人的封闭环境里吸烟　D. 养蜂人的蜜蜂给邻居的果树授粉
9. 用征税的方法纠正污染的优势在于(　　)。
A. 社会问题的控制权集中　B. 减少私人成本和社会成本的差距
C. 社会问题的控制权分散　D. 拉大私人成本和社会成本的差距

（三）判断题

1. 市场失灵的存在要求由政府来取代市场价格机制。（ ）
2. 政府治理垄断的目的包括降低商品价格和提高产量。（ ）
3. 保险市场和二手商品市场上存在事后的信息不对称，将导致逆向选择问题。（ ）
4. “劣币驱逐良币”属于道德风险问题。（ ）
5. 寻租活动是腐败的经济学原因。（ ）

（四）名词解释

1. 市场失灵　2. 外部性　3. 公共物品　4. 信息不对称

（五）填空题

1. 按照微观经济学的分析，市场机制不能有效发挥作用，难以实现帕累托效率的状况是指 ________。
2. 公共物品和公共资源具有非排他性和 ________，不能通过市场对其供求进行调节。
3. 免费享用公共物品的行为叫做 ________。

（六）问答题

1. 什么叫市场失灵，哪些情况会导致市场失灵？
2. 完全垄断的存在对经济有哪些影响？
3. 外部性问题如何影响资源配置？
4. 公共物品的主要特征有哪些？

（七）观点辨析

为什么高档商品几乎不出现在地摊上？

（八）案例分析

1. 当火车驶过农田的时候

20 世纪初的一天，列车在绿草如茵的英格兰大地上飞驰。车上坐着英国经济学家庇古。他边欣赏风光，边对同伴说：“列车在田间经过，机车喷出的火花（当时是蒸汽机车）飞到麦穗上，给农民造成了损失，铁路公司要不要向农民赔偿？”如何看待这一问题？

2. “金玉其外，败絮其中”的故事

中国古代有“金玉其外，败絮其中”的故事，这个故事讲的是商人卖的货物表里不一。在商品交易中，有些商品的品质很难在购买时加以检验，如瓶装的酒类、盒装的香烟、录像带等。消费者看不到商品的质量好坏，或通过观看无法了解内在质量。这个故事蕴含了什么经济学原理？

3. 蚕丝被的畅销

为了让蚕丝被能够畅销，商家将制作蚕丝被的工厂公开，吸引消费者到工厂参观蚕丝被的制作过程，参观后还会发放小礼品。在参观时，人们看到蚕丝被的制作确实是使用质量上乘的蚕丝，货真价实，所以纷纷购买，这使得该工厂的蚕丝被十分畅销。该商家应用了什么经济学原理？

第九章　国内生产总值及其衡量

一、本章基本内容框架

宏观经济学是以国民经济总过程的活动为研究对象，着重考查和说明国民收入、就业水平、价格水平等经济总量是如何决定和波动的。本章要求学生重点掌握国内生产总值的含义及其衡量方法，能够运用该指标描述宏观经济。

- 国内生产总值及其衡量
  - 国内生产总值（GDP）含义
  - 核算
    - 收入法
    - 生产法
    - 支出法
  - 名义GDP与实际GDP
  - 国民生产总值（GNP）
  - 与GDP相关的经济指标
    - 国内生产净值（NDP）
    - 国民收入（NI）
    - 个人收入（PI）
    - 个人可支配收入（DPI）

本章思维导图

核算国民经济活动总成果的核心指标是国内生产总值，它是一个国家或地区在一定时期内运用生产要素所生产的全部最终产品与服务的市场价值总和。衡量或核算国内生产总值的方法包括生产法、收入法和支出法。

国内生产总值的局限性包括：(1)国内生产总值高低或人均国内生产总值高低并不能说明一个经济体中的收入分配状况是否理想或良好；(2)由于国内生产总值只涉及与市场活动有关的那些产品和服务的价值，因此它忽略了家庭劳动和地下经济因素；(3)国内生产总值不能反映经济增长方式付出的代价；(4)国内生产总值不能反映人们的生活质量。

二、重点、难点讲解

1. 国内生产总值的具体含义

【解析】要点：(1)国内生产总值是一个地域概念，而不是国民概念；(2)国内生产总值是流量而不是存量；(3)国内生产总值是一定时期内生产的而非销售；(4)国内生产总值测度的是最终产品而非中间产品的价值；(5)国内生产总值不仅包括有形物质产品的价值，也包括无形服务的价值；(6)国内生产总值是一个市场价值的概念，从而各国的国内生产总值具有可比性;(7)国内生产总值一般仅指市场活动导致的价值;(8)国内生产总值是一个总值的概念。

2. 支出法核算国内生产总值

【解析】通过核算整个社会在一定时期内购买最终产品的支出总和来求得。

$$GDP=C+I+G+(X-M)$$

式中:GDP 为国内生产总值;C 为消费;I 为投资;G 为政府购买;X 为出口;M 为进口。

(1)居民个人消费支出包括:耐用消费品支出、非耐用消费品支出、劳务支出。

(2)总投资支出包括:居民购买新建住宅的支出,企业的存货、厂房、设备(支出净投资与折旧之和)。

(3)政府购买:政府对物品和劳务的购买支出,不包括转移支付。

(4)净出口:出口减去进口。

3. 名义国内生产总值与实际国内生产总值

【解析】名义国内生产总值是用生产产品和服务的当年价格计算的全部最终产品和服务的市场价值。实际国内生产总值是选定某一时期作为基期,然后以基期价格核算出的某年所生产的全部最终产品和服务的市场价值。

(1)采用相同基期价格计算不同年份的实际国内生产总值,能够比较不同年份产量变化情况;

(2)相同年份的实际国内生产总值和名义国内生产总值的比较,能够反映出当年的价格变化情况。

4. 与国内生产总值相关的其他经济指标

【解析】(1)国内生产净值(NDP)= 国内生产总值 - 固定资产折旧。

(2)国民收入(NI)= 国民生产净值 - 间接税 - 企业转移支付 + 政府补助金。

(3)个人收入(PI)= 国民收入 - 企业所得税 - 公司未分配利润 - 社会保险税 + 政府转移支付。

(4)个人可支配收入(DPI)= 个人收入 - 个人税收和非税支付

5. 国民生产总值与国内生产总值

【解析】国民生产总值是指一国居民在一定时期内(通常为一年)所拥有的投入要素所生产的最终产品的市场价值总和。

国民生产总值和国内生产总值的区别:(1)计算口径不同,国内生产总值采用的是"国土原则",只要是在该国或地区内创造的价值,不论是本国人还是外国人创造的价值都计入国内生产总值,而国民生产总值采用的是"国民原则",必须是本国人创造的价值才可以计入国民生产总值;(2)侧重点不同,国内生产总值强调的是创造出的产品的增加值,而国民生产总值强调的是所取得的原始收入。

三、习题练习

(一)单项选择题

1. 被称为宏观经济学之父的经济学家是(　　)。

A. 亚当·斯密　　B. 马歇尔　　C. 凯恩斯　　D. 哈罗德

2. 在宏观经济学创立过程中起了重要作用的一部著作是(　　)。

A. 亚当·斯密的《国富论》

B. 大卫·李嘉图的《政治经济学及赋税原理》

C. 阿尔弗雷德·马歇尔的《经济学原理》

D. 约翰·梅纳德·凯恩斯的《通论》

3. 宏观经济学的中心理论是(　　)。

A. 价格决定理论　　B. 工资决定理论

C. 国民收入决定理论　　D. 汇率决定理论

4. 宏观经济学主要强调(　　)在经济运行中的调节作用。

A. 市场　　B. 政府　　C. 企业　　D. 居民户

5. 国内生产总值是按(　　)计算的一个国家(或地区)在一定时期内生产活动的最终成果。

A. 生产价格　　B. 价值形态　　C. 市场价格　　D. 成本价格

6. 国内生产总值是用(　　)来计量的。

A. 半成品　　B. 最终产品　　C. 中间产品　　D. 在产品

7. 下列哪一项目的增加会增加中国的国内生产总值(　　)。

A. 中国杂技团在欧洲演出的收入　　B. 母亲为婴儿购买的大庆牌奶粉

C. 张三购买的一台奔驰牌轿车　　D. 父亲购买了一瓶法国红酒

8. 下列哪一项将不计入当年的国内生产总值(　　)。

A. 企业支付的贷款和债券利息　　B. 一辆新汽车的价值

C. 一辆二手汽车按其价值销售的价格　　D. 一台磨损的高尔夫球清洁机器的替换品

9. 某国在 2016 年运用生产要素生产的最终产品价值是 4 200 万,但是销售了 200 万,则计入 2016 年国内生产总值的是(　　)万。

A. 4 200　　B. 4 000　　C. 200　　D. 4 400

10. 假设米其林轮胎公司以 400 美元卖了 4 个轮胎给通用汽车公司,纽曼公司以 500 美元的价格卖了一个汽车内置电脑给通用汽车公司,通用公司将以上轮胎和汽车电脑都装在一辆新车上,该车卖了 20 000 美元。在这种情况下,这些交易中计入国内生产总值的额度是(　　)。

A. 20 000 美元

B. 20 000 美元再减去通用公司在该汽车上获得的利润

C. 29 000 美元

D. 29 000 美元再减去这三家公司在他们所售产品上的利润

11. 下列哪一项应计入国内生产总值(　　)。

A. 面包厂购买的面粉　B. 购买 40 股股票

C. 家庭主妇购买的面粉　D. 购买政府债券

E. 以上各项都不应计入

12. 能计入国内生产总值的有(　　)。

A. 家庭主妇的家务劳动折算合成的收入　B. 拍卖毕加索作品的收入

C. 出售股票的收入　D. 晚上为邻居照看儿童的收入

E. 从政府那里获得的困难补助收入

13. 下列哪一项不列入国内生产总值(　　)。

A. 出口到国外的一批货物　B. 政府给贫困家庭发放的一笔救济金

C. 保险公司收到的保险费　D. 经纪人为一座旧房子买卖收取的佣金

14. 下列不属于在实际核算中,国内生产总值的计算方法的是(　　)。

A. 支出法　B. 生产法　C. 市场价格法　D. 收入法

15. 如果 C 表示居民消费、I 表示投资、G 表示政府购买、X 表示出口、M 表示进口,则按照支出法计算的国内生产总值(GDP)的公式是(　　)。

A. $GDP=C+I+G+X$　B. $GDP=C+I+G-M$

C. $GDP=C+I+G+(X+M)$　D. $GDP=C+I+G+(X-M)$

16. 从社会最终使用的角度计算国内生产总值的方法是(　　)。

A. 支出法　B. 收入法　C. 生产法　D. 转移法

17. 各单位按收入法计算的增加值应包括劳动者报酬、固定资产折旧、生产税净额和(　　)。

A. 净出口　B. 最终消费　C. 营业盈余　D. 资本形成总额

18. 如果钢铁、油漆、绝缘材料以及所有用来制造一个电烤炉的原料价值在计算国内生产总值时都包括进去了,那么这种衡量方法(　　)。

A. 因为各种原料都进入市场交易,故衡量正确

B. 因为重复记账导致过高衡量

C. 因为各种原料都是生产者存货的一部分,故没有影响

D. 由于重复记账导致过低衡量

19. 用支出法计算国内生产总值时,不属于投资的是(　　)。

A. 通用汽车公司购买了政府债券

B. 通用汽车公司增加了 500 辆汽车的存货

C. 通用汽车公司购买了一台新机床

D. 通用汽车公司建立了一条新装配线

20. 用支出法计算国内生产总值时,下列哪一项不包括在消费支出项目内(　　)。

A. 用于新住房的购买　B. 用于劳务的支出

C. 用于耐用消费品的支出　　D. 用于非耐用消费品的支出

21. 下列哪一项属于政府购买支出(　　)。

A. 海军购买一艘舰艇　　B. 退伍军人津贴

C. 失业救济金　　D. 退休金

22. 对政府公务员的报酬支出属于(　　)。

A. 政府支出　　B. 税收　　C. 转移支付　　D. 消费

23. 以下经济变量中,除了(　　)外,其余都是流量。

A. 个人财富　　B. 消费支出　　C. 个人可支配收入　　D. 国内生产总值

24. 一国国内在一定时期内生产的所有最终产品和劳务的市场价值根据价格变化调整后的数值被称为(　　)。

A. 国民生产总值　　B. 实际国内生产总值

C. 名义国内生产总值　　D. 潜在国内生产总值

25. 实际国内生产总值反映的是(　　)。

A. 价格水平的变动　　B. 实际产量的变动

C. 产量与价格的交替变动　　D. 既是价格水平的变动也是产量的变动

26. 下面哪一种情况不是国内生产总值低于经济中实际产量的原因(　　)。

A. 非法经济活动的存在　　B. 非市场活动的存在

C. 地下工厂的存在　　D. 资本消耗损失

27. 当一个美国经济学家飞到中国举办一场关于"新经济与风险投资"的收费讲座时,讲座收入计入(　　)。

A. 中国的国内生产总值　　B. 中国的国民生产总值

C. 美国的国内生产总值　　D. 中国和美国的国内生产总值

28. 一国的国民生产总值小于国内生产总值,说明该国公民从外国取得的收入(　　)外国公民从该国取得的收入。

A. 大于　　B. 小于

C. 等于　　D. 可能大于也可能小于

29. 目前世界各国(地区)通常使用的作为可以衡量经济活动总量的基本指标是(　　)。

A. 国民总收入　　B. 国民生产总值　　C. 国内生产总值　　D. 净要素收入

30. 一般情况下,国民收入核算体系中数值最小的是(　　)。

A. 国内生产总值　　B. 个人收入

C. 个人可支配收入　　D. 国民收入

31. 国内生产总值与国内生产净值之间的差额是(　　)。

A. 直接税　　B. 间接税　　C. 折旧　　D. 补贴

32. 从国民生产净值减去下列(　　)项目成为国民收入。

A. 折旧　　B. 原材料支出　　C. 直接税　　D. 间接税

(二)多项选择题

1. 核算国内生产总值的方法有(　　)。

A. 支出法　　B. 收入法　　C. 定义法　　D. 生产法

2. 国内生产总值的作用有哪些(　　)。

A. 国与国之间经济实力的比较

B. 贫穷与富裕的比较

C. 经济增长速度的衡量

D. 宏观经济政策的制定,需要刺激还是需要控制

3. 国内生产总值的缺陷(　　)。

A. 严重影响社会发展和人们生活质量的内容无法得到反映

B. 不能完全反映经济内容的实质

C. 不反映分配是否公平

D. 无法反映人们从产品和劳务消费中获得的福利状况

4. 将下列交易活动计入投资的是(　　)。

A. 波音公司向法国空军出售一架飞机

B. 波音公司向本国航空公司出售一架飞机

C. 波音公司向法国航空公司出售一架飞机

D. 美国波音公司制造了一架下一年出售的飞机

5. 如果你知道国内生产净值数字并想通过它计算出个人可支配收入,你需要(　　)。

A. 扣除折旧　　B. 加上政府转移支付

C. 扣除企业间接税　　D. 扣除公司未分配的利润

(三)判断题

1. 如果两邻居相互为对方铲除门前积雪,并为此向对方收费,他们的行为对国内生产总值将不会产生影响。(　　)

2. 折旧费用是国内生产总值的一部分。(　　)

3. 煤炭被家庭用于取暖是最终产品,被化工厂作为原料是中间产品。(　　)

4. 一个在日本工作的美国公民的收入应计入美国国民生产总值和日本国内生产总值。(　　)

5. 在一个经济中总收入等于总支出也等于国内生产总值。(　　)

6. 国内生产总值被定义为在某一既定时期一国之内所生产的全部产品的市场价值总和。(　　)

7. 本年生产但未销售出去的最终产品价值不应计入本年的国内生产总值之内。(　　)

8. 个人收入即为个人可支配收入,是人们可随意用来消费或储蓄的收入。(　　)

9. 购买普通股票是投资的一部分。(　　)

10. 如果一企业用 5 台新机器替换 5 台报废的旧机器,它没有使国内生产总值增加,因

为机器数量不变。 ( )

11. 住宅建筑是消费者的耐用品,在国民收入账户中被列入消费支出中。 ( )

12. 甲乙两国合并成一个国家对国内生产总值总和没有影响。 ( )

13. 公债利息不包括在个人收入中。 ( )

14. 某公司生产的汽车多卖出去一些比少卖一些的国内生产总值要增多一些。 ( )

15. 净投资不可能是负数。 ( )

16. 政府转移支付应记入国内生产总值而间接税不应计入国内生产总值。 ( )

(四)名词解释

1. 国内生产总值 2. 最终产品 3. 中间产品 4. 实际国内生产总值

(五)填空题

1. 已知消费为500,投资为300,政府购买支出是200,则国内生产总值为 ________。

2. 已知总投资为500,净投资为300,则折旧为 ________。

3. 已知2015年甲国政府的财政收入是500,购买支出是300,转移支付是100,则财政收支差额是 ________。

4. 已知2015年甲国出口收入是500,进口支出是400,则贸易收支差额是 ________。

5. 已知2015年甲国的国内生产总值是1 000,消费是300,投资是400,政府购买支出是500,则贸易收支是 ________。

6. 已知2015年甲国的国内生产总值是1 000,消费是300,投资是400,则贸易收支是逆差,差额为100,则政府的购买支出是 ________。

7. 财政赤字100,政府购买支出200,则税收是 ________。

8. 已知某一经济社会在2016年有A、B、C三种最终商品,价格和数量依次为:$P_A=5$,$P_B=6$,$P_C=8$,$Q_A=10$,$Q_B=5$,$Q_C=5$,则该国当年的名义国内生产总值为 ________。

9. 已知消费为800,投资为365,政府购买支出是310,则国内生产总值为 ________。

(六)问答题

1. 在计算国内生产总值时为什么只计算最终产品的支出而不计算中间产品的支出?

2. 能否说某公司生产的汽车多卖掉一些时比少卖掉一些的国内生产总值要多一些?

3. 哪些生产性活动无法衡量,从而不包括在国内生产总值之中?

4. 如果政府雇用原来领取失业救济金的人员做工作人员,国内生产总值会发生什么变化?

5. 在下列两项中每一项所发生的情况在国民收入核算中有什么区别?

(1)一个企业为经理买一辆小汽车以及这个企业给这位经理发一笔额外报酬让他自己买一辆小汽车。

(2)你决定买本国产品消费而不是买进口产品消费。

6. 为什么人们购买债券和股票从个人来说可算是投资,但在经济学上不能称为投资?

7. 为什么政府转移支付不计入国内生产总值？与政府支出中的政府购买支出在计入国内生产总值时有什么区别？

8. 假定甲为乙提供服务应得报酬 400 美元，乙为甲提供服务应得报酬 300 美元，甲乙商定相互的支付互相抵销 300 美元，结果甲只收乙 100 美元。试问计入国内生产总值的是否就是这 100 美元？

9. 论述总产出、总收入与总支出的关系。

（七）计算题

1. 一经济社会生产三种产品：书本、面包和菜豆。它们在 1998 年和 1999 年的产量和价格如下。

商品名称	1998 年		1999 年	
	数量	价格	数量	价格
书本（本）	100	10 美元	110	10 美元
面包（条）	200	0.5　美元	200	1.5 美元
菜豆（千克）	500	1 美元	450	1 美元

试求如下问题。

（1）1998 年的名义国内生产总值。

（2）1999 年的名义国内生产总值。

（3）以 1998 年为基期，1998 年和 1999 年的实际国内生产总值是多少？这两年实际国内生产总值变化多少百分比？

（4）以 1999 年为基期，1998 年和 1999 年的实际国内生产总值是多少？这两年实际国内生产总值变化多少百分比？

2. 假定一国国民收入统计资料如下。

亿美元

国内生产总值	5 300
总投资	1 100
折旧	500
消费	3 300
政府购买	1 000
政府预算盈余	100

试计算：（1）国内生产净值；

（2）净出口；

（3）政府税收减去转移支付后的收入；

（4）个人可支配收入；

（5）个人储蓄。

（八）案例分析

1. 国内生产总值（GDP）不是万能的

越来越多的人对GDP衡量经济增长的重要性产生了怀疑。斯蒂格利茨曾经指出，如果一对夫妇留在家中打扫卫生和做饭，这将不会被列入GDP的统计范围，假如这对夫妇外出工作，另外雇人做清洁和烹调工作，那么这对夫妇和佣人的经济活动都会被计入GDP。说得更明白一些，如果一名男士雇佣一名保姆，保姆的工资也将计入GDP；如果这位男士与保姆结婚，不给保姆发工资了，GDP就会减少。德国学者厄恩斯特·B.冯·魏茨察克和两位美国学者艾墨里·B.洛文斯，L.亨特·洛文斯在他们合著的《四倍跃进》中对GDP在衡量经济增长中的作用更是提出了诘难，他们生动地描写道："乡间小路上，两辆汽车静静驶过，一切平安无事，他们对GDP的贡献几乎为零。但是，其中一个司机由于疏忽，突然将车开向路的另一侧，连同到达的第三辆汽车，造成了一起恶性交通事故。'好极了'，GDP说。因为，随之而来的是：救护车、医生、护士、意外事故服务中心、汽车修理或买新车、法律诉讼、亲属探视伤者、损失赔偿、保险代理、新闻报道等，所有这些都被看作正式的职业行为，都是有偿服务。即使任何参与方都没有因此而提高生活水平，甚至有些还蒙受了巨大损失，但我们的'财富'——所谓的GDP依然在增加。"

国内生产总值的局限性有哪些？

2. 蜜蜂的寓言

1929年，资本主义世界爆发了空前的大危机。3 000多万人失业，三分之一的工厂停产，整个经济倒退回了一战前的水平。经济处于极度混乱之中，传统的经济学无法解释更无法解决这一问题，理论界纷纷进行探讨，这时英国经济学家凯恩斯从一则古老的寓言中得到了启示。这则寓言说："从前有一群蜜蜂，他们在蜂王的领导下，都过着挥霍、奢侈的生活，整个蜂群兴旺发达，百业昌盛。后来，他们的老蜂王去世了，换了一个新蜂王，他们改变了原有的生活习惯，开始崇尚节俭朴素，结果社会凋敝，经济衰落，终于被敌手打败而逃散。"凯恩斯在这则寓言的启示下，建立了他的国民收入决定理论，并由此引发了凯恩斯革命，从而建立了宏观经济学。

凯恩斯认为经济衰落的原因是什么？

第十章　国民收入的决定:收入—支出模型

一、本章基本内容框架

收入—支出模型即简单的收入决定模型,其立足于产品市场,研究国民收入的决定及其变化。本章要求学生重点掌握消费函数、投资函数,能够根据宏观经济均衡条件确定均衡收入水平,同时运用乘数原理分析收入水平改变程度。

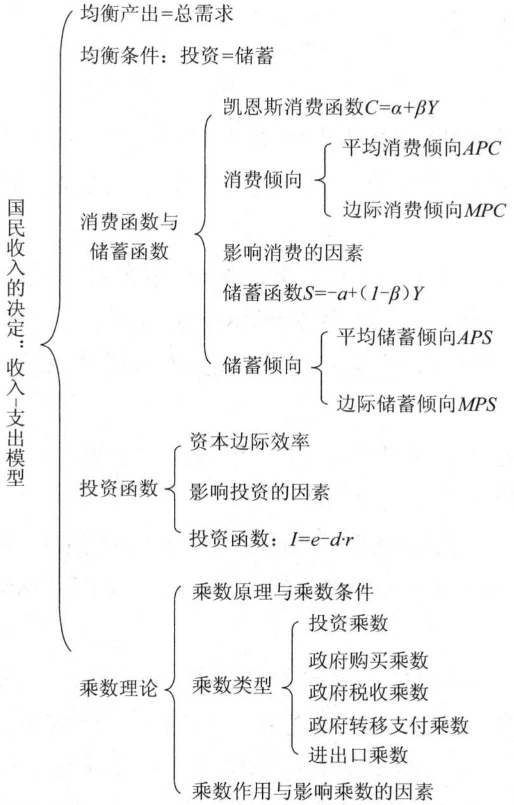

本章思维导图

收入—支出模型:

(1)立足于产品市场,研究国民收入的决定及其变化;

(2)在宏观经济恒等关系中,有总产出 = 总收入 = 总支出;

(3)按照凯恩斯主义经济学观点,支出水平决定收入水平,即有多大的支出就有多大的收入水平。

如果以 E 代表支出，Y 代表收入，I 代表投资，S 代表储蓄，C 代表消费，则实现两部门经济中均衡产出或均衡国民收入的条件是 $E=Y$，也可以用 $I=S$ 表示，因为计划支出等于计划消费加投资，也就是 $E=C+I$。

当利率提高时，人们认为减少目前消费，增加将来的消费比较有利。这时，高利率就会鼓励人们增加当前储蓄，减少当前消费。

国外需求取决于外国的国民收入水平，特别是人均收入水平。

边际倾向和边际进口倾向取决于本国的国民收入水平、人均收入水平、消费倾向和边际消费倾向几个因素。

总投资数量增加时，国民收入的增量将是投资增量的若干倍。如果以 K 代表这个倍数，K 就被称为投资乘数。

二、重点、难点讲解

1. 影响消费的因素

【解析】(1)收入：可支配收入水平越高，消费量越大。

(2)价格水平：名义收入不变时，物价上升，实际收入下降，消费者要保持原有消费水平，则消费倾向就会提高。

(3)利率：提高利率是否会增加储蓄，抑制当前消费，要看利率变动导致储蓄的替代效应和收入效应情况。替代效应是指利率提高，人们认为增加将来的消费更有利而减少目前的消费；收入效应是指利率提高，人们将来的利息收入增加，认为自己更富有而增加目前消费。

(4)收入分配状况：收入分配越平均，平均消费倾向越大。

(5)家庭财富存量：财富存量越多，消费水平越高。

(6)预期：如果消费者遵循恒久收入假说，并且有理性预期，那么只有未预期到的政策变动会影响消费，因为这些政策变动会影响人们的预期，从而影响消费。

2. 消费倾向

【解析】(1)平均消费倾向(APC)：任意可支配收入水平上，消费支出在可支配收入中所占的比例。平均消费倾向的取值范围：可能大于 1、等于 1 或小于 1。

(2)边际消费倾向(MPC)：每增加的一单位收入中用于增加消费部分的比率。边际消费倾向的取值范围：$0 \leqslant MPC \leqslant 1$。

(3)APC 和 MPC 之间的关系：①边际消费倾向有递减的趋势；②平均消费倾向有递减的趋势；③平均消费倾向大于边际消费倾向；④随着收入的增加，平均消费倾向逐渐趋近于边际消费倾向。

3. 消费函数

【解析】$C=\alpha+\beta Y$。其中 C 是消费水平，α 表示自主性消费，$\beta \cdot Y$ 是引致性消费，其中 β 为边际消费倾向(MPC)，Y 为收入。

4. 储蓄倾向

【解析】(1)平均储蓄倾向(APS)：任意一个可支配收入水平上的储蓄在可支配收入中所占的比率。平均储蓄倾向的取值范围：可正可负，但总小于1。

(2)边际储蓄倾向(MPS)：每增加的一单位收入中用于增加储蓄部分的比率。边际储蓄倾向的取值范围：$0 \leqslant MPS \leqslant 1$。

(3)APS和MPS之间的关系：①边际储蓄倾向有递增的趋势；②平均储蓄倾向有递增的趋势；③平均储蓄倾向小于边际储蓄倾向；④随着收入的增加，平均储蓄倾向逐渐趋近于边际储蓄倾向。

5. 储蓄函数

【解析】$S=-\alpha+(1-\beta)Y$。S是储蓄水平，α表示自主性消费，$1-\beta$为边际储蓄倾向(MPS)。

6. 消费函数与储蓄函数的关系

【解析】(1)$Y=C+S$；(2)$APC+APS=1$；(3)$MPC+MPS=1$。

7. 消费理论

【解析】(1)绝对收入假定：凯恩斯短期消费函数中的收入是绝对收入，边际消费倾向是递减的。

(2)相对收入假定：不同家庭的相对收入(示范效应：随着可支配收入的增加，低水平收入者的消费会向高水平收入者的消费水平看齐)；家庭不同时期的相对收入(棘轮效应：可支配收入减少时，消费者消费水平的降低比较有限)。

(3)恒久收入假定：消费者的消费支出取决于恒久可支配收入。恒久收入是指家庭在每一个时期都可以获得的收入，是相对于暂时收入而言的概念。恒久收入相当于家庭各期收入的加权平均水平。

(4)生命周期假定：家庭一生可以区分为不同阶段，每一个阶段的收入水平是不同的。假设人们厌恶消费的波动，倾向于平滑消费。人们在特定时期的消费不仅与他们在该时期的可支配收入相联系，而且人们会在更长时间范围内计划生活中的消费开支，以达到他们在整个生命周期内消费的最佳配置。

8. 投资函数

【解析】投资函数是指投资与利率之间的函数关系。函数为$I=e-d\cdot r$。I代表投资，r代表利率，e代表自主投资，d代表投资的利率弹性，即投资对利率变动的敏感程度。

9. 影响投资需求的因素

【解析】(1)对投资项目产品的需求预期：如果企业认为投资项目产品的市场需求在未来会增加，就会增加投资。

(2)产品成本：尤其是劳动者工资，工资上升会降低投资需求，但当劳动和资本完全可以相互替代的条件下，随着工资的上升，越来越多的企业会使用新机器设备，从而增加投资需求。

(3)政府的投资激励：投资税抵免，政策出台的当年会使投资需求增加。

(4)投资风险：投资风险越大，投资需求越低，同时投资需求还会随人们承担风险的意愿和能力变化而变动。

（5）融资条件对投资需求的影响：融资条件有限制时，企业能否进行投资，取决于企业是否有足够的资金保留余额以及折旧基金，如果不足就会影响投资。

10. 政府对社会总需求的影响

【解析】（1）直接购买支出的影响：政府购买支出增加，社会总需求增加。

（2）税收的影响：税收增加，企业和个人可支配收入减少，消费和投资需求减少，社会总需求减少。

（3）转移支付的影响：转移支付增加，消费和投资需求增加，社会总需求增加。

（4）制度和政策的影响：鼓励政策会刺激社会总需求增加。

11. 国外需求的决定因素和影响因素

【解析】决定因素是指对事物的发展起关键作用的核心因素，它决定着事件的发展趋势、方向与成败，决定着事物的本质属性。影响因素不起决定作用，影响因素是一些外在条件，但不是必要条件。

决定因素如下。

（1）国外的人均收入水平高低：国外人均收入水平越高，国外需求越大。

（2）国外消费者的消费倾向高低：消费倾向越高，国外需求越大。

（3）国外是否拥有本国的产品和服务：对本国没有的或者质量、价格都优于本国的产品和服务，需求就较大。

影响因素如下。

（1）汇率变动的影响：本币贬值会增加出口。

（2）对外实际投资：对外实际投资会带动本国产品和服务出口的增加。

（3）国际竞争的激烈程度和贸易保护主义的程度：程度越高，国际贸易规模越小，从而越影响国外需求。

12. 收入—支出模型下国民收入恒等式 $Y=\dfrac{\alpha-\beta T+\beta Tr+I+G}{1-\beta}$

【解析】（1）定量税：$Y=[\alpha+\beta(Y-T+Tr]+I+G$。

（2）比例税：$Y=\alpha+\beta[Y-(T_0+T+Tr]+I+G$，$Y=\dfrac{\alpha-\beta T_0+\beta Tr+I+G}{1-\beta(1-T)}$。

13. 乘数计算公式

【解析】（1）投资乘数 $K_i=\dfrac{1}{1-MPC}=\dfrac{1}{MPS}$。

（2）政府购买支出乘数（定量税）$K_g=\dfrac{\Delta Y}{\Delta G}=\dfrac{1}{1-\beta}$；（比例税）$K_g=\dfrac{\Delta Y}{\Delta G}=\dfrac{1}{1-\beta(1-T)}$。

（3）政府税收乘数（定量税）$K_t=\dfrac{\Delta Y}{\Delta T}=\dfrac{-\beta}{1-\beta}$；（比例税）$K_t=\dfrac{\Delta Y}{\Delta T}=\dfrac{-\beta}{1-\beta(1-T)}$。

（4）政府转移支付乘数（定量税）$K_{Tr}=\dfrac{\Delta Y}{\Delta Tr}=\dfrac{\beta}{1-\beta}$；（比例税）$K_{Tr}=\dfrac{\Delta Y}{\Delta Tr}=\dfrac{-\beta}{1-\beta(1-T)}$。

（5）平衡预算乘数 $\dfrac{\Delta Y}{\Delta G}=\dfrac{\Delta Y}{\Delta T}=1=K_b$。

三、习题练习

(一)单项选择题

1. 国民收入决定理论认为国民收入均衡水平决定于(　　)。
A. 总收入　B. 总投资　C. 总需求　D. 总供给
2. 均衡的国民收入是指(　　)。
A. 一国每年所生产出的产品的货币价值　B. 总支出大于总供给时的国民收入
C. 总支出小于总供给时的国民收入　D. 总支出等于总供给时的国民收入
3. 简单的国民收入决定理论只涉及(　　)市场
A. 产品　B. 货币　C. 劳动　D. 不确定
4. 均衡产出是指与(　　)相一致的产出
A. 总需求　B. 总供给　C. 供求　D. 产出
5. 平均消费倾向的取值可能(　　)。
A. 等于 1　B. 小于、等于 1
C. 大于、等于 1　D. 大于、等于或小于 1
6. 消费的增量和收入的增量之比是(　　)。
A. 边际消费倾向　B. 边际储蓄倾向　C. 平均消费倾向　D. 平均储蓄倾向
7. 关于边际消费倾向、平均消费倾向及其相互关系的说法,正确的是(　　)。
A. 边际消费倾向恒等于平均消费倾向　B. 边际消费倾向可能大于、等于或小于 0
C. 平均消费倾向总是在 0 到 1 之间　D. 边际消费倾向总是小于平均消费倾向
8. 边际消费倾向与边际储蓄倾向之和是(　　)。
A. 大于 1 的正数　B. 小于 2 的正数　C.0　D. 等于 1
9. 在两部门经济下,平均消费倾向和平均储蓄倾向之和(　　)。
A. 大于 1　B. 等于 1　C. 小于 1　D. 等于 0
10. 在短期内,如果平均储蓄倾向为零时,则(　　)。
A. 平均消费倾向大于 1
B. 平均消费倾向小于 1
C. 平均消费倾向等于 1
D. 平均消费倾向与边际平均储蓄倾向之和小于 1
11. 实际利率与储蓄之间的关系为(　　)。
A. 实际利率上升将导致储蓄上升
B. 实际利率上升将导致储蓄下降
C. 实际利率上升可能导致储蓄上升也可能导致储蓄下降
D. 实际利率上升,不会导致储蓄有任何改变,两者没有任何关系
12. 消费函数可以看作(　　)之间的函数关系。
A. 消费与收入　B. 储蓄与收入　C. 消费与储蓄　D. 消费与投资

13. 消费函数的斜率取决于(　　)。

A. 边际消费倾向　　B. 与可支配收入无关的消费总量

C. 平均消费倾向　　D. 由于收入变化而引起的投资总量

14. 根据凯恩斯的消费函数,引起消费增加的因素是(　　)。

A. 价格水平下降　　B. 当期收入增加　　C. 储蓄增加　　D. 利率提高

15. 一个家庭当其收入为零时,消费支出为 2 000 元;而当其收入为 6 000 时,其消费支出为 6 000 元。在图形上,消费和收入之间成一条直线,则其边际消费倾向为(　　)。

A.2/3　　B.3/4　　C.4/5　　D.1

16. 恒久收入假定理论的提出者是(　　)。

A. 詹姆斯·杜森贝利　　B. 弗兰科·莫迪利安尼

C. 米尔顿·弗里德曼　　D. 罗伯特·卢卡斯

17. 消费与收入之间有稳定的函数关系,边际消费倾向随收入的增长而递减,该理论是(　　)。

A. 相对收入假定　　B. 绝对收入假定

C. 生命周期假定　　D. 恒久收入假定

18. 根据相对收入假定,消费倾向在下述哪种情况较高?(　　)。

A. 受教育程度较低　　B. 社会地位较低

C. 周围人群消费水平较高　　D. 拥有较多流动资产

19. 假定其他条件不变,厂商增加投资将引起(　　)。

A. 国民收入增加,消费水平提高　　B. 国民收入增加,消费水平下降

C. 国民收入减少,消费水平提高　　D. 国民收入减少,消费水平下降

20. 影响投资的关键因素是(　　)。

A. 投资风险　　B. 实际利率　　C. 税收　　D. 经济周期

21. 如果名义利率为 6%,通货膨胀率为 12%,那么实际利率是(　　)。

A.6%　　B.18%　　C.12%　　D.-6%

22. 两部门经济中,总支出等于总收入,说明(　　)。

A. 计划存货投资一定等于零　　B. 非计划存货投资一定等于零

C. 非计划存货投资不等于零　　D. 事前投资等于事前储蓄

23. 在一个不存在政府和对外经济往来的经济中,若现期国内生产总值水平为 5 000 亿元,消费者希望从中支出 3 700 亿元用于消费,计划投资支出总额为 1 200 亿元,这些数字表明(　　)。

A. 国内生产总值不处于均衡水平,将下降　　B. 国内生产总值不处于均衡水平,将上升

C. 国内生产总值处于均衡水平　　D. 以上三种情况都可能

24. 如果用 I 表示投资、S 表示储蓄、T 表示税收、G 表示政府购买,X 表示出口、M 表示进口,则四部门经济中储蓄和投资的恒等关系是(　　)。

A. $I=S+(T-G)+(M-X)$　　B. $I=S+T-G+M$

C. $I=S+(T-G)$　　D. $I=S+(M-X)$

25. 如果与可支配收入无关的消费为 300 亿元，投资为 400 亿元，边际储蓄倾向为 0.1，那么，在两部门经济的情况下，均衡收入水平为(　　)。

A. 770 亿元　　B. 4 300 亿元　　C. 3 400 亿元　　D. 7 000 亿元

26. 三部门经济的均衡国民收入决定条件是(　　)。

A. $Y=C+I+G$　　B. $Y=C+I+T$　　C. $C=Y+I+G$　　D. $G=Y-C+I$

27. 当经济萧条时，拉动经济，则方法是(　　)。

A. G、I、Tr、X 增加，T、M 减少　　B. G、I、Tr、X 减少，T、M 增加

C. G、I 减少，T、M、Tr、X 增加　　D. G、I 增加，T、M、Tr、X 减少

28. 根据简单国民收入决定模型，引起国民收入减少的原因是(　　)。

A. 消费减少　　B. 储蓄减少　　C. 消费增加　　D. 储蓄增加

29. 乘数发生作用的条件是(　　)。

A. 社会上的各种资源已得到了充分利用　　B. 社会上的各种资源没有得到充分利用

C. 边际消费倾向小于 0　　D. 边际消费倾向等于 0

30. 假设一个社会的边际消费倾向 β 为 0.8，则投资乘数 K_i 等于(　　)。

A. 0.2　　B. 1.25　　C. 0.8　　D. 5

31. 假设边际储蓄倾向是 0.2，则投资乘数 K_i 应为(　　)。

A. 1.25　　B. 2.5　　C. 5.5　　D. 5

32. 若 MPC=0.6，则 I 增加 100 万元，会使收入增加(　　)。

A. 40 万　　B.60 万　　C.150 万　　D.250 万

33. 政府预算平衡，若 MPC=4/5，政府购买增加 100 万元，则国民收入(　　)。

A. 不变　　B. 增加 200 万元　　C. 增加 100 万元　　D. 减少 100 万元

34. 若 MPC=0.2，则政府税收乘数值为(　　)。

A. 5　　B. −0.25　　C. −4　　D. 2

35. 在以下四种情况中，投资乘数最大的是(　　)。

A. 边际消费倾向为 0.8　　B. 边际消费倾向为 0.75

C. 边际消费倾向为 0.5　　D. 边际消费倾向为 0.4

36. 假定某国经济目前的均衡收入为 5 500 亿元，如果政府要把收入提高到 6 000 亿元，在边际消费倾向等于 0.9 的条件下，应增加支出(　　)。

A. 500 亿元　　B.50 亿元　　C.10 亿元　　D.30 亿元

37. 如果消费函数为 $C=100+0.8(Y-T)$，那么政府支出乘数是(　　)。

A. 0.8　　B. 1.25　　C. 4　　D. 5

38. 如果边际消费倾向为 0.8，那么增加 100 亿美元的转移支付将导致国民收入增加(　　)。

A. 200　　B. 400　　C. 500　　D. 800

39. 在两部门经济下，投资增加 100 万时，国民收入增加 1 000 万，此时的边际消费倾向

为(　　)。

A. 100%　　B. 10%　　C. 90%　　D. 20%

40. 四部门经济与三部门经济相比,投资乘数会(　　)。

A. 不变　　B. 变大　　C. 变小　　D. 不确定

41. 国民消费函数为 C=80+0.8Y,如果自主性消费增加 100 亿元,则国民收入会(　　)。

A. 增加 100 亿元　　B. 减少 100 亿元　　C. 增加 500 亿元　　D. 减少 500 亿元

42. 如果政府支出的增加与政府转移支付的减少数额相同时,收入水平会(　　)。

A. 增加　　B. 不变　　C. 减少　　D. 无关

(二)多项选择题

1. 影响消费的因素有(　　)。

A. 收入水平　　B. 习惯　　C. 社会保障体制　　D. 年龄结构

2. 影响投资的因素有(　　)。

A. 投资风险　　B. 实际利率　　C. 税收　　D. 经济周期

3. APC 的取值可以是(　　)。

A. 大于 1　　B. 大于 0 小于 1　　C. 等于 1　　D. 都不对

4. 在二部门经济下,消费与储蓄之间的关系是(　　)。

A. 二者互补之和为收入　　B. APS+APC=1

C. MPS+MPC=1　　D. APS>APC

5. 在四部门国民收入决定中,哪几项增长会使国民收入增加(　　)。

A. 税收增加　　B. 净出口的提高

C. 边际进口倾向上升　　D. 边际进口倾向下降

E. 转移支付提高

6. 三部门经济中不应包括(　　)。

A. 居民　　B. 国外部门　　C. 企业　　D. 政府

E. 国外居民

7. 如果消费和收入之间存在线性关系,消费就可以分为(　　)。

A. 自发消费　　B. 住宅消费　　C. 引致消费　　D. 饮食消费

E. 服务消费

(三)判断题

1. 在简单国民收入决定理论中,均衡产出是指与总需求相等的产出。(　　)

2. 在两部门经济中,均衡产出公式为 Y=C+I,其中 C,I 分别指实际消费和实际投资。(　　)

3. 在两部门经济中,均衡产出条件为 I=S,它是指经济要达到均衡,计划投资必须等于计划储蓄。(　　)

4. 消费曲线具有正斜率,但斜率的绝对值越来越小。(　　)

5. 利率越高，投资量越小；利率越低，投资量越大。（　）

6. 若消费函数为 $C=0.85Y$，则边际消费倾向是每新增的 1 美元收入中消费 85 美分。（　）

7. MPS 越大，政府购买变动对国民生产总值的影响越大。（　）

8. 在任何情况下，乘数原理都是适用的。（　）

9. 凯恩斯的消费理论表明，边际消费倾向是递减的，平均消费倾向是递减的。（　）

10. 边际消费倾向与边际储蓄倾向的和必然等于 1。（　）

11. 不管储蓄的含义是什么，储蓄一定是存量。（　）

12. 边际消费倾向和平均消费倾向都总是大于 0 而小于 1 的。（　）

13. 若 APC 和 MPC 随着收入增加而递减，且 $APC<MPC$，则 APS 和 MPS 都随收入增加而递增，且 $APS>MPS$。（　）

14. 相对收入假定认为，消费习惯形成之后具有不可逆性，从而消费本身也具有不可逆性，这种不可逆性就是“棘轮效应”。（　）

（四）名词解释

1. 均衡产出　2. 有效需求　3. 平均消费倾向　4. 边际消费倾向　5. 货币幻觉
6. 资本边际效率　7. 乘数　8. 政府购买乘数　9. 投资乘数

（五）填空题

1. 已知名义利率是 5%，通货膨胀率是 2%，则实际利率是 ________%。

2. 消费函数表示 ________ 和 ________ 之间的函数关系。

3. 消费函数在图像上是一条向 ________ 倾斜的曲线。

4. 边际消费倾向表示消费支出增量与 ________ 之比。

5. 储蓄函数表示 ________ 和 ________ 之间的函数关系。

6. ________ 表示储蓄与可支配收入之比。

7. 已知消费为 $C=675+0.8Y$，自主性消费支出为 ________。

8. 已知消费为 $C=500+0.75Y$，边际消费倾向为 ________。

9. 已知消费为 $C=1\,625+0.75Y$，$I=300$，则均衡国民收入是 ________。

10. 已知消费为 $C=500+0.9Y$，两部门经济下，投资乘数是 ________。

（六）问答题

1. 为什么说边际消费倾向和平均消费倾向总是大于零而小于 1？

2. 乘数作用的发挥在现实生活中会受到哪些限制？

3. 在均衡产出水平上，是否计划存货投资和非计划存货投资都必然为零？

4. 假定有两个老人都有购房行为，其中一个老人说，我攒了一辈子钱，昨天总算买了一套房，住了一夜就来到天堂；另一位老人说，我也很辛苦，住了一辈子的房，直到昨天才还清买房的贷款，今天就来到天堂。如果真有这样两位老人，你认为哪位老人聪明些？为什么？

5. 政府通过一定的税收政策，把收入从富人转移到穷人，将提高国民收入水平。试分析这种理论的依据。

6. 试述两部门国民收入决定的主要内容。

7. 按照凯恩斯观点，增加储蓄对均衡收入会有什么影响？什么是“节约的悖论”？试解释。

8. 乘数有哪些，有哪些作用，其大小和什么有关。

9. 均衡国民收入的概念及其决定。

10. 概述凯恩斯国民收入决定理论的主要内容。

11. 在一个经济中，为什么总收入等于总支出？

12. 储蓄 - 投资恒等式为什么不意味着计划的储蓄等于计划的投资。

（七）计算题

1. 若自发投资量从 600 亿元增加到 700 亿元，则均衡的国民收入从 8 000 亿元增加到 8 500 亿元。求：投资乘数。

2. 政府增加转移支付 200 亿美元，若边际消费倾向为 0.8，则国民收入将增加多少？

3. 在两部门经济中，消费函数为 $C=100+0.8Y$，投资为 50。求：均衡收入、消费和储蓄。

4. 假定某经济社会的消费函数 $C=30+0.8Y_d$，税收 $T=50$，投资 $I=60$，政府支出 $G=50$，净出口函数 $NX=50-0.05Y$，求：

（1）均衡收入；

（2）在均衡收入水平上净出口余额；

（3）投资乘数；

（4）投资从 60 增加到 70 时的均衡收入和净出口余额；

5. $C=100+0.8Y_d$，净税收 $T=100$，$I=200$，$G=100$。

（1）均衡国民收入 y。

（2）投资乘数、政府购买乘数、政府转移支付乘数、税收乘数、平衡预算乘数各为多少？

（3）投资增加 100，政府购买减少 50 后，新的均衡国民收入是多少？

（4）税收减少 50，政府购买减少 50 后，新的均衡国民收入是多少？

6. 假设某经济社会的消费函数为 $C=100+0.6Y$，投资为 50 亿美元。

求：（1）均衡收入、消费和储蓄；

（2）如果投资增至 100 亿美元，求增加的收入；

（3）若消费函数变为 $C=100+0.8Y$，投资仍为 50 亿美元，收入和储蓄各为多少？

（4）消费函数变动后，乘数有什么变化？

7. 假定某社会的消费函数为 $C=100+0.8Y_d$，意愿投资为 $I=50$，政府购买 $G=200$，政府转移支付为 $Tr=62.5$，税率为 $T=0.25$，$T_0=0$。

求：（1）均衡收入；

（2）政府购买乘数。

8. 假设某经济社会消费函数为:C=100+0.8Y,I=60(单位:10亿美元)

求:(1)均衡收入,消费和储蓄水平。

(2)如果实际产出为700,企业非自愿存货投资为多少?

(3)若消费函数变为C=100+0.9Y,投资仍为60,收入和储蓄各为多少?投资增至100时,收入增加多少?

(4)投资乘数前后有何变化?

(八)案例分析

1. 冰成于水而寒于水的启示

“青,取之于蓝,而青于蓝;冰,水为之,而寒于水。”该句引自《荀子·劝学》。青与蓝、冰与水的辩证关系体现在:因为卓越,所以超越。运用乘数原理解释这句话的含义。

2. 上调增值税和营业税起征点

2011年财政部发布通知,自11月1日起正式上调增值税和营业税起征点。

此次起征点的调整旨在支持小微企业发展,个体工商户是受益最大的群体。提高增值税和营业税起征点,将明显减轻小微企业的税负,有助于提高小微企业的财务能力,进而提升其融资能力,增强盈利能力。

当时,在国内外复杂的经济形势下,不少小微企业面临生存考验,融资难和税费负担偏重等问题较为突出。10月12日,国务院常务会议研究确定了支持小微企业发展的9条金融、财税政策措施。10月26日召开的国务院常务会议还决定,从2012年1月1日起,在部分地区和行业开展深化增值税制度改革试点,逐步将目前征收营业税的行业改为征收增值税,同时在现行增值税17%标准税率和13%低税率基础上,新增11%和6%两档低税率。随着这一系列扶持政策逐步落到实处,小微企业的发展后劲将更足。

“减税”一直是我国税制改革和税收政策调整的主基调。特别是2008年下半年以来,为应对国际金融危机冲击,国家出台了一系列保增长、扩内需、调结构、惠民生的结构性减税政策。比如,实施企业所得税改革、扩大实施增值税转型改革试点、实施支持和促进就业税收优惠政策等。这些减税的“大动作”,对于保持经济平稳较快增长,实现经济形势总体回升向好,发挥了积极而重要的作用。

根据中小企业特别是小微企业发展过程中面临的新情况、新问题,国家对部分结构性减税政策进行了调整和完善,出台了一些新的结构性减税政策。比如,自2011年1月1日起实施新的就业税收政策,对持就业失业登记证人员从事个体经营的,在3年内按每户每年8 000元为限额依次扣减其当年实际应缴纳的营业税、城市维护建设税、教育费附加和个人所得税。同时,两次延长执行期限,自2010年1月1日至2011年12月31日,对年应纳税所得额低于3万元(含3万元)的小型微利企业,其所得按50%计入应纳税所得额,按20%的税率缴纳企业所得税。

财税扶持政策在逐步面向小微企业的同时,还加强了与金融政策的协调配合,以让广大小微企业获得便捷高效的金融服务。比如,财政部确定,自 2011 年 11 月 1 日起至 2014 年 10 月 31 日,免征金融机构与小微企业签订的借款合同印花税;对金融机构农户小额贷款的利息收入、符合条件的金融机构的金融保险业收入以及保险公司为种植业、养殖业提供保险业务取得的保费收入,给予营业税、企业所得税优惠;对金融机构涉农贷款和中小企业贷款损失准备金税前扣除政策,延长执行至 2013 年底。

小微企业和个体工商户规模庞大,覆盖面广,在方便群众经济生活、有效扩大就业、提高居民收入、促进经济发展以及维护社会和谐稳定等方面具有不可替代的作用。此次调整相关财税政策,切合了当前的实际情况,受到广大小微企业主和个体工商户的欢迎。当然,除了资本要素外,小微企业还面临技术、人才、管理等方面的不足,仍需多方面政策整体配合,逐步形成多层次、广覆盖的小微企业政策支持体系。

根据资料请回答影响微型企业投资的因素。

第十一章　国民收入的决定：*IS-LM* 模型

一、本章基本内容框架

本章研究产品市场和货币市场同时均衡时，国民收入水平的决定及其波动。本章要求学生重点掌握货币市场均衡与 *LM* 方程、产品市场均衡与 *IS* 方程，能够建立并运用 *IS-LM* 模型。

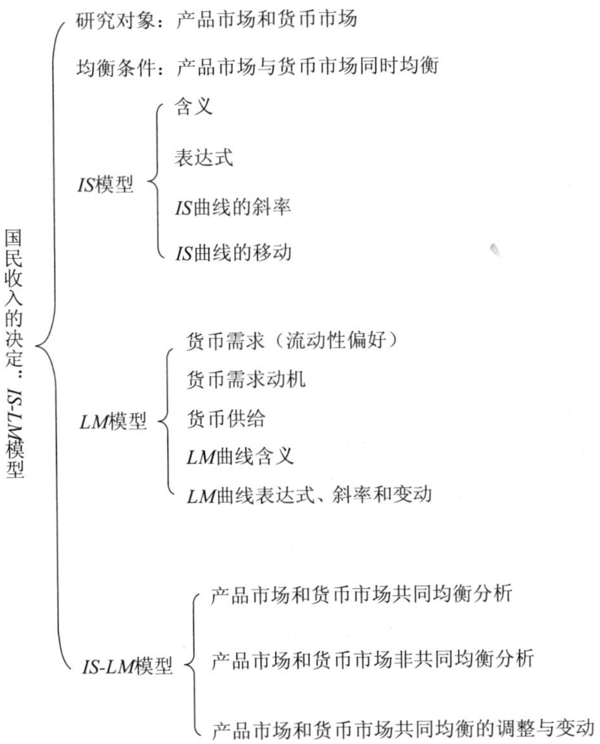

本章思维导图

（1）*IS-LM* 模型不仅强调了总需求对于均衡国民收入的重要作用，而且联系现实，将货币和利率引入总需求，考虑货币市场与产品市场共同决定的、协调一致的总需求如何决定问题。

（2）产品市场均衡是指在产品市场中收入等于支出。在产品市场，当市场均衡时有 $C+S=C+I$，即 $S=I$（C 消费；S 储蓄；I 投资）。

（3）货币市场的均衡条件为货币的供给等于货币的需求，即 $M=L$。

（4）根据凯恩斯的货币需求理论，当利率降得很低时，货币的投机需求将变得无穷大，这就是“流动性陷阱”或“凯恩斯陷阱”。

(5)政府可以通过财政政策和货币政策的使用,使 *IS* 曲线或者 *LM* 曲线移动,导致均衡点变动,从而达到调控宏观经济的既定目的。

(6)*IS-LM* 模型是说明宏观总需求政策发生作用的重要工具,但这一模型也有其自身不可避免的缺点和局限性,在某些方面甚至是错误的。

二、重点、难点讲解

1. *IS* 方程

【解析】要点:*IS* 方程是指当产品市场均衡时收入与利率关系的方程。$Y=C+I=\alpha+\beta Y+e-d\cdot r$,整理得到 *IS* 方程为 $Y=\frac{\alpha+e}{1-\beta}-\frac{d}{1-\beta}r$。当产品市场均衡时,均衡收入与利率呈反方向变化的关系。

2. *IS* 曲线的斜率

【解析】(1)d 是投资需求对于利率变动的反应程度,若 d 值较大, *IS* 曲线较平缓;(2)β 是边际消费倾向,若 β 值较大,*IS* 曲线就较平缓。

3. *IS* 曲线的变动

【解析】(1)投资增加,*IS* 曲线向右移动 $K_i\cdot\Delta I$。

(2)储蓄增加,*IS* 曲线左移 $K_i\cdot\Delta S$。

(3)消费增加,*IS* 曲线向右移动 $K_i\cdot\Delta C$。

(4)政府支出增加,IS 曲线向右移动 $K_g\cdot\Delta G$。

(5)税收增加,IS 曲线向左移动 $K_t\cdot\Delta T$。

(6)转移支付增加,IS 曲线向右移动 $K_{Tr}\cdot\Delta Tr$。

4. 货币供给量

【解析】在某一时间点上为社会经济运转服务的货币存量,由中央银行在内的金融机构供应的存款货币和现金货币两部分构成。货币量是由中央银行所控制的指标,所以为外生变量。

5. 凯恩斯货币需求理论

【解析】凯恩斯用人们持有货币的动机解释货币需求。

(1)交易动机的货币需求:交易动机指个人和企业需要货币是为了进行正常的交易活动,受到收入的影响,收入越高,需要的货币量越多。

(2)预防动机的货币需求:预防动机指人们需要货币是为了预防经济生活中预料之外的支出,受到收入的影响,收入越多,需要的货币量越多。

(3)投机动机的货币需求:投机动机指人们持有货币是为了在金融市场上抓住购买有价证券的有利机会,受到利率的影响,当人们预计利率已上升到正常水平以上(有价证券价格降低到正常水平以下),预计很快就会下降(有价证券价格将会上升),就会及时买进有价证券，货币需求量减少。

由此可以看出，货币需求分为两部分，货币的交易性需求和货币的投机性需求。货币的交易性需求为 $L_1=k\cdot Y$（k 为单位收入中要求持有的货币余额，Y 为实际收入），包括交易动机的货币需求和预防动机的货币需求。货币的投机性需求为 $L_2=-h\cdot r$（h 为货币需求对利率的敏感程度，r 为利率）。

6. 流动性陷阱

【解析】当利率极低时，人们会认为利率已不大可能再下降，或者说有价证券价格已不大可能再上升而只会下跌，因此会将所持有的有价证券全部换成货币。

7. 均衡利率的形成与改变

【解析】均衡利率为货币供给等于货币需求时的利率。$M=L=k\cdot Y-h\cdot r$，$r=\frac{k\cdot Y}{h}-\frac{M}{h}$。如图 1 所示，货币供给曲线 M 和货币需求曲线 L 相交的点 E 就决定了均衡利率水平 r_0。

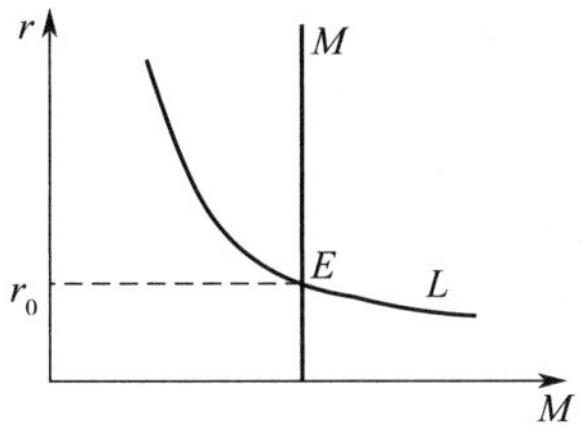

图 1

均衡利率的改变：

（1）货币供给的改变：货币供给增加，M 线右移，利率下降；

（2）货币需求的改变：货币需求增加，L 线右移，利率上升。

8. *LM* 方程

【解析】*LM* 方程为当货币市场均衡时收入与利率关系的方程。*LM* 方程为 $M=L=k\cdot Y-h\cdot r$，整理后得到 $Y=\frac{M}{k}+\frac{h}{k}r$。从货币市场看，收入与利率之间成正比例关系。

LM 曲线如图 2 所示。

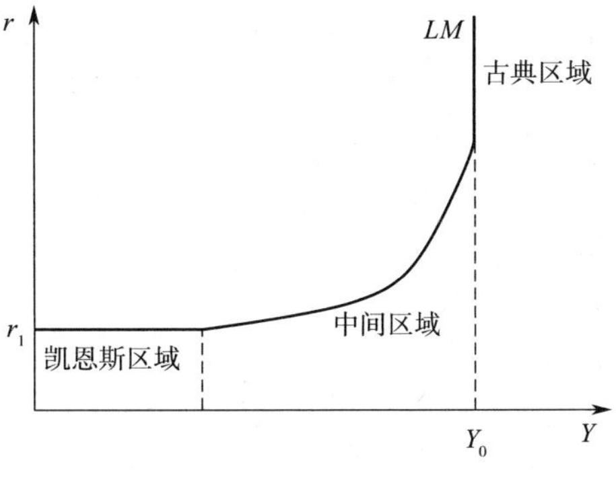

图 2

凯恩斯区域：当利率降到极低的位置时，货币的投机需求无限大，货币的投机需求曲线为一条水平线，*LM* 曲线也成为水平线。当政府实行扩张性货币政策时，增加货币供给量并不能进一步降低利率，也不能增加收入，因此货币政策无效。

古典区域：当利率上升到很高的位置时，货币的投机需求趋近于零，人们主要因交易需求而持有货币，因此 *LM* 曲线为一条垂直横轴的线。当政府实行扩张性财政政策时，只会提高利率，而不会使收入增加，因此财政政策无效。

9. *LM* 曲线的变动

【解析】（1）r 的变动带来的是线上点的移动。

（2）投机需求增加，其他情况不变，*LM* 曲线左移。

（3）交易需求增加，其他情况不变，*LM* 曲线左移。

（4）实际货币供给量增加，*LM* 向右平移。

（5）价格水平下降，*LM* 曲线向右平移。

（6）h 不变，k 越大，*LM* 曲线越陡峭。

（7）k 不变，h 越大，*LM* 曲线越平缓。

10. *IS-LM* 模型

【解析】（1）产品市场均衡条件：$Y=\frac{\alpha+e}{1-\beta}-\frac{d}{1-\beta}r$。

（2）货币市场均衡条件：$Y=\frac{M}{k}+\frac{h}{k}r$。

（3）两个市场同时均衡时可以求解均衡收入和均衡利率。

（4）模型图形如图 3 所示。

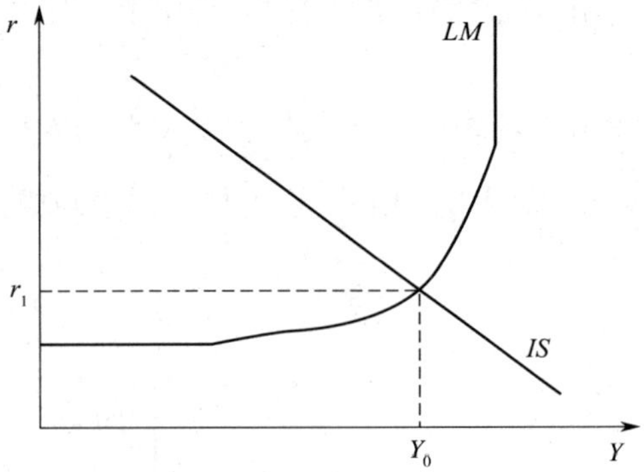

图 3

11. 产品市场和货币市场非均衡

【解析】如图 4 和下表所示。

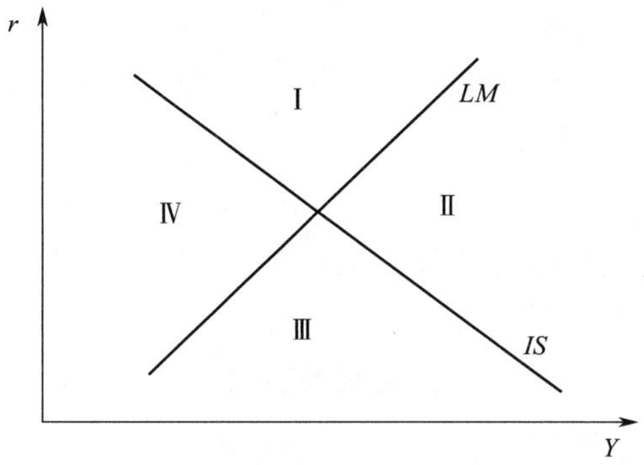

图 4

区域	产品市场	货币市场
I	I<S 有超额产品供给	L<M 有超额货币供给
II	I<S 有超额产品供给	L>M 有超额货币需求
III	I>S 有超额产品需求	L>M 有超额货币需求
IV	I>S 有超额产品需求	L<M 有超额货币供给

12. 产品市场和货币市场均衡状态的改变

【解析】(1)*IS* 左移:*r* 减少,*Y* 减少。

(2)*IS* 右移:*r* 增加,*Y* 增加。

(3)*LM* 左移:*r* 增加,*Y* 减少。

(4)*LM* 右移:*r* 减少,*Y* 增加。

(5)*IS* 左移 *LM* 右移:*r* 减少,*Y* 不好确定。

(6)*IS* 右移 *LM* 左移:*r* 增加,*Y* 不好确定。

(7)*IS* 和 *LM* 左移:*Y* 减少,*r* 不好确定。

(8)*IS* 和 *LM* 右移:*Y* 增加,*r* 不好确定。

三、习题练习

(一)单项选择题

1. *IS* 曲线表示(　　)处于均衡状态。

A. 产品　　B. 货币　　C. 劳动　　D. 金融

2. 引起 *IS* 曲线向右移动的原因可能是(　　)。

A. 对未来利润预期变得悲观　　B. 政府削减国防开支

C. 其他国家实际国民生产总值增加　　D. 实际货币需求大于实际货币供给

3. 当(　　)时,*IS* 曲线更平坦。

A. 投资支出对利率变化较敏感或投资乘数较小

B. 投资支出对利率变化不敏感或投资乘数较小

C. 投资支出对利率变化较敏感或投资乘数较大

D. 投资支出对利率变化不敏感或投资乘数较大

4. *IS* 曲线右上方各点表示(　　)。

A. 总需求大于总供给　　B. 总支出大于均衡时要求的水平

C. 总支出小于均衡时要求的水平　　D. 计划支出等于实际国内生产总值

5. 引起 *IS* 曲线向左移动的原因是(　　)。

A. 政府决定新建一条高速公路　　B. 政府决定降低个人所得税

C. 中央银行降低贴现率　　D. 本国货币升值

6. 自发投资支出增加 10 亿美元,会使 *IS* 曲线(　　)。

A. 右移 10 亿美元　　B. 左移 10 亿美元

C. 右移支出乘数乘以 10 亿美元　　D. 左移支出乘数乘以 10 亿美元

7. 位于 *IS* 曲线左下方的收入与利率的组合,都是(　　)。

A. 投资大于储蓄　　B. 投资小于储蓄　　C. 投资等于储蓄　　D. 无法确定

8. IS 曲线表示满足(　　)关系。

A. 收入—支出均衡　　B. 总供给和总需求均衡

C. 储蓄和投资均衡　　D. 以上都对

9. *IS* 曲线为 $Y=500-3\,000r$,下列哪一个利率和收入水平的组合在 *IS* 曲线上(　　)。

A. $r=0.02$, $Y=440$　　B. $r=0.03$, $Y=400$　　C. $r=0.10$, $Y=210$　　D. $r=0.15$, $Y=200$

10. 若消费函数为 $C=40+0.8Y_d$,净税收 $T=20$,投资 $I=70-400r$,净税收增加 10 单位使 *IS* 曲线(　　)。

A. 右移 10 单位　　B. 左移 10 单位　　C. 右移 40 单位　　D. 左移 40 单位

11. *LM* 曲线表示(　　)处于均衡状态。

A. 产品　　B. 货币　　C. 劳动　　D. 金融

12. 对利率变动反应最敏感的是(　　)。

A. 货币的交易需求　　B. 货币的谨慎需求

C. 货币的投机需求　　D. 三种货币需求的敏感程度相同

13. 假定货币供给量和价格水平不变,货币需求为收入和利率的函数,则收入增加时(　　)。

A. 交易货币需求增加,利率上升　　B. 交易货币需求增加,利率下降

C. 交易货币需求减少,利率上升　　D. 交易货币需求减少,利率下降

14. 如果一个经济处于流动性陷阱之中,那么(　　)。

A. 利率的变动对投资没有影响

B. 投资的变动对计划的总支出没有影响

C. 公开市场活动不会引起实际货币供给曲线移动

D. 实际货币供给增加对利率没有影响

15. 下列各项中属于货币投机需求增加的是(　　)。

A. 在股票价格很低时抛出股票　　B. 从存款账户取款以备支付下周的账单

C. 以备紧急之需而把钱存入银行　　D. 在利率提高之时以活期存款购买债券

16. 假定名义货币供给量不变,价格总水平上升将导致一条向右上方倾斜的 *LM* 曲线上的一点(　　)。

A. 沿原 *LM* 曲线向上方移动　　B. 沿原 *LM* 曲线向下方移动

C. 向右移动到另一条 *LM* 曲线上　　D. 向左移动到另一条 *LM* 曲线上

17. 当 *LM* 曲线处于凯恩斯区域时,以下说法正确的是(　　)。

A. 财政政策无效,货币政策有效　　B. 财政政策和货币政策均无效

C. 财政政策有效,货币政策无效　　D. 财政政策和货币政策均有效

18. 假定货币需求函数为 $L=kY-hr$,货币供给增加 10 亿美元,其他条件不变时,则会使 *LM* 曲线(　　)。

A. 右移 10 亿美元　　B. 右移 k 乘以 10 亿美元

C. 右移 10 亿美元除以 k(即 $10/k$)　　D. 右移 k 除以 10 亿美元(即 $k/10$)

19. 如果私人投资对利率变得很敏感,那么(　　)。

A.*IS* 曲线将变得更陡峭　　B.*IS* 曲线将变得更平坦

C.*LM* 曲线将变得更陡峭　　D.*LM* 曲线将变得更平坦

20. 在货币市场均衡点的左边(　　)。

A. $M_s>M_d$　　B. $M_s<M_d$　　C. $M_s=M_d$　　D. 不确定

21. 在古典区域内(　　)。

A. 货币政策无效,财政政策有效　　B. 财政政策无效,货币政策有效

C. 财政政策和货币政策都十分有效　　D. 财政政策和货币政策都无效

22. 货币需求的收入弹性既定,货币需求的利率弹性越大,则 *LM* 曲线(　　)。

A. 越平缓　　B. 越陡峭　　C. 是一条水平线　　D. 不易确定

23. 根据凯恩斯主义的 *IS-LM* 模型,当经济处于流动性陷阱时期,为刺激需求应该采取的政策是(　　)。

A. 增加财政支出　　B. 增加财政税收

C. 增加货币供给　　D. 提高法定准备金率

24. 若利率和收入的组合点出现在 *IS* 曲线的右上方, LM 曲线的右下方的区域中,则表示(　　)。

A. 投资小于储蓄,且货币需求小于货币供给

B. 投资小于储蓄,且货币供给小于货币需求

C. 投资大于储蓄,且货币需求小于货币供给

D. 投资大于储蓄,且货币需求大于货币供给

25. 下列哪种情况中增加货币供给不会影响均衡收入(　　)?

A. *LM* 曲线陡峭而 *IS* 曲线平缓

B. *LM* 曲线垂直而 *IS* 曲线陡峭

C. *LM* 曲线水平而 *IS* 曲线垂直

D. *LM* 曲线和 *IS* 曲线一样平缓

26. 在 *LM* 曲线不变的情况下,*IS* 曲线越平坦,则(　　)。

A. 财政政策效果好　　B. 货币政策效果好

C. 财政政策与货币政策效果一样好　　D. 无法确定

27. 货币供给增加使 *LM* 曲线右移,若要使均衡收入变动接近 *LM* 曲线的移动量,则必须(　　)。

A. *LM* 曲线平缓,*IS* 曲线陡峭　　B. *LM* 曲线和 *IS* 曲线一样平缓

C. *LM* 曲线陡峭,*IS* 曲线平缓　　D. *LM* 曲线和 *IS* 曲线一样陡峭

28. 若货币供给的变动对均衡收入有更大影响,其可能原因是(　　)。

A. 私人部门的支出对利率变动更敏感　　B. 私人部门的支出对利率变动不敏感

C. 支出乘数较小　　D. 货币需求对利率更敏感

29. 如果投资对利率是完全无弹性的,由于货币供给的增加,*LM* 曲线的移动将(　　)。

A. 不增加收入,但降低利率　　B. 提高收入水平并降低利率

C. 提高收入水平和利率　　D. 增加投资,因而增加收入

30. 若 *IS* 曲线表达式是 $Y=1\,800-10r$, *LM* 曲线表达式是 $Y=300+40r$,则均衡国民利率 r 等于(　　)%,均衡国民收入 Y 等于(　　)。

A. 30;1 500　　B. 50;1 300　　C. 50;2 300　　D. 30;2 100

(二)多项选择题

1. 货币需求动机(　　)。

A. 交易　　B. 预防　　C. 投机　　D. 投资

2. 狭义的货币供给包括(　　)。

A. 纸币　　B. 硬币　　C. 活期存款　　D. 定期存款

3. 实际货币供给量与(　　)。

A. 名义货币供给量成正比　　B. 名义货币供给量成反比

C. 物价指数成正比　　D. 物价指数成反比

4. 预防动机的货币需求与(　　)同方向变动。

A. 利率　　B. 货币边际收益

C. 货币短缺的损失　　D. 未来的不确定性

E. 以上都对

5. 在货币需求不变的情况下,如货币供给减少会带来(　　)。

A. 利率提高　B. 利率下降　C. 投资增加　D. 投资下降

E. 国民收入增加

6. 利率处于很高水平时,居民若预期不能再高了,这时(　　)。

A. 增加持币　B. 增加持券

C. 投机性货币需求增加　D. 投机性货币需求减少

E. 债券价格将上升

7. 不包括在 M1 中的有(　　)。

A. 铸币　B. 纸币　C. 活期存款　D. 定期存款

E. 储蓄存款

(三)判断题

1. 在 *LM* 曲线上任何一点,利率与实际国民生产总值的结合都实现了货币需求等于货币供给。(　)

2. 在 *LM* 曲线为一条水平线时,扩张性货币政策没有效应,财政政策对实际国民生产总值的影响最大。(　)

3. 利率越低,用于投机的货币则越多。(　)

4. 政府支出的增加会使 *IS* 曲线右移,移动量与政府支出增加量相等。(　)

5. 减少货币供给将使 *LM* 曲线上移。(　)

6. 价格水平的提高会使 *LM* 曲线上移。(　)

7. 当收入增加时,货币交易需求将减少。(　)

8. 如果市场利率低于均衡利率,人们就会卖出有价证券。(　)

9. 若 *IS* 斜率曲线不变,*LM* 曲线越陡峭,财政政策效果越大。(　)

10. 某国对实际货币需求减少,可能是由于利率上升。(　)

11.*IS* 曲线上存在产品市场均衡时收入和利率的组合点有无数个。(　)

(四)名词解释

1. *IS* 曲线　2. *LM* 曲线　3. *IS-LM* 模型　4. 流动性陷阱

(五)问答题

1. 投资增加对经济的短期影响。

2. 用 *IS-LM* 图形说明凯恩斯主义极端情况下财政政策完全有效,货币政策完全无效。

3. 简述凯恩斯的货币需求理论?

4. 货币供给量增加,货币市场均衡的调整如何?

5. 利用产品市场均衡条件,推导 *IS* 模型。

6. 作图说明产品市场及货币市场的失衡及均衡调整过程。

7. 简述“流动性偏好陷阱”的基本原理。

8. 画出古典主义极端图形，并简要说明其基本原理。

9. 请说明当利率和收入的组合点位于 *IS* 曲线右上方时，反映产品市场上供过于求的原因。

10. 什么是 *LM* 曲线的三个区域，其经济含义是什么？

11. 解释两部分经济下影响 *IS* 曲线斜率的主要因素。

（六）计算题

1. 假定某经济中消费函数为 $C=0.8Y_d$，Y_d 为个人可支配收入，税率 $T=0.25$，投资函数 $I=900-50r$，政府购买 $G=800$，货币需求 $L=0.25Y-62.5r$，货币供给 $M=500$。试给出：

（1）*IS* 曲线方程；

（2）*LM* 曲线方程；

（3）产品市场和货币市场同时均衡时的收入和利率。

2. 假定某社会消费为 $C=100+0.8Y$，投资 $I=150-4r$，货币供给 $M=600$（价格水平为 4），货币需求 $L=0.2Y-6r$。求：

（1）*IS* 曲线和 *LM* 曲线；

（2）产品市场和货币市场同时达到均衡时利率与收入。

3. 设在一个开放的经济中，消费函数为 $C=300+0.5Y_d$，投资函数为 $I=200-150r$，净出口函数为 $NX=100+0.05Yd-50r$，货币需求函数为 $L=0.5Y-200r$，政府支出为 $G=100$，税收函数为 $T=0.1Y$，名义货币供给量 $M=450$，价格水平 $P=1$。求：

（1）*IS* 曲线方程；

（2）*LM* 曲线方程；

（3）产品市场和货币市场同时均衡时的收入和利率。

4. 若货币交易需求为 $L_1=0.2Y$，货币投机性需求为 $L_2=2\,000-500r$。

（1）写出货币总需求函数；

（2）当利率 $r=6$，收入 $Y=10\,000$ 亿美元时，货币需求量为多少？

（3）若货币供给 $M_S=2\,500$ 亿美元，收入 $Y=6\,000$ 亿美元时，可满足投机性需求的货币是多少？

（4）当收入 $Y=10\,000$ 亿美元，货币供给 $M_S=2\,500$ 亿美元时，货币市场均衡时利率是多少？

（七）案例分析

凯恩斯革命

自 1861 年美国共和党执政的 50 多年间，政府基本上实行自由放任特别是不干预大企业垄断和谋取暴利的经济政策，直到 1929 年股市暴跌引发了大危机和大萧条。1933 年，整个资本主义世界工业生产下降 40%，各国工业产量倒退到 19 世纪末的水平，资本主义世界贸易总额减少 2/3，美、德、法、英共有 29 万家企业破产。资本主义世界失业工人达到 3 000

多万，美国失业人口 1 700 多万，几百万小农破产，无业人口颠沛流离。“大萧条”宣告了传统的经济自由主义的破产。1932 年民主党人富兰克林·罗斯福在竞选总统期间颂扬政府，把政府看作希望所在。他说：“面对着这样一个经济专制，美国的公民只能求助于有组织的政府权力。在现代文明社会中，政府对公民负有某些义不容辞的责任，其中包括保护家庭和家宅，建立一种机会均等的体制，以及对不幸的人提供援助。”

1933 年 3 月 4 日罗斯福担任美国总统后实施“新政”的核心是加强政府干预，诞生了宏观经济学，即政府（“有形之手”）与市场（“无形之手”）协调解决经济社会发展过程中出现的问题和矛盾，推动经济持续发展。

罗斯福政府对经济社会发展加强宏观调控和干预后，英国著名经济学家凯恩斯“激动不已”，他在《纽约时报》发表了“致罗斯福总统的公开信”，建议通过财政赤字刺激经济。1933 年 5 月 28 日，凯恩斯与罗斯福会面时说：“你们每月支出 1 亿美元，美国经济将会破产；每月支出 2 亿美元，美国经济将持续萧条；每月支出 3 亿美元，美国经济就能走向复苏。”凯恩斯认为，政府支出 1 美元用于援助公共工程或任何其他项目，就会创造 4 美元价值的国民收入。

1935 年末，凯恩斯写成《就业、利息和货币通论》这部名著，他认为通过政府的充分就业政策可以使经济从衰退中得到恢复。日本福井县立大学经济学部服部茂幸教授在日本《世界》月刊 2011 年 10 月发表文章介绍：“凯恩斯在其著作中曾经这样说过，投机者如果仅仅是企业发展潮流中漂浮的一个个泡沫，那倒无妨。一旦企业也成为投资旋涡中的一个个泡沫，那么问题就大了。如果一国的资本成为赌博活动的工具，那就绝没有好的结果。”凯恩斯在其金融不稳定假说中，描述了投机行为可能扰乱金融稳定，并在金融与实体经济交互作用下导致经济危机。凯恩斯认为，市场机制不能保证市场出清，政府有必要通过财政和货币政策干预经济运行。

凯恩斯的经济理论和政策不仅挽救了大危机中的西方经济，而且成为政府干预经济的理论基石，西方国家几乎都采纳了凯恩斯的经济理论和政策建议。但是，西方国家政府干预过度，普遍出现扩大社会需求和超前消费，甚至“寅吃卯粮”。美国长期过度消费和过度依赖海外石油等资源，从 20 世纪 70 年代起西欧国家相继实行高工资、高消费和高福利政策，导致很多国家政府债台高筑。随着财政赤字扩大和国际石油等能源价格暴涨，到 20 世纪 70 年代后期，西方经济陷入增长缓慢甚至停滞与通货膨胀加剧并存的“滞胀”困境，沉重打击了凯恩斯的“有效需求不足”理论，凯恩斯主义失灵。

根据上述资料梳理凯恩斯经济学基本理论框架。

第十二章　国民收入的决定：*AD-AS* 模型

一、本章基本内容框架

本章研究宏观经济各个市场均衡时，国民收入水平的决定及其波动。本章要求学生重点掌握总供给曲线和总需求曲线，能够建立并运用 *AD-AS* 模型。

- 国民收入的决定：*AD-AS*模型
  - 总需求*AD*
    - 总需求函数
    - 总需求构成
    - 总需求曲线及移动
  - 总供给*AS*
    - 总供给函数
    - 总供给曲线
      - 短期总供给曲线
      - 长期总供给曲线
  - *AD-AS*模型
    - 宏观经济均衡的一般条件：*AD=AS*
    - *AD-AS*模型对外来冲击的反应

本章思维导图

（1）在产品市场和货币市场的基础上加入要素市场，即所有市场均达到均衡，因此也称为一般收入决定理论。

（2）宏观经济均衡条件：总需求（*AD*）= 总供给（*AS*）。

（3）价格水平变动会从利率效应、财富效应、税负效应和进出口效应四个方面反向影响总需求量。

（4）总供给指整个经济社会在每一价格水平下提供的产品和劳务的数量，描述总产量（国民收入）与价格水平之间的函数关系。总供给曲线是一条混合的不同性质的曲线，它包括凯恩斯区域、中间区域和古典区域。

二、重点、难点讲解

1. 总需求

【解析】总需求是指在每一个价格水平下对经济体的产品和服务的支出，$AD=C+I+G+NX$。总需求函数是总需求与价格之间的函数关系。总需求与价格之间呈反方向变化。

总需求曲线的移动。

(1)消费的改变:消费增加,AD 右移。

(2)投资的改变:投资增加,AD 右移。

(3)宏观财政政策变化:扩张财政政策,AD 右移。

(4)宏观货币政策变化:扩张货币政策,AD 右移。

(5)净出口及其政策变化:出口增加,AD 右移。

2. 总需求曲线价格变动的效应

【解析】(1)价格的利率效应:货币需求不变,价格下降,实际货币供给增加,利率下降,消费和投资增加,总需求增加。

(2)价格的真实余额效应:名义货币余额不变,价格下降,实际余额上升,需求增加。

(3)价格的税收效应:价格上升,名义收入上升,税收上升,可支配收入下降,需求减少。

3. 总供给

【解析】经济体在每一个价格水平下能够提供的产品和服务的数量。

(1)古典总供给函数(长期):垂直于横轴。变动的影响因素:技术进步,资本存量增加,可利用的自然资源持续性增加等。

(2)一般凯恩斯总供给函数(短期):向右上方倾斜。

(3)极端凯恩斯总供给函数:水平线。

4. AD-AS 模型

【解析】均衡收入的决定:宏观经济均衡的一般条件是 AD=AS。

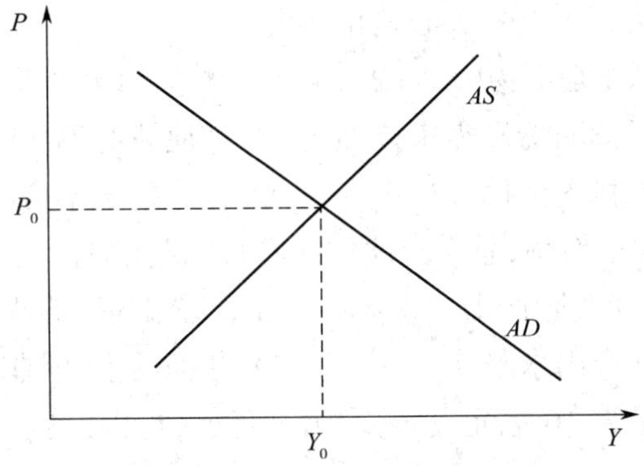

5. AD-AS 模型对外来冲击的反应

【解析】(1)总需求下降:①价格弹性时, AD 左移,收入减少,价格降低,失业率上升,工资率下降,供给能力增强,AS 右移,实现充分就业;②价格刚性时,AD 左移,有效需求小于供给,过剩,出现失业。

(2)总需求上升:①短期时, AD 右移,价格上升,通货膨胀,收入上升,就业增加;②长期时,AD 右移,收入上升,工资率上升,供给能力下降,AS 左移,收入回到充分就业水平,物价上升。

(3)总供给下降:AS 左移,产出下降,就业下降,通货膨胀。

(4)总供给上升:AS 右移,产出增加,价格下降。

三、习题练习

(一)单项选择题

1. 下列有关总需求曲线说法正确的是(　　)。

A. 在充分就业时为垂直于横轴的直线

B. 如果经济中存在较高的失业,则为水平的直线

C. 由于利息率效应、财富效应和进出口效应的作用而具有负斜率

D. 由于生产成本随着实际总产出的增加而递减,所以具有负斜率

2. 总需求曲线向右下方倾斜可能由于(　　)。

A. 价格水平上升时,投资会减少　　B. 价格水平上升时,消费会减少

C. 价格水平上升时,净出口会减少　　D. 以上几个因素都有

3. 其他条件不变,总需求曲线会(　　)。

A. 因政府支出增加向右移　　B. 因政府税收增加向右移

C. 因价格水平上升向右移　　D. 因政府支出增加向左移

4. 古典的总供给曲线是一条垂直于横轴的垂线,而常规总供给曲线向右上方倾斜,下列原因中错误的是(　　)。

A. 古典学派认为货币工资具有完全的伸缩性

B. 凯恩斯主义者认为货币工资具有刚性

C. 古典学派认为人们不会在长期存在货币幻觉

D. 凯恩斯主义者认为工人们不关心货币工资

5. 总供给曲线右移可能是因为(　　)。

A. 其他情况不变时厂商对劳动需求增加　　B. 其他情况不变时所得税增加

C. 其他情况不变时原材料涨价　　D. 其他情况不变时劳动生产率下降

6. 如果总供给曲线为正斜率,总需求曲线向右移动会增加(　　)。

A. 实际工资、就业量和实际产出　　B. 名义工资、就业量和实际产出

C. 劳动生产率和实际产出水平　　D. 劳动需求、就业量和实际工资

7. 如果现行产出水平为 10 亿元,总需求为 8 亿元,可以断定,若经济不是充分就业,那么(　　)。

A. 就业水平将会下降　　B. 收入水平将会上升

C. 收入和就业水平将会均衡　　D. 就业率将会上升

E. 就业水平将会上升,收入将会下降

8. 假定经济实现充分就业,总供给曲线是垂直线,减税将会(　　)。

A. 同时提高价格水平和实际产出　　B. 提高价格水平但不影响实际产出

C. 提高实际产出但不影响价格水平　　D. 对价格水平和实际产出均有影响

9. 假定经济尚未实现充分就业,总供给曲线有正斜率,那么,减税会使(　　)。

A. 价格水平上升,实际产出增加　　B. 价格水平上升,但不影响实际产出

C. 实际产出增加,但不影响价格水平　D. 实际产出和价格水平都不变

10. 在充分就业情况下,下列哪一因素最有可能导致通货膨胀(　　)。

A. 进口增加　B. 工资不变,但劳动生产率提高

C. 出口减少　D. 政府支出不变,但税收减少

11. 假设已实现充分就业,且总供给曲线为一垂线,当名义货币供给增加 20% 时,(　　)。

A. 价格水平不变　B. 利率增加

C. 名义工资增加 20%　D. 实际货币供给增加 20%

12. 假设已实现充分就业,且总供给曲线为一垂线,当政府支出增加时(　　)。

A. 利率增加,且产出的组成发生改变

B. 实际货币供给增加,且产出的组成发生改变

C. 对实际货币供给及产出的组成均无影响

D. 对利率及产出的组成均无影响

13. 在新古典理论的总供给曲线分析中,如已实现充分就业,则名义货币供给增加时(　　)。

A. 实际货币供给增加,且产出的组成发生改变

B. 对实际货币供给及产出的组成均无影响

C. 实际产出同比例增加

D. 利率降低,产出的组成发生改变

(二)多项选择题

1. 不符合凯恩斯主义总供给模型的假设条件为(　　)。

A. 工人不存在货币幻觉　B. 工人存在货币幻觉

C. 工资有完全的伸缩性　D. 工资没有伸缩性

E. 工资具有下降刚性

2. 古典总供给 - 总需求模型假设(　　)。

A. 劳动供给是名义工资的函数　B. 劳动供给是实际工资的函数

C. 工人存在货币幻觉　D. 工人不存在货币幻觉

E. 工资有完全的伸缩性

3. 长期总供给曲线是(　　)。

A. 一条垂直于横轴的直线　B. 意味着社会达到充分就业状态

C. 社会上不存在失业　D. 潜在国内生产总值产量线

E. 以上结论都对

(三)判断题

1. 如果实际增长率超过了有保证的增长率,则总供给将超过总需求。(　)

2. 凯恩斯定律被描述为:社会总需求变动,只会引起产量变动,不会引起价格变动。(　)

3. 由 *IS-LM* 模型推出的总需求曲线一定向右下方倾斜。 ( )

4.*IS* 曲线的利率弹性越大，*AD* 曲线越陡峭。 ( )

5. 货币乘数越大，*AD* 曲线越平坦。 ( )

6. 货币需求的利率弹性越大，*AD* 倾斜越陡峭。 ( )

7. 货币需求的收入弹性越大，*AD* 曲线越平坦。 ( )

8. 当 *IS-LM* 模型出现古典理论的极端情况时，*AD* 曲线为一垂线。 ( )

9. 当 *IS-LM* 模型出现凯恩斯主义的极端情况时，*AD* 曲线为一垂线。 ( )

10. 财政政策通过对 *LM* 曲线位置的影响而影响 *AD* 曲线。 ( )

11. 货币政策通过对 *IS* 曲线位置的影响而影响 *AD* 曲线。 ( )

12. 当采用扩张性的经济政策时，对应每一价格水平的总需求水平都有提高。 ( )

13. 名义货币供给量的增加将引起总需求曲线同比例的移动。 ( )

14. 总供给曲线同时反映了要素市场和产品市场的状态。 ( )

15. 当产出水平达到充分就业的产出水平时，意味着全部可用的生产资源均已达到充分利用。 ( )

16. 垂直的总供给曲线意味着长期而言经济能达到充分就业状态。 ( )

17. 长期总供给曲线即潜在产量线。 ( )

18. 在短期生产函数中，由于时间与其他因素的限制，所有生产要素的数量均不能改变。 ( )

（四）名词解释

1. 黏性价格　2. 总需求曲线　3. 古典总供给曲线　4. 凯恩斯总供给曲线

5. 常规总供给曲线　6. 潜在产量

（五）问答题

1. 为什么总供给曲线可以分为古典、凯恩斯和常规这三种类型。

2. 用黏性工资模型解释短期总供给曲线向上倾斜的原因。

3. 画图说明政府购买支出的变化对总需求曲线的影响。

4. 宏观经济学中有关国民收入决定的三个模型有什么不同？

（六）计算题

1. 设消费函数为 $C=100+0.75Y$，投资函数 $I=20-2r$，货币需求函数 $L=0.2Y-0.5r$，货币供给量 $M=50$，价格水平为 P，求：

（1）总需求函数；

（2）当价格为 19 和 5 时，总需求分别为多少？

（3）货币供给量增加 10 时的总需求函数。

2. 假设总供给函数为 $Y_s=1\,800+P$，总需求函数为 $Y_d=2\,100-P$。

（1）求供给均衡点；

（2）如果总需求曲线向左平移20%，求新的均衡点并把该点与（1）的结果相比较；

（3）如果总供给曲线向左平移20%，求新的均衡点并把该点与（1）的结果相比较；

（七）案例分析

1. 成品油涨价的影响

2005年成品油调价之路：7月23日，上调汽油出厂价格每吨300元；上调柴油出厂价格每吨250元；上调航空煤油出厂价格每吨300元。6月25日，上调汽油出厂价格每吨200元；上调柴油出厂价格每吨150元；上调航空煤油出厂价格每吨300元。5月23日，下调汽油出厂价格每吨150元。5月10日，上调柴油出厂价格每吨150元。3月23日，上调汽油出厂价格每吨300元。

运用*AD-AS*模型分析成品油涨价对经济的影响。

2. 战争与经济

大炮一响，黄金万两。9・11事件之后，美英两国对阿富汗发动了军事打击。战争对经济产生了一些积极影响：不少人希望美国军火商能得到大量的坦克和飞机订单，通过军事支出的增加，引起总需求的增加，就业情况也会因许多人应征上前线而得到缓解，美国股市乃至经济借此一扫晦气。专家分析认为，此次战争对美国经济的影响与越战和海湾战争不同。20世纪60年代末期，联邦政府的巨额国防开支和非国防开支，使本来已很强劲的私营部门总需求进一步增强，并积聚了很大的通货膨胀压力，这种压力在整个20世纪70年代也未能得到充分缓解。此后一直到20世纪80年代末期，大部分经济决策的主要任务就是抑制通货膨胀。相反，海湾战争却引发了一次经济衰退，这是"沙漠盾牌行动"初期消费者信心急剧下降所导致的。但由于当时军队所需的大部分物资并不是依靠投资来实现的，所以并没有产生通货膨胀。但阿富汗战争同以往迥异。首先，不像海湾战争那样动用大规模地面部队。更重要的是，这场对抗隐蔽敌人的战争主要通过非常规手段进行，与此相关的国防资源大多是军备库存中所没有的，需要新的开支计划，这对经济中的总需求产生了积极的影响。

运用*AD-AS*模型分析战争对经济的影响。

第十三章　失业、通货膨胀和经济周期

一、本章基本内容框架

本章研究反映宏观经济运行的其他指标，用失业反映劳动市场紧张程度，用通货膨胀反映整体价格水平变化，用经济周期反映经济波动。本章要求学生重点掌握失业和通货膨胀的含义、类型和衡量指标，清楚失业和通货膨胀的成因以及对经济发展的影响。

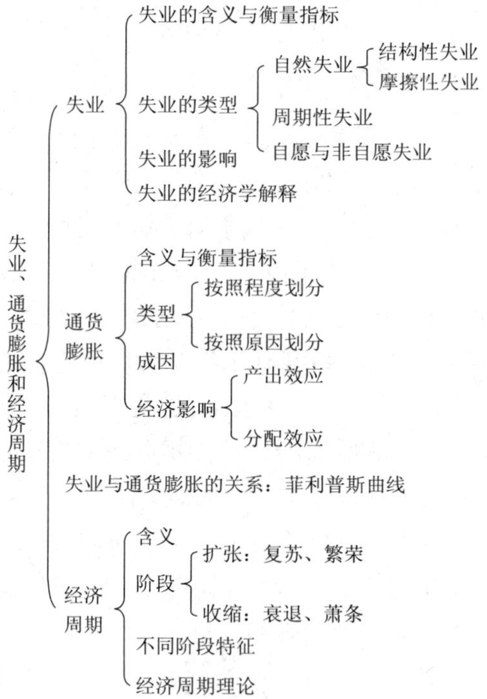

本章思维导图

（1）失业反映了劳动市场紧张程度，更反映了经济体资源利用的程度，它会给个人、家庭和社会带来多方面的影响。奥肯定律描述了失业率与实际国内生产总值的数量关系。

（2）通货膨胀衡量整体价格水平的变化，对资源配置效率和家庭与企业行为有重大影响。

（3）在 *AD-AS* 模型中，经济均衡是特定价格与产出的组合。价格变化反映了通货膨胀率；产出变化与就业率正相关。

（4）根据 *AD-AS* 模型的分析，当实现了宏观经济均衡时，存在三种状态：充分就业均衡、小于充分就业均衡以及大于充分就业均衡。菲利普斯曲线是分析失业率与通货膨胀率之间关系和进行政策选择的重要工具。

（5）马克思将资本主义经济运行看作资本再生产过程，一般将经济周期分为四个阶段：衰退、萧条、复苏和繁荣。

二、重点、难点讲解

1. 失业的含义

【解析】凡在一定年龄范围内愿意工作而没有工作，并正在寻找工作的人都是失业者。

可以用失业率来衡量失业的人数：

$$失业率=\frac{失业人数}{失业人数+就业人数}\times 100\%$$

2. 充分就业

【解析】充分就业是指所有想要工作的人都没有多大困难就能找到按现行工资率付酬的职业的一种经济状态。充分就业情况下的失业率称为自然失业率。自然失业率即充分就业失业率，是指劳动市场处于供求均衡时的失业率，也是社会经济处于正常状态的失业率。

3. 失业的类型

【解析】（1）自然失业：经济中某些难以避免的原因所引起的失业包括：①摩擦性失业，因工人和工作之间的匹配过程存在摩擦所引起的失业；②结构性失业，源于工人的技能和特征与工作要求的持续不匹配所引起的失业。

（2）周期性失业（衰退性失业）：由于总需求不足而引起的短期失业。

4. 失业的影响

【解析】（1）失业给个人和家庭带来物质和精神的负面影响：失业影响家庭收入，个人的身心健康，家庭声望等。

（2）失业影响社会稳定。

（3）失业影响经济发展：失业增加经济的运行成本，带来了产出损失，失业率不断上升也会影响整个社会的信心，对投资和消费带来不利影响，人们会因为未来失业状况的不确定性开始缩减预算，从而加重整个社会经济的不景气。

5. 奥肯定律

【解析】在经济周期中，失业与产出之间存在着反向变动的关系。在国内生产总值没有达到充分就业水平时，实际国内生产总值必须保持与潜在国内生产总值同样快的增长速度，以防止失业率上升。也就是说，实际国内生产总值必须不断增长才能保证失业率停留在原来水平上。如果政府想让失业率下降，那么该经济社会实际国内生产总值的增长速度必须快于潜在国内生产总值的增长速度。

6. 衡量价格水平的主要指标

【解析】（1）国内生产总值平减指数（又称国内生产总值折算指数）$=\frac{名义国内生产总值}{实际国内生产总值}\times 100\%$

(2)消费价格指数(*CPI*):消费者对“一篮子”固定消费品与服务支出变化的指数。

$$CPI=\frac{\text{“一篮子”商品按当期价格计算的价值}}{\text{“一篮子”商品按基期价格计算的价值}}\times 100\%$$

(3)生产价格指数(*PPI*):*PPI*也是计量既定的“一篮子”产品的价格,但*PPI*涉及的是生产中使用的产品,如原材料和半成品等。

7. 通货膨胀的含义及类型

【解析】经济体在一定时期内价格水平普遍、持续地上涨。

通货膨胀的类型主要包括两类。

(1)按通货膨胀的程度分类:爬行的通货膨胀(10%以内)、加速的通货膨胀(10%—100%)、超速的通货膨胀(100%以上)。

(2)按通货膨胀发生的原因分类。

①需求拉上型通货膨胀:总需求超过总供给所引起的一般价格水平的持续显著的上涨,是“过多的货币追求过少的商品”的现象。

②成本推动型通货膨胀:工资推动型通货膨胀、利润推动型通货膨胀、进口型通货膨胀。

③结构型通货膨胀:需求结构的变动、各部门劳动生产率增长速度的差异。

8. 货币主义学派对通货膨胀成因的解释

【解析】货币主义学派强调货币是影响总需求的主要因素,货币流通量与进入流通的产品和服务价格总额之间存在着密切关系。货币数量论的核心观点:通货膨胀的产生主要原因是货币供给增加,如果中央银行保持货币供给稳定,那么物价水平也将稳定。

9. 通货膨胀的影响

【解析】(1)社会成本:鞋底成本、菜单成本、税收扭曲。

(2)经济影响:对收入与分配的影响,当发生未预期通货膨胀时,有固定货币收入的人以及债权人将遭受损失;通货膨胀的产出效应如下表。

通货膨胀类型	平衡的通货膨胀	非平衡的通货膨胀
预期到的通货膨胀	一般不影响分配、产出和就业	不影响分配,但影响就业和产出
未预期到的通货膨胀	影响分配,但对就业和产出影响小	影响分配、产出和就业

(3)恶性通货膨胀的影响:导致经济崩溃。

10. 经济周期

【解析】经济周期一般是指经济活动沿着经济发展的总体趋势所经历的有规律的扩张和收缩。

特征:①经济周期是市场经济中经济运行所不可避免的波动;②经济周期发生时的经济波动是总体经济活动的波动;③一个经济周期时间长短存在较大差别;④一个经济周期可以分为繁荣、衰退、萧条、复苏四个阶段。

其中，扩张阶段包括复苏、繁荣，它是总体经济活动上升时期，繁荣的最高点称为顶峰；收缩阶段包括萧条、衰退，它是总体经济活动下降时期，萧条的最低点称为谷底。

11. 经济周期的理论

(1)消费不足理论：大规模机器生产使小生产者破产，贫困人数增加，有支付能力的消费需求减少，出现经济衰退；过度储蓄引起社会对消费品的需求赶不上生产的增长，而储蓄过度的根源在于国民收入分配不合理。

(2)过度投资理论：资本品生产的扩大使经济进入繁荣阶段，而资本品生产的过度扩张将导致资本品生产与消费品生产的比例严重失调，从而又使经济进入萧条阶段。

(3)货币信用过度理论：银行货币和信用的扩张将导致利率下降，从而引起投资水平的增加，生产扩大使得就业增加和收入提高，这样经济走向繁荣；反之经济萧条。

(4)创新经济周期论：企业家为了获取超额利润而努力创新，创新会增加对银行信用和生产资料的需求，从而带动经济扩张，出现经济繁荣；创新成功之后，会引起模仿，从而带来进一步的经济扩张；当创新扩散到所有企业后，超额利润消失，银行信用收缩，经济转入衰退。

(5)乘数 - 加速数理论：投资增加通过乘数作用，会带来数倍于投资增量的国民收入；反过来，国民收入的增长会通过加速数的作用，促进投资以更快的速度增长；而投资的增长又使国民收入增加，如此循环往复，社会经济就处于经济周期的扩张期。

(6)新凯恩斯主义：认为市场是不完善的，存在着包括垄断因素在内的各种不完全性，工资与物价存在着刚性，这些问题带来经济周期性波动；该理论着眼于短期，重点关注向右上方倾斜的总供给曲线，分析总需求的变化是如何在总需求曲线和短期总供给曲线的相互作用下带来的经济波动，具体表现为产量的变化和失业率的变化。

(7)新古典主义：认为市场是完善的，工资与物价是可以灵活调整的，经济周期性波动主要原因在于信息不完全和意料之外的外在冲击；该理论着眼于长期，总供给曲线是垂直的，在信息不完全时，总供给曲线可能是倾斜的乃至是水平的，在信息不完全时，总需求和总供给的相互作用会带来经济波动。

三、习题练习

(一)单项选择题

1. 因为劳动者找到最适合自己的偏好和技能的工作需要一定的时间而引起的失业类型称为(　　)。

A. 需求不足型失业　　B. 摩擦性失业

C. 结构性失业　　D. 周期性失业

2. 由于信息不对称而形成的失业属于(　　)。

A. 摩擦性失业　　B. 结构性失业　　C. 周期性失业　　D. 非自愿失业

3. 由于经济衰退因素而形成的失业属于(　　)。

A. 摩擦性失业　B. 结构性失业　C. 周期性失业　D. 非自愿失业

4. 由于劳动力的供求不匹配而形成的失业属于(　　)。

A. 摩擦性失业　B. 结构性失业　C. 周期性失业　D. 非自愿失业

5. 由于不愿意接受现行的工资水平而形成的失业属于(　　)。

A. 摩擦性失业　B. 结构性失业　C. 周期性失业　D. 自愿失业

6. 自然失业率是指(　　)。

A. 周期性失业率　B. 摩擦性失业率

C. 结构性失业率　D. 摩擦性失业和结构性失业造成的失业率

7. 一位学心理学的大学生,毕业之后来到兴城寻找工作,但是无论怎么样都找不到与其专业相关的岗位,最后他放弃了找工作的念头,结论正确的是(　　)。

A. 他还是劳动人口　B. 他符合劳动人口的条件

C. 国家应该救济他　D. 他已不再是劳动人口

8. 由于劳动者自身素质较差而导致的失业是(　　)。

A. 需求不足型失业　B. 自愿失业

C. 摩擦性失业　D. 结构性失业

9. 关于充分就业下列说法正确的是(　　)。

A. 所有有劳动能力的人都有工作才是充分就业

B. 当经济只存在自然失业率时的就业状态

C. 当结构性失业较小的时候

D. 以上说法都不对

10. 按照凯恩斯的观点,下列哪些失业是可以消除的(　　)。

A. 结构性失业　B. 摩擦性失业

C. 有效需求不足引起的失业　D. 以上的失业均不可消除

11. 失业不会发生在(　　)。

A. 劳动需求在现行实际工资下超出劳动供给时

B. 劳动供给在现行实际工资下超出劳动需求时

C. 均衡的实际工资太低以致不能提供一个公平的工资水平时

D. 实际工资低于均衡实际工资时

12. 如果某人刚进入劳动力队伍尚未找到工作,这是属于(　　)。

A. 摩擦性失业　B. 结构性失业　C. 周期性失业　D. 自愿失业

13. 自然失业率(　　)。

A. 等于 0

B. 是随价格水平的变化而变化的

C. 是经济处于潜在产出水平时的失业率

D. 是没有摩擦性失业时的失业率

14. 如果某人由于钢铁业不景气而失去工作,这种失业属于( )。

A. 摩擦性失业 B. 结构性失业 C. 周期性失业 D. 永久性失业

15. 国内生产总值平减指数等于( )。

A. 名义国内生产总值 / 实际国内生产总值 B. 均衡的国内生产总值 / 实际国内生产总值

C. 实际国内生产总值 / 名义国内生产总值 D. 潜在国内生产总值 / 实际国内生产总值

16. 我国目前用于衡量价格总水平变动的基本指标是( )。

A. 居民消费价格指数 B. 固定资产投资价格指数

C. 工业品出厂价格指数 D. 企业间交易价格指数

17. 假定某国在 1991 年至 1999 年,国内生产总值从 10 000 亿元增加到 15 000 亿元,价格指数从 100 下降到 50,如果以 1991 年价格计算,1999 年的实际国内生产总值应是( )。

A.7 500 亿元 B. 10 000 亿元 C. 15 000 亿元 D. 30 000 亿元

18. 通货膨胀是( )。

A. 不可预期的 B. 难以治理的

C. 物价总水平的持续上涨 D. 消费者购买量的持续增加

19. 如果导致通货膨胀的原因是“货币过多而商品过少”,则此时的通货膨胀是( )。

A. 结构型的 B. 需求拉上型的 C. 成本推动型 D. 混合型的

20. 经济中存在着通货膨胀的压力,由于政府实施了严格的价格管制而使物价并没有上升,此时( )。

A. 不存在通货膨胀 B. 存在着温和的通货膨胀

C. 存在着恶性通货膨胀 D. 存在着隐蔽的通货膨胀

21. 通货膨胀使工资收入者的利益( )。

A. 提高 B. 不变 C. 下降 D. 不确定

22. 以下哪一种情况将导致成本推进的通货膨胀( )。

A. 总供给增加 B. 投资水平下降 C. 总需求下降 D. 工资水平上升

23. 下列哪一个最可能是成本推进通货膨胀的原因?( )。

A. 银行贷款的扩张 B. 预算赤字

C. 世界性商品价格的上涨 D. 投资增加

24. 通货膨胀对下列哪种人员有利( )。

A. 固定收入者 B. 变动收入者 C. 在职的工人 D. 离退休人员

25. 化解通货膨胀的一种重要方法是( )。

A. 增加投资 B. 增加消费 C. 减少投资和消费 D. 降低利率

26. 抑制需求拉上的通货膨胀,应该( )。

A. 控制货币供应量 B. 降低工资

C. 解除托拉斯组织 D. 减税

27. 已知充分就业的国民收入是 10 000 亿美元,实际国民收入是 9 800 亿美元,边际消费倾向是 80%,在增加 100 亿美元的投资以后,经济将发生( )。

A. 需求拉上的通货膨胀　B. 成本推动的通货膨胀
C. 结构性通货膨胀　D. 需求不足型失业

28. 菲利普斯曲线是说明(　　)。
A. 通货膨胀引起失业　B. 通货膨胀是由失业引起的
C. 通货膨胀率与失业率之间正相关　D. 通货膨胀率与失业率之间负相关

29. 下述哪一位经济学家提出了实际经济周期理论?(　　)。
A. 道格拉斯·诺思　B. 哈罗德·德姆塞茨
C. 爱德华·普雷斯科特　D. 约瑟夫·熊彼特

30. 加速原理断言(　　)。
A. 国内生产总值增加导致投资数倍的增加　B. 国内生产总值增加导致投资数倍的减少
C. 投资增加导致国内生产总值数倍的增加　D. 投资增加导致国内生产总值数倍的减少

31. 短周期又被称为(　　)。
A. 基钦周期　B. 朱格拉周期
C. 康德拉季耶夫周期　D. 库兹涅茨周期

32. 经济之所以会发生周期性波动,是因为(　　)。
A. 乘数作用　B. 加速数作用
C. 乘数和加速数的交织作用　D. 外部经济因素的变动

(二)多项选择题

1. 按照古典经济学观点,自愿失业的类型主要包括(　　)。
A. 摩擦性失业　B. 周期性失业　C. 二元经济结构失业
D. 结构性失业　E. 体制性失业

2. 不属于宏观经济关注的重点的是(　　)。
A. 自愿失业　B. 非自愿失业　C. 摩擦性失业
D. 结构性失业　E. 周期性失业

3. 劳动人口满足的条件是(　　)。
A. 有劳动能力　B. 愿意参加劳动
C. 年龄要求在16周岁以上　D. 年龄要求在20周岁以上

4. 价格指数有(　　)。
A. 消费价格指数　B. 生产价格指数
C. 国内生产总值折算指数　D. 股票价格指数

5. 失业的类型(　　)。
A. 自愿与非自愿失业　B. 结构性失业
C. 周期性失业　D. 摩擦性失业

6. 下列不属于自然失业的有(　　)。
A. 结构性失业　B. 自愿失业　C. 暂时性失业

D. 摩擦性失业　　E. 周期性失业

7. 通货膨胀的原因(　　)。

A. 货币发行量过多　B. 需求拉动　C. 成本推动　D. 经济结构

8. 下列因素中可能造成需求拉动通货膨胀的有(　　)。

A. 过度扩张性的财政政策　B. 过度扩张性的货币政策

C. 消费习惯突然的改变　D. 农业的歉收

E. 劳动生产率的突然降低

9. 通货膨胀形成的原因有(　　)。

A. 需求的过度增长　B. 工资的大幅度上升

C. 利润的大幅提升　D. 经济部门发展失衡

E. 个别关键性商品供求比例失调

10. 所谓“滞胀”状态是指(　　)并存。

A. 经济停滞与较高的失业率　B. 经济高涨

C. 通货膨胀　D. 通货紧缩

(三)判断题

1. 假设名义国内生产总值从 2 000 亿元增长到 2 300 亿元,而物价指数从 125 上升到 150,则说明实际国内生产总值在下降。(　)

2. 计算国内生产总值折算指数时,进口产品价格的变动不予考虑,而在计算消费价格指数时,则应当考虑进口消费品价格的变动。(　)

3. 某一年的名义国内生产总值与实际国内生产总值之差就是国内生产总值平减指数。(　)

4. 当发生通货膨胀时,受益的是债权人。(　)

5. 凯恩斯认为工人更容易接受由于价格水平上涨而引起的实际工资下降,不易于接受由于名义工资下降而引起的实际工资的减少。(　)

6. 充分就业是指 100% 的就业率。(　)

7. 失业率是指失业者人数与就业总人数的比率。(　)

8. 英国经济学家基钦指出,短周期的一个周期平均长度为 10 个月。(　)

9. 有劳动能力的人都有工作才是充分就业。(　)

10. 自然失业率是经济处于潜在产出水平时的失业率。(　)

11. 当经济中只存在摩擦性失业和季节性失业时,该经济被认为实现了充分就业。(　)

12. 抑制需求拉上的通货膨胀,应该控制货币供应量。(　)

13. 加速原理断言:国内生产总值的增加导致投资数倍增加。(　)

(四)名词解释

1. 摩擦性失业　2. 菲利普斯曲线　3. 潜在产量　4. 自然失业率　5. 通货膨胀

(五)填空题

1. 已知 2015 年甲国名义国内生产总值为 1 200,实际国内生产总值为 1 000,则国内生产总值折算指数是 ________。

2. 劳动人口为 5 亿,就业人口为 4.8 亿,失业率为 ________%。

3. 已知 2015 年甲国名义国内生产总值为 1 500,实际国内生产总值为 1 200,则国内生产总值折算指数是 ________。

4. 劳动人口为 5 亿,就业人口为 4.72 亿,失业率为 ________%

(六)问答题

1. 何为通货膨胀?怎样描述它?

2. 失业主要有哪些类型?

3. 通货膨胀的影响、类型有哪些?

4. 何为经济周期,衰退期有哪些特征?

5. 试论通货膨胀的成因及其对策。

6. 简述造成需求拉上通货膨胀的原因。

7. 什么是菲利普斯曲线?现代货币主义对它做何解释?

8. 比较说明乘数和加速数的异同点。

9. 什么是通货紧缩?在严重的通货紧缩形势下,政府应采取何种经济政策来保持经济的稳定增长?

10. 通货膨胀的经济效应有哪些?

11. 什么是自然失业率?哪些因素影响自然失业率?

12. 请简述实际经济周期理论。

(七)计算题

1. 某个国家共有 1 亿人,16 岁以下儿童 2 000 万人,65 岁以上老年人 1 000 万人。在全日制学校学生 1 400 万人,家庭妇女 500 万人,残疾人和其他没有劳动能力者 100 万人,失业者 500 万人,其余为就业者。这个经济中劳动力参与率与失业率分别是多少?

2. 在 2001 年,某个经济生产 100 个面包,每个售价为 2 元。在 2002 年,这个经济生产 200 个面包,每个售价 3 元。计算每年的名义国内生产总值、实际国内生产总值和物价指数(2001 年为基年)。从一年到下一年这三个统计数字分别提高了多少百分比?

(八)案例分析

1. 阿根廷的恶性通货膨胀

在 20 世纪 80 年代的大部分时间里,阿根廷一直是一个典型的经济案例,年平均通胀率达到 450%, 1990 年的 12 个月其通胀率更是飚升到了 20 000%。在这种情况下,经济活动的主要目的是避免通胀吞噬。阿根廷的高通胀终于出现了一个充满希望的转机。1989 年刚刚当选总统的卡洛斯梅内姆宣布了通过财政和货币政策反通胀的计划。此外，他还支持许多以供给为导向的经济改革，包括在 1991 年初任命由哈佛大学培养的经济学家多明戈卡瓦洛为经济大臣。20 世纪 90 年代初期，年通胀已降至 30% 左右。

通货膨胀的影响有哪些？如何解决通货膨胀问题？

2. 1995 年颠簸的软着陆

从 1992 年到 1994 年，经济逐渐从 1991 年的衰退中复苏过来，失业率缓慢地从 7.6% 下降到 5.4%。随着失业率接近于当时所认为的 6% 左右的水平，美联储开始担心经济过热，便开始提高利率。1994 年初，美联储提高利率 6 次，总计提高了 6%。当时的希望是“软着陆”，即平稳地从复苏转向不引起通货膨胀过热的持续增长——通货膨胀率引起高利率，高利率又引起新的经济下降。但是后来，当经济的失业率在 1996 年逐渐降低至 5.1% 后又增长提高时，美联储在这方面显然实现了着陆，尽管不是完全的平稳，但至少也像近几十年一样平稳。实际上，美联储并没有正确预期到经济的趋势。的确，由于得到的资料有时滞性，他甚至不能准确了解采取行动时的经济状况。批评者大吵大闹地反对 1994 年 12 月和 1995 年 2 月的利率上调，他们声称已经看到经济中存在的薄弱之处。美联储没有考虑这些警告，1996 年 1 月发表的修改过的数据表明，甚至在美联储 1995 年 2 月提高利率时经济增长就停止了——1995 年第一季度增长率低于 0.5%，当得到 1995 年春季的数据并担心经济下降开始时，软着陆变成了“颠簸的软着陆”。

案例反映出的失业与经济增长怎样关联？

第十四章 开放条件下的宏观经济

一、本章基本内容框架

本章以 *IS-LM* 模型为基础，建立开放经济下的宏观经济模型，并以此为基础，分析宏观经济政策效果。本章要求学生重点掌握蒙代尔—弗莱明模型，能够在不同汇率制度下分析政策效果。

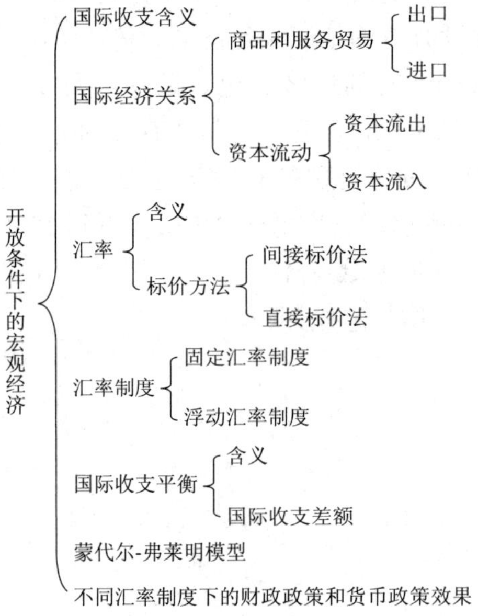

本章思维导图

（1）国际收支系统地记录了在一定时期内（一年、一季度或一个月）经济主体与世界其他地方经济主体的交易。

（2）名义汇率是两个国家（或地区）货币的相对价格，即一种货币能兑换另一种货币的数量。实际汇率实际上是表明在国际贸易中按什么比率用一国的产品去交换另一国的产品。

（3）蒙代尔—弗莱明模型提供了一个分析小国的开放经济的工具。不同汇率制度下的财政政策、货币政策将产生不同的效果。

蒙代尔—弗莱明模型假定：

①开放经济的资本与要素是自由流动的；

②开放经济的小国是世界利率的接受者，即 $r=r_w$。

二、重点、难点讲解

1. 国际收支的含义

【解析】国际收支是指一个经济体的居民和非居民之间因各种经济往来而发生的收入和支付的系统记录。①国际收支是一个流量概念；②国际收支反映的是以货币数量记录的全部国际经济交易；③国际收支记录的是居民与非居民之间发生的经济交易。

2. 汇率

【解析】两种货币相互兑换的比率，即汇率或汇价。汇率分为名义汇率和实际汇率。

名义汇率即未经物价指数调整计算的汇率。实际汇率，即用两国(地区)价格水平对名义汇率加以调整后的汇率。

$$实际汇率=\frac{名义汇率\times本国商品价格}{国外商品价格}$$

汇率通常采用直接标价法和间接标价法。①直接标价法，用本国货币形式表示的国外货币的价格，即购买 1 单位或 100 单位外币应该付出多少本国货币，又称应付标价法；②间接标价法，用国外货币表示本国货币的价格，即以购买一定单位的本国货币为标准来计算应收多少单位外币，又称应收标价法。

3. 汇率制度

【解析】汇率制度指一国(地区)货币当局对本国汇率变动的基本方式所作的一系列制度安排或规定，包括：①固定汇率制，本国货币与其他国家货币之间维持一个固定比率，汇率波动被限制在一定范围内，由官方干预来保证汇率的稳定；②浮动汇率制，一国不规定本币与外币的黄金平价和汇率上下波动的界限，货币当局也不承担维持汇率波动幅度的义务，汇率随外汇市场供求关系变化而上下自由浮动的一种汇率制度。

4. 国际收支平衡

【解析】一国在一定时期内的国际收支差额为零的状态，即净出口与资本净流出相等的状态。

(1)净出口函数：净出口反向地取决于本币币值变动，净出口反向地取决于一国的实际收入，净出口 $NX=q-\gamma\cdot Y-n\frac{e\cdot P}{P_f}$（$q$ 为常数，γ 为边际进口倾向，n 为净出口对实际汇率变动的反应系数，Y 为国民收入，e 为名义汇率，P 为本国商品价格，P_f 为国外商品价格）。

(2)资本净流出函数：受利率影响，资本净流出＝流向国外的本国资本量－流向本国的国外资本量。

国际收支差额＝净出口－资本净流出

国际资本流动对利率变动的反应越敏感，小幅度的利率变动所引起的国际资本流动量越大，资本的净流出变动越大，资本净流出曲线越平坦，其斜率越小。相反，国际资本流动对利率变动的反应越不敏感，，大幅度的利率变动所引起的国际资本流动量越小，资本净流出越少，资本净流出曲线越陡峭，其斜率越大。

国际收支差额曲线三种形态：

（1）资本完全流动时，国际收支差额曲线为水平线；

（2）资本完全不流动时，国际收支差额曲线为垂直线；

（3）资本不完全流动时，国际收支差额曲线向右上方倾斜。

5. 蒙代尔 - 弗莱明模型

【解析】（1）开放经济下的 *IS* 曲线：$Y=C(Y-T)+I(r_w)+G+NX(e)$（Y 为国民收入，C 为消费，T 为税收，I 为投资，r_w 为世界市场实际利率，G 为政府购买支出，NX 为净出口，e 为名义汇率）。

（2）开放经济下的 *LM* 曲线：$\frac{M}{P}=L(r_w,Y)$，（M 为名义货币供给，P 为价格水平，L 为货币需求）。

（3）开放经济下的 *IS-LM* 模型如下。

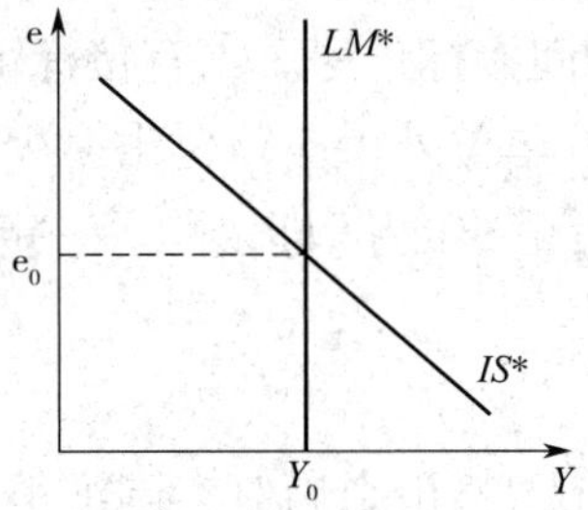

6. 固定汇率制下的政策效果

【解析】（1）财政政策：在固定汇率制和完全资本流动的假设下，如果在实施扩张性财政政策的同时增加货币供给，那么就会增强扩张性财政政策的效果，财政政策作用产生的增量等同于经济增量。

（2）货币政策：在固定汇率制和完全资本流动的假设下，无论是扩张性货币政策还是紧缩性货币政策都是无效的。

7. 浮动汇率制下的政策效果

【解析】（1）财政政策：在浮动汇率制下，财政政策是无效的。

（2）货币政策：在浮动汇率制下，货币政策是有效的。

三、习题练习

（一）单项选择题

1. 资本净流出等于（ ）。

A. 国外投资者向国内贷款的量

B. 国内投资者向国外贷款的量

C. 国外投资者向国内贷款的量减去国内投资者向国外贷款的量

D. 国内投资者向国外贷款的量减去国外投资者向国内贷款的量

2. 如果名义汇率下降 10%，国内价格上升 4%，并且国外价格上升 6%，那么实际汇率将下降(　　)。

A. 0　　B. 8%　　C. 10%　　D. 12%

3. 在正常情况下，国际收支差额曲线右下方各点代表了(　　)。

A. 国际收支盈余　　B. 国际收支赤字

C. 国际收支盈余平衡　　D. 外部均衡

4. 所谓净出口是指(　　)。

A. 出口减进口　　B. 进口减出口

C. 出口加进口　　D. 国内生产总值减出口

5. 浮动汇率制度下，当资本完全流动时，扩张的财政政策会导致(　　)。

A. 国内产出增加，利率下降　　B. 国外产出增加，利率下降

C. 本币贬值，净出口增加　　D. 本币升值，净出口减少

6. 如果国民收入为 40 000 亿元，自发出口为 5 000 亿元，出口对国民收入的弹性为 0.1，实际汇率是 1，净出口对实际汇率的敏感度是 1 000 亿元，根据净出口函数公式，则净出口额为(　　)。

A. 0　　B. 500　　C. 1 000　　D. 1 500

7. 在资本项目完全被政府所控制的情况下，货币政策与财政政策首先会影响(　　)。

A. 投资与消费　　B. 利率　　C. 净出口　　D. 货币供求

8. 如果一国国内失业率高于自然失业率，国际收支存在赤字，这时最适宜采用下列哪项宏观调节政策？(　　)

A. 增加政府的财政支出　　B. 扩大货币供应量

C. 降低利率　　D. 降低汇率

9. 处于通货膨胀和国际收支顺差的经济状况时，应采取下列什么政策搭配(　　)。

A. 紧缩的财政政策，紧缩的货币政策　　B. 紧缩的财政政策，扩张的货币政策

C. 扩张的财政政策，扩张的货币政策　　D. 扩张的财政政策，紧缩的货币政策

10. 在资本不完全流动的情况下的蒙代尔 - 弗莱明模型中，固定汇率制下扩张性的财政政策的长期效应表现为(　　)。

A. 利率下降　　B. 收入增加　　C. 贸易收支逆差　　D. 国际收支平衡

11. 决定国际资本流动的主要因素是各国的(　　)。

A. 收入水平　　B. 利率水平　　C. 价格水平　　D. 进出口差额

12. 如果一国经济起先处于内、外均衡状况，如果出口额有了提高，下列说法中哪个情况不可能出现(　　)。

A. 出现过度需求，引起国内通货膨胀

B. 本国产品价格下降，有利于提高同类商品的国际竞争能力，出口持续增长

C. 促进新的生产能力的形成，供给将增加，从而提高总产出水平

D. 本国产品价格上升，不利于出口的持续增长

13. 在固定汇率制度下,资本自由流动的条件下将导致(　　)。

A. 货币政策有效　B. 财政政策有效　C. 贸易政策无效　D. 以上说法均正确

14. 当一国国际收支处于赤字状态时,一般来说要采用的策略是(　　)。

A. 汇率升值　B. 增加进口　C. 增加出口　D. 外汇管制

15. 如果一国国际收支顺差,意味着该国商业银行和中央银行的外汇储备(　　)。

A. 减少　B. 增加　C. 不变　D. 不能确定

16. 与封闭经济相比,在开放经济中一国政府的宏观财政政策作用将(　　)。

A. 不变,因为总需求方加入净出口后,对支出乘数没有影响

B. 更小,因为总需求方加入净出口后,使支出乘数变小

C. 更大,因为总需求方加入净出口后,使支出乘数增大

D. 不能确定

(二)判断题

1. 如果名义汇率是以直接标价法给出的,则实际汇率的上升意味着本币的升值,外币的贬值。(　)

2. 在浮动汇率条件下,如果美国的通货膨胀率低于英国,英镑将贬值。(　)

3. 实际汇率上升,有利于进口增加;反之,进口减少。(　)

4. 本国利率高于外国,则资本从外国流向本国。(　)

5. 对于中国而言,人民币贬值将会有利于中国出口不利于进口。(　)

(三)名词解释

1. 国际收支盈余　2. 国际收支赤字　3. 国际收支平衡　4. 名义汇率　5. 实际汇率
6. 货币贬值　7. 货币升值　8. 固定汇率制度　9. 浮动汇率制度

(四)问答题

1. 运用蒙德尔-弗莱明模型作图说明,固定汇率下进口限额政策对产出的影响。

2. 浮动汇率制度下,比较资本完全不流动、资本不完全流动、资本完全流动三种情况下财政政策的效果,以及三种情况下货币政策的效果。

3. 在固定汇率下,如果外国发生通货膨胀,这对本国的国际收支状况会产生什么影响(假设国际收支原来是平衡的)?在此情形下,国际收支如何调整?

4. 试根据货币法分析货币贬值对一国国际收支的影响(假设国际收支原来是平衡的)?在此情形下,国际收支如何调整?

5. 在固定汇率下,如果一国政府短期内为消除国际收支逆差对本国货币供给的冲击,采取增加国内部分的货币供给量办法,那么通过国内货币供给的变化自动调整国际收支的机制还会有效吗?为什么?

6. 如果一个国家同时存在通货膨胀和国际收支赤字,财政政策和货币政策应如何组合?试设计一种解决高通货膨胀与国际收支盈余并存的办法。如果同时存在总需求不足和

国际收支盈余，应该采用什么样的解决办法？

7. 在固定汇率下，资本完全自由流动对货币政策和财政政策的有效性意味着什么？

8. 假设 A 国和 B 国经济联系紧密，均实行浮动汇率制度，A 国遭遇严重失业问题，遂采取放松银根政策，B 国是否会受到影响？

9. 简析如何利用财政政策和货币政策的搭配来实现内外均衡。

10. 简述分别在固定汇率制和浮动汇率制下财政政策和货币政策的有效性。

11. 在资本完全流动情况下，试分析在下列两种情形下固定汇率与浮动汇率对国内经济的稳定作用：

（1）国内货币供给突然自发增加；

（2）外国资本突然大量流入。

（五）案例分析

1. 人民币升值的影响

2005 年 7 月 21 日，中央银行将人民币汇率从单一盯住美元改成盯住一篮子货币，解决了一个问题，新的汇率机制有望保持相当长一段时间。于是，市场就将更多的目光转移到了另一个问题上。中央银行当初利用汇改之机将人民币汇率升值 2% 后，人民币汇率就此踏上了升值的通道。截至现在，人民币对美元累计升值幅度达到了 2.38%。对于 2006 年人民币汇率的走势，“升值”成了共同的预期。特别是，在中央银行首次实施的掉期操作中，一年期美元兑人民币定价为 7.85，这对人民币远期定价无疑具有一定的影响，市场据此也更加确信，未来人民币汇率升值不可避免。

人民币升值是如何影响经济的？

2. 开放条件下的我国宏观经济

建党百年、“十四五”开局之年、中国加入世贸组织 20 周年……2021 年，注定是被赋予重要意义的一年，在这一重要历史节点举办的第四届中国国际进口博览会（简称进博会）也必将意义非凡。习近平总书记在进博会开幕式上的重要讲话中提出：“让开放的春风温暖世界。”

自 2018 年起，进博会已连续成功举办四届，四届累计意向成交额高达 2 700 多亿美元（按年计）。2021 年的第四届进博会共有来自 127 个国家和地区的近 3 000 家参展商亮相企业展，39 个交易团、599 个分团到会开展专业采购，世界 500 强和行业龙头企业参展回头率超过 80%。美赞臣中国业务集团总裁朱定平感叹道：“中国连续两年在特殊情形下如期举办进博会，这对全球经济来说是一剂强劲的动力。”

此外，不少参展商已经开始提前谋划参加第五届进博会。最新公布的数据显示，第五届进博会企业预定展览面积已超 15 万平方米。参展商的这种信心源于中国的信守承诺。正如习近平总书记所说：“中国扩大高水平开放的决心不会变，同世界分享发展机遇的决心不会变，推动经济全球化朝着更加开放、包容、普惠平衡、共赢方向发展的决心不会变。”

目前，中国的开放程度已经超过了加入世贸组织时的承诺。在第四届进博会上，中国又宣布了增设进口贸易促进创新示范区、优化跨境电商零售进口商品清单、推进边民互市贸易进口商品落地加工、修订扩大《鼓励外商投资产业目录》等批新举措，推动中国高水平开放，为世界共享中国市场提供新机遇。这一切都在告诉世界：无论是20年前，还是20年后，开放都是当代中国的鲜明标识。

开放给我国带来哪些变化？

第十五章　宏观经济政策

一、本章基本内容框架

本章在前述理论的基础上研究宏观经济政策，旨在增进整个社会经济福利、改进整个国民经济的运行状况。本章要求学生重点掌握财政政策和货币政策的含义、工具，能够对财政政策和货币政策效应进行分析和运用。

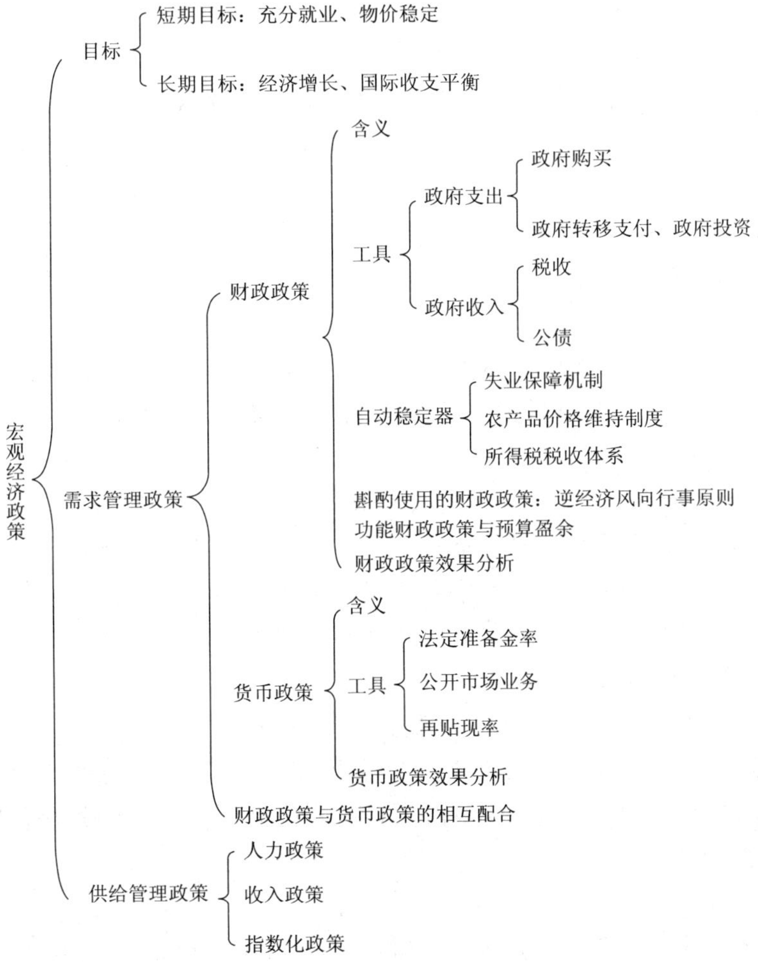

本章思维导图

（1）宏观经济政策是指政府为了增进社会福利而制定的解决经济问题的指导原则和措施，或政府为了达到一定的经济目标而对经济活动有意识的干预。宏观经济政策最根本最关键的问题是稳定性政策是否有用,新古典主义认为政策无效,而且无法操作,也没有任何必要,新凯恩主义则认为政策有效而且非常必要。

(2)资本主义经济中客观存在着内在不稳定性,而且是制度性的,是不可能通过政府宏观政策干预加以消除的,政府实施的宏观经济政策只能在短期内起到缓解经济危机和熨平经济波动的作用,未能解决生产资料私有制与生产社会化之间的基本矛盾,也就不能消除诸如高失业率等宏观经济问题。

(3)西方宏观经济政策的借鉴:一是确定清晰的宏观经济政策目标,即"充分就业、稳定物价、经济增长和国际收支平衡";二是熟练运用各种宏观经济政策工具;三是审慎对待相机抉择和坚持规则这两个不同的政策原则;四是创造性地丰富适合国情的宏观经济调控体系。

二、重点、难点讲解

1. 宏观经济政策目标

【解析】(1)充分就业:广义的充分就业是指一切生产要素(包含劳动)都有机会以自己愿意的报酬参加生产的状态;狭义的充分就业是指劳动这一生产要素愿意接受现行工资实现就业。

(2)稳定物价:一般物价水平保持相对稳定。

(3)经济增长:在一个较长时间跨度内经济社会所生产的人均产量和人均收入的持续增长。

(4)国际收支平衡:国际收支包括国际贸易和国际资本两方面,当一国的国际收支处于失衡状态时,会对国内经济造成冲击,从而影响就业、物价和经济增长。

2. 财政政策工具

【解析】财政政策是政府运用支出和收入来调节总需求以控制失业和通货膨胀并实现经济稳定增长和国际收支平衡的宏观经济政策。

(1)政府支出:一国在一定时期内各级政府的支出总和,主要包括:政府购买,是指政府直接在市场上购买产品、服务及资本品而形成的开支;政府转移支付,政府或企业无偿地支付给个人或下级政府的资金。

(2)政府收入:政府通过征税、对公共物品或服务的使用者进行收费以及金融市场借债(发行公债)等方式获得政府收入,主要包括税收和公债。税收具有强制性、无偿性、固定性,包括个人所得税、社会保险税、产品和进口税、公司税等。公债是政府对公众的债务,是各级政府借债的统称。

3. 自动稳定器

【解析】自动稳定器又称内在稳定器,是指经济系统本身存在的一种会减少各种干扰和冲击国民收入的机制。在繁荣时自动抑制通货膨胀,经济衰退时自动减轻萧条,无须政府采取任何行动。自动稳定器包括:①所得税税收体系,衰退时,产出下降,个人收入下降,税率不变,税收会自动减少,可支配收入会自动减少一些,使得消费和需求下降得少些;②失业保障机制，衰退时，失业增加，符合救济条件的人增加，社会转移支付增加，抑制可支配收入下降，抑制需求下降；③农产品价格维持制度，萧条时农产品价格下降，政府收购，农场主收入上升，使得消费和投资增加。

4. 相机抉择（斟酌使用）的财政政策

【解析】相机抉择的财政政策是指政府要审时度势，主动采取一些财政措施，变动支出水平或税收以稳定总需求水平，使之接近物价稳定的充分就业水平。经济学家认为运用财政政策调节总需求的原则是"逆经济风向行事"。当认为总需求水平过低，即经济出现衰退时，政府应通过削减税收，增加支出或双管齐下来刺激经济，这称为扩张性财政政策；当认为总需求过高，出现严重通货膨胀时，政府应增加税收或减少支出，以抑制过热的经济势头，这称为紧缩性财政政策。

5. 财政政策的局限性

【解析】（1）时滞。

（2）不确定性，政府主要面临两个方面的不确定：乘数大小难以准确地确定；总需求水平通过财政政策作用达到预定目标究竟需要多少时间也无法确定。

（3）外在的不可预测的随机因素的干扰，也可能导致财政政策达不到预期结果。

（4）财政政策存在"挤出效应"。

6. 财政政策效应

【解析】挤出效应：政府开支增加所引起的私人消费或者投资支出减少。因为政府支出增加引起了利率上升，而利率上升会引起私人投资与消费减少。

① *IS* 曲线越陡峭，财政政策的挤出效应越小，财政政策效果越大；② *LM* 曲线越平缓，财政政策效果越大。

7. 货币创造与货币供给

【解析】①存款准备金：经常保留的为支付存款和资金清算需要提取的一定金额。中央银行要求的存款准备金占其存款总额的比例就是存款准备金率。②法定准备金：金融机构（商业银行）为保证客户正常资金流转而准备的在中央银行的存款。③超额准备金：商业银行没有放在中央银行的准备金，并且没有对客户贷出去的钱。④货币创造乘数：中央银行新增一笔原始货币供给将使活期存款总额（货币供给量）扩大为这笔新增原始存款供给的数倍，这个倍数即货币创造乘数。⑤基础货币（高能货币）：流通于银行体系之外的被社会公众持有的现金与商业银行体系持有的存款准备金（包括法定存款准备金和超额准备金）的总和。基础货币是整个商业银行体系借以创造存款货币的基础，是使整个商业银行体系的存款得以倍数扩张的源泉，因此也成为高能货币。

货币乘数：原始存款扩张的倍数，货币乘数 = 存款总额 / 原始存款 =1/（法定准备率 + 提现率 + 超额准备率）。

8. 货币政策工具（三大法宝）

【解析】货币当局即中央银行通过控制货币供给量来调节金融市场信贷供给与利率，从而影响投资和社会总需求，以实现宏观经济政策目标的经济政策。

（1）公开市场业务（最常用、最重要）：中央银行通过在金融市场上公开买卖政府债券来调节货币供给量。根据经济形势的发展，当中央银行认为需要收缩银根时，便卖出证券，相应地收回一部分基础货币，减少金融机构可用资金的数量。

（2）法定准备金率（最简单、作用猛烈）：银行法（或中央银行）所规定的存款金融机构（商业银行）所吸收的存款中必须向中央银行缴存的准备金比例即为法定准备金率。当中央银行认为需要收缩银根时，便提高法定准备金率，减少金融机构可用资金的数量。

（3）再贴现率（最早使用，比较被动）：中央银行对商业银行办理贴现贷款时所收取的利率称为再贴现率。当中央银行认为需要收缩银根时，便提高再贴现率，减少金融机构可用资金的数量。

9. 货币政策效应

【解析】（1）*IS* 曲线的斜率：*IS* 曲线越平缓，扩张性货币政策引起的均衡国民收入增加越多，货币政策效应越强；*IS* 曲线越陡峭，扩张性货币政策引起的均衡国民收入增加越少，货币政策效应越弱。

（2）*LM* 曲线的斜率：*IS* 曲线的斜率相同，*LM* 曲线较平坦的，那么货币政策效应较小，*LM* 曲线较陡峭的，货币政策效应较大；*LM* 曲线斜率不同影响货币政策效应的原因是货币需求受利率的影响程度不同。

10. 货币政策的局限性

【解析】（1）效果具有短期性：货币政策效果在短期内可能起到刺激经济的作用，但在长期中这种刺激会失效，使得产量不变而物价却上涨。

（2）货币政策的时滞：中央银行变动货币供给量要通过影响利率，再影响投资，最后影响就业和国民收入，货币政策的作用要经过相当长一段时间才会得到充分发挥。

（3）货币流通的变动：货币主义学派以外的经济学家认为，货币流通速度中的一个相当小的变动，如果未曾被政策制定者所预料到并加以考虑，或估算时出现小的差错，就有可能使货币政策效果受到严重影响，甚至有可能使本来正确的政策走向反面。

11. 财政政策和货币政策的协调：*IS-LM* 模型分析

【解析】不同财政政策和货币政策组合对收入和利率的影响如下。

政策组合	收入	利率
扩张性的财政政策与紧缩性的货币政策	不确定	上升
扩张性的财政政策与扩张性的货币政策	增加	不确定
紧缩性的财政政策与紧缩性的货币政策	减少	不确定
紧缩性的财政政策与扩张性的货币政策	不确定	下降

三、习题练习

(一)单项选择题

1. 凯恩斯主义认为财政政策的主要目标是(　　)。

A. 实现财政收支平衡　B. 实现充分就业

C. 尽量增加政府税收,增加政府预算盈余　D. 合理安排政府支出,使之效益最大

2. 扩张性财政政策是指(　　)。

A. 增加政府支出　B. 增加货币供给　C. 管制价格　D. 管制工资

3. 属于紧缩性财政政策工具的是(　　)。

A. 减少政府支出和减少税收　B. 减少政府支出和增加税收

C. 增加政府支出和减少税收　D. 增加政府支出和增加税收

4. 为减少经济中存在的失业,应采取的财政政策工具是(　　)。

A. 增加政府购买支出　B. 提高个人所得税

C. 增加失业保险金　D. 增加货币供应量

5. 如果政府购买支出增加,则会(　　)。

A. 对 *IS* 曲线无响应　B. *IS* 曲线向右移动

C. *IS* 曲线向左移动　D. 以上说法都不正确

6. 政府税收的增加将(　　)。

A. 对 *IS* 曲线无响应　B. *IS* 曲线向右移动

C. *IS* 曲线向左移动　D. 以上说法都不正确

7. 社会保障支付属于(　　)。

A. 政府支出　B. 政府转移支付　C. 税收　D. 消费

8. 中央银行最常用的政策工具是(　　)。

A. 法定准备金率　B. 公开市场业务　C. 再贴现率　D. 道义劝告

9. 下列哪种工具属于紧缩货币政策工具?(　　)

A. 提高贴现率　B. 增加货币供给

C. 降低法定准备金率　D. 中央银行买入政府债券

10. 货币政策影响经济的渠道之一是(　　)。

A. 直接影响收入　B. 改变资金的周转率

C. 直接影响价格　D. 调整利率

11. 公开市场活动是指(　　)。

A. 商业银行的信贷活动

B. 中央银行增加或减少对商业银行的贷款

C. 中央银行在金融市场上买进或卖出有价证券

D. 银行创造货币的机制

12. 要实施扩张型的货币政策,中央银行可采取的措施有(　　)。

A. 卖出国债 B. 提高准备金率 C. 降低再贴现率 D. 减少货币供应

13. 法定准备金率越高，(　　)。

A. 银行越愿意多贷款 B. 货币供应量越大

C. 越易发生通货膨胀 D. 存款创造越困难

14. 中央银行在公开市场上买进政府债券的结果将是(　　)。

A. 银行存款减少 B. 市场利率上升

C. 公众手里的货币增加 D. 以上都不是

15. 当 r=25% 时，原始存款为 500 元，则存款总额为(　　)。

A. 3 000 元 B. 2 500 元 C. 4 000 元 D. 2 000 元

16. 以下哪个变量影响货币创造乘数的大小(　　)。

A. 现金存款比率 B. 法定准备率 C. 超额准备率 D. 以上都是

17. 增加政府的购买支出和减少实际货币供给量，结果一定会使(　　)。

A. 国民收入增加 B. 利率上升 C. 利率下降 D. 利率不变

18. 如果货币需求对利息率的变化较为敏感，则(　　)。

A. *IS* 曲线将相对平坦，货币政策的变化将对实际收入有较大影响

B. *IS* 曲线将相对陡峭，货币政策的变化将对实际收入有较小影响

C. *LM* 曲线将相对陡峭，财政政策的变化将对实际收入有较小影响

D. *LM* 曲线将相对平坦，财政政策的变化将对实际收入有较大影响

19. 假如在产品市场上，投资完全不受利率影响，则表明(　　)。

A. *IS* 垂直，货币政策在提高产量方面很有效

B. *IS* 水平，货币政策在提高产量方面很有效

C. *IS* 垂直，在 *IS-LM* 模型中货币政策不影响产量

D. *IS* 水平，在 *IS-LM* 模型中货币政策不影响产量

20. 下述何种情况会产生“挤出效应”(　　)。

A. 货币供给减少使利率提高，导致对利率敏感的私人支出减少

B. 对私人部门增加税收使其可支配收入下降从而支出水平下降

C. 政府支出增加导致利率上升，从而私人部门支出水平下降

D. 政府支出的下降导致消费总支出下降

21. 下列哪种情况中“挤出效应”可能很大？(　　)

A. 货币需求对利率很敏感，私人部门支出对利率不敏感

B. 货币需求对利率很敏感，私人部门支出对利率也敏感

C. 货币需求对利率不敏感，私人部门支出对利率不敏感

D. 货币需求对利率不敏感，私人部门支出对利率很敏感

22. 假定政府没有实行财政政策，国民收入水平的提高可能导致(　　)。

A. 政府支出增加 B. 政府税收增加

C. 政府税收减少 D. 政府财政赤字增加

23. 扩张性财政政策对经济的影响是(　　)。

A. 缓和了经济萧条但增加了政府债务　B. 缓和了经济萧条同时也减轻了政府债务

C. 加剧了通货膨胀但减轻了政府债务　D. 缓和了通货膨胀但增加了政府债务

24. 在凯恩斯陷阱区域内,财政政策的挤出效应(　　)。

A. 最大　B. 最小　C. 常数　D. 不确定

25. 政府购买增加,使 *IS* 曲线右移,其要使均衡收入变动接近 *IS* 曲线移动量,则必须(　　)。

A. *LM* 曲线平缓,*IS* 曲线陡峭　B. *LM* 曲线垂直,*IS* 曲线陡峭

C. *LM* 曲线和 *IS* 曲线一样平缓　D. *LM* 曲线和 *IS* 曲线一样陡峭

26. 当经济中未达到充分就业时,如果 *LM* 曲线不变,政府支出增加会导致(　　)。

A. 收入增加、利率上升　B. 收入增加、利率下降

C. 收入减少、利率上升　D. 收入减少、利率下降

27. 一般地,在 *IS* 曲线不变时,货币供给减少会导致(　　)。

A. 收入增加,利率上升　B. 收入增加,利率下降

C. 收入减少,利率上升　D. 收入减少,利率下降

28. 如果实际收入提高,同时由于政府支出增加而导致利息率下降,那么(　　)。

A. *IS* 曲线一定垂直　B. *LM* 曲线一定垂直

C. 中央银行必定同时增加了货币供给　D. 中央银行必定同时减少了货币供给

29. 政府运用财政政策和货币政策主要原因在于(　　)。

A. 单纯依靠市场自发调节无法实现充分就业均衡

B. 为了实现政府的特殊目标

C. 为提高全体社会成员的收入和福利水平

D. 为了体现政府的作用

(二)多项选择题

1. 减税和增加实际货币供给量可能的结果是(　　)。

A. 国民收入增加　B. 利率上升　C. 利率下降　D. 利率不变

2. 宏观经济政策的目标是(　　)。

A. 充分就业　B. 物价稳定　C. 经济增长　D. 国际收支平衡

3. 增加国民收入的方法可以是(　　)。

A. 增加投资　B. 增加政府转移支付

C. 增加政府购买支出　D. 减少税收

4. 下列会使 *IS* 曲线向右上方平移的是(　　)。

A. 增加政府购买支出　B. 增加税收

C. 增加政府转移支付　D. 增加货币供给量

5. 在经济不景气时,政府应该(　　)。

A. 增加政府购买支出　B. 增加政府转移支付支出
C. 减少税收　D. 减少货币供给量

6. 假如中央银行在公开市场上大量卖出政府债券,会出现哪种情况(　　)。
A. 利率下降　B. 利率上升　C. 收入下降　D. 投资减少

7. 货币政策工具有(　　)。
A. 再贴现率　B. 法定准备金率　C. 公开市场业务　D. 道德劝告

8. 中央银行具有的职能是(　　)。
A. 制定货币政策　B. 发行货币　C. 为政府创造利润
D. 调控商业银行与其他金融机构　E. 代理政府发行或购买政府债券

9. 扩张性的财政政策包括(　　)。
A. 增加政府支出　B. 减少政府支出　C. 增加税收
D. 减少税收　E. 调节货币供给

10. 在经济过热时,政府错误的货币政策为(　　)。
A. 提高准备金　B. 买进政府债券　C. 卖出政府债券
D. 提高贴现率　E. 降低贴现率

11. 扩张性财政政策和扩张性货币政策的混合结果(　　)。
A. 利率下降　B. 利率上升　C. 收入下降
D. 收入增加　E. 利率不定

12. 在经济过热时,政府应该(　　)。
A. 减少政府支出　B. 增加政府支出　C. 增加政府税收
D. 减少政府税收　E. 增加转移支付

13. 扩张性财政政策和紧缩性货币政策的混合使用的结果是(　　)。
A. 利率下降　B. 利率上升　C. 收入下降
D. 收入增加　E. 收入不定

(三)判断题

1. 中央银行在公开市场上购买政府债券会增加货币的供给量。(　　)
2. 当经济出现紧缩缺口时,政府应采取紧缩政策。(　　)
3. "挤出效应"越大,财政政策对经济活动的影响越大。(　　)
4. *LM* 曲线平坦,*IS* 曲线越垂直,则增加货币供给不会影响均衡收入。(　　)
5. 货币需求对利率越敏感,即货币需求的利率系数越大,货币政策的效果越大。(　　)

(四)名词解释

1. 自动稳定器　2. 挤出效应　3. 财政政策　4. 货币政策　5. 公开市场业务　6. 基础货币

（五）问答题

1. 你认为对于宏观经济目标而言，稳定经济周期和促进长期经济增长究竟哪个更重要？按照凯恩斯主义的观点，这两种目标的达成主要依赖什么？宏观政策的协调能否使两个目标同时实现？

2. 简述财政政策的内容。

3. 何为货币政策、货币供给？货币政策的三大法宝是什么？如何发挥作用？

4. 在经济衰退时应该采取什么财政政策？

5. 结合 *IS-LM* 曲线简要说明，如果政府增加购买支出同时又采取降低存款准备金率，将可能对均衡收入、利率水平产生怎么样的影响？

6. 简述货币政策工具中的公开市场业务，并说出它有哪些优点。

7. 结合图形，利用 *IS-LM* 模型分析财政政策效果。

8. 简述宏观经济政策的目标及其关系？

9. 中央银行的货币政策工具主要有哪些？

10. 如何理解财政制度的自动稳定器？

11. 财政政策的手段主要有哪些？财政政策的传导机制是什么？

12. 用 *IS-LM* 图形说明：在假定经济起初处于充分就业状态，现在政府要改变总需求构成，增加私人投资而减少消费支出，但不改变总需求水平，政府应当实行一种怎么样的混合政策？

13. 什么是货币创造乘数？其大小主要和哪些变量有关？

14. 政府转移支付如何发挥内在稳定器的作用。

（六）计算题

1. 假设货币需求 $L=0.2Y-10r$，货币供给 $M=200$，消费 $C=60+0.8(Y-T)$，税收 $T=100$，投资 $I=150$，政府支出 $G=100$，$P=1$ 求：

（1）*IS* 曲线方程和 *LM* 曲线方程，收入和利率；

（2）政府支出从 100 增加到 120 时，收入和利率会有什么变化；

（3）是否存在“挤出效应”，为什么。

2. 当法定准备金率是 0.12，没有超额储备，对现金的需求是 1 000 亿美元。请计算：

（1）假定总准备金是 400 亿美元，货币供给是多少；

（2）假如中央银行把准备金率提高到 0.2，货币供给变动多少（总储备仍是 400 亿美元）；

（3）中央银行买进 10 亿美元政府债券（存款准备金率是 0.12），货币供给如何变动？

3. 假定货币需求为 $L=0.2Y$，货币供给为 $M_S=200$，消费 $C=90+0.8Y_d$，税收 $T=50$，投资 $I=140-5r$，政府支出 $G=50$，求：

（1）导出 *IS* 和 *LM* 方程，求出均衡收入、利率和投资；

（2）若其他条件不变，政府支出增加 20，收入、利率和投资有什么变化；

(3)是否存在挤出效应?

(七)案例分析

1. 疫情公债利国利民

发行疫情公债如何利国利民?

1950年,我国发行了第一张人民胜利折实公债。部分内容如下:本公债之募集及还本付息,均以实物为计算标准,其单位定名为“分”。每分以上海、天津、汉口、西安、广州、重庆六大城市之大米(天津为小米)六斤、面粉一斤半、白细布四尺、煤炭十六斤之平均批发价的总和计算之。此项平均市价,统一由中国人民银行每十日公布一次。到1950年底,第一期公债共销售97 954 177分,折合人民币2 594 819 812元。

新冠肺炎疫情发生以来我国财政积极作为,数据显示,2020年1—2月份,全国减税降费共计4 027亿元,其中,2020年出台的支持疫情防控和经济社会发展的税费优惠政策,新增减税降费1 589亿元。

财政政策工具是政府为了实现既定的政策目标所选择的操作手段。西方国家为了实现既定的经济政策目标,主要通过政府预算变动等财政政策工具来调整政府支出和收入。其中,政府支出包括政府购买、转移支付等,政府收入包括征税、发行公债等。

我国的公债本身具有利国利民的特性,在中华人民共和国成立初期以及疫情期间能够及时发行公债,其背后的原因是我国社会主义制度具有较强的制度优越性,我们应该牢固树立四个自信理念。

发行疫情公债如何利国利民?

2. 张林之争:看不见的手VS看得见的手

张维迎(亚当·斯密):看不见的手(市场)VS林毅夫(凯恩斯):看得见的手(政府)。争论:政府应不应该干预市场?

张:看不见的手会利用人的自私性、趋利性,最终有效配置资源。政府干预的话,就是致命的自负。

林:有效的市场和有为的政府才可构成高质量的经济体系。政府通过货币政策、财政政策控制经济、摆脱危机!

看得见的手如何实现对经济的调节?

第十六章　经济增长

一、本章基本内容框架

在分析了收入决定与收入波动的基础上，本章考查经济的长期变化趋势即经济增长问题。本章要求学生重点掌握经济增长的概念，理解经济增长理论，能够对经济增长政策进行研究。

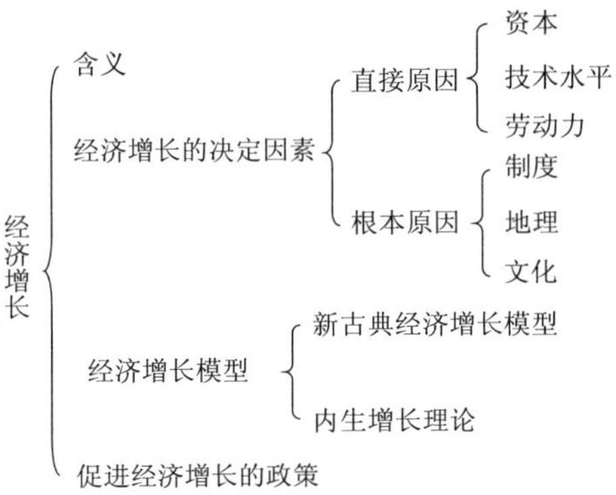

本章思维导图

经济增长是经济中产出（收入）增加的过程，既可以用总量国内生产总值衡量，也可以用人均国内生产总值衡量。经济增长率表达式：$g_Y = \dfrac{Y_t - Y_{t-1}}{Y_{t-1}}$（t 代表当期，t-1 代表上一期）。

新古典增长模型和内生增长理论，只强调了经济增长的直接决定因素，忽略了制度、地理对经济增长的影响。

西方经济增长理论的分析表明，教育的加强、知识水平的提高以及知识的应用等，对经济增长具有举足轻重的作用。

内生增长理论是引领和支撑“加速经济”国家发展的基础理论，它与新古典增长模型不同之处在于技术是外生变量还是内生变量。

充分发挥社会主义制度的优越性，深入调查、分析和研究本国经济建设实际情况的同时，吸收包括经济增长理论在内的国外一切有用的东西，为我所用，有利于我国经济发展和经济科学的建设。

二、重点、难点讲解

1. 一个国家或地区在一定时期内的总产出与前期相比所实现的增长，通常用经济增长率表示

计算国内生产总值时可以用现行价格计算，也可以用不变价格计算。用现行价格计算的国内生产总值，可以反映一个国家或地区的经济发展规模；用不变价格计算的国内生产总值可以用来计算经济增长速度。

经济增长率是一个国家总体经济实力增长速度的标志，但并不能全面反映一个国家或地区的经济发展的实际状况。

经济增长是经济发展的基础，但经济增长并不等同于经济发展。经济发展包括了经济增长，也包括伴随经济增长过程而出现的技术进步、结构优化、制度变迁、福利改善以及人与自然之间关系的进一步和谐等方面的内容。

2. 经济增长的决定因素

【解析】(1)经济增长的直接原因：劳动力，取决于人口规模和人口结构及投入的劳动时间；资本，最重要的制约因素是资本的利用率或生产能力的利用率；技术水平。

(2)经济增长的根本原因：制度、文化和地理。

3. 促进经济增长的政策

【解析】①鼓励技术进步。②鼓励资本形成。③增加劳动供给。④建立适当的制度。

4. 新古典增长模型

【解析】(1)基本假定：经济由一个部门组成，该部门生产一种既可用于投资也可用于消费的商品；该经济为不存在国际贸易的封闭经济，且政府部门被忽略；生产的规模报酬不变；该经济的技术进步、人口增长及资本折旧的速度都由外生因素决定；生产要素的边际收益递减；社会储蓄函数为 $S=sY$，s 为储蓄率。

(2)没有技术进步的新古典增长模型基本方程式为：

$$\dot{k}=sf(k)-(g_N+\delta)k\text{，资本深化 = 人均储蓄(投资)- 资本广化}$$

式中：$\dot{k}$ 为人均资本关于时间的导数，s 为储蓄率，k 为人均资本，g_N 为人口增长率，δ 为折旧对资本存量的固定比率。

(3)具有技术进步的新古典增长模型基本方程为：

$$\dot{\hat{k}}=sf(\hat{k})-(g_N+\delta+g_A)\hat{k}$$

式中：$\dot{\hat{k}}$ 为按有效劳动平均的资本关于时间的导数，s 为储蓄率，$\hat{k}$ 为按有效劳动平均的资本，g_N 为人口增长率，δ 为折旧对资本存量的固定比率，g_A 为技术水平增长率。

(4)稳态的定义：意味着包括资本存量和产出在内的有关内生变量将不会随时间的推移而变化的一种状态。

(5)根据新古典增长模型，只有技术进步才能解释经济持续增长和生活水平持续上升。

(6)对收入差异的解释。短期看，储蓄率的增加提高了稳态的人均资本和人均产量。长期看，随着资本的积累，增长率逐渐降低，最终又回落到人口增长率的水平。

（7）结论：

①人口增长率的增加使人均资本的稳态水平降低，进而降低了人均产量的稳态水平；

②人口增长率的上升增加了总产量的稳态增长率。

（8）对增长率差异的解释：

①如果两个国家的储蓄率（或投资率）相同，但初始人均资本（从而初始人均收入）不同，那么，初始人均资本较低的那个国家将具有较高的经济增长；

②如果两个国家的初始人均资本相同，但是投资率不同，那么，投资率高的那个国家将具有较高的经济增长；

③如果一个国家提高投资水平，那么，它的收入增长率也将提高。

三、习题练习

（一）单项选择题

1. 下面哪一项不是促进经济增长的政策（　　）。

A. 鼓励技术进步　B. 鼓励资本形成　C. 发展智能机器人　D. 建立适当的制度

2. 在新古典增长模型中人口增长率增加，下列说法正确的是（　　）。

A. 稳态均衡时的人均资本存量和人均收入减少

B. 稳态均衡时的人均资本存量和人均收入不变

C. 经济的总量增长率不变

D. 以上说法都不对

3. 经济增长在图形上表现为（　　）。

A. 生产可能性曲线内的某一点向曲线上移动

B. 生产可能性曲线向外移动

C. 生产可能性曲线上的某一点向曲线上移动

D. 生产可能性曲线上的某一点沿曲线移动

4. 人力资本指的是（　　）。

A. 人们所拥有的资本品　B. 能提高人生产率的教育和技能

C. 生育能力　D. 工人工作时使用的资本品

5. 经济增长的标志是（　　）。

A. 失业率的下降　B. 先进技术的广泛应用

C. 社会生产能力的不断提高　D. 城市化速度加快

6. 下列哪项属于生产要素供给的增长？（　　）

A. 劳动者教育年限的增加　B. 实行劳动专业化

C. 规模经济　D.IT 技术的迅速应用

（二）判断题

1. 政府控制通货膨胀一般要以一定的失业率为代价，但是如果居民采取理性预期的话，控制通货膨胀的成本就可以大大降低了。（ ）

2. 如果商品的价格在短期内存在黏性，那么当政府为了刺激经济而增加货币供应量的时候，失业反而会增加。（ ）

3. 一些经济学家认为居民对通货膨胀的预期可以对经济主体的总产出有好的影响，在现实生活中也确实如此。（ ）

4. 潜在增长率：在现有的技术水平下，在维持各种生产要素充分利用条件下所可能达到的最大增长率。（ ）

5. 稳态增长是指资本存量、消费和产出等宏观经济变量以不变的速率增长的经济状态。（ ）

（三）名词解释

1. 经济增长　2. 经济发展

（四）问答题

1. 在新古典增长模型中，储蓄率的变动对经济有哪些影响？

2. 作图说明在“新古典增长模型”中，人口增长对经济的影响（从总产量的稳态增长率和稳态的人均资本和产量的角度分析）。

3. 发达国家经济增长的主要特征有哪些？

4. 在新古典增长模型中，稳定增长的条件是什么？

5. 经济增长的源泉是什么？

（五）案例分析

1. 中国经济增长政策

党的二十大报告中指出，“建设现代化产业体系，坚持把发展经济的着力点放在实体经济上，推进新型工业化，加快建设制造强国、质量强国、航天强国、交通强国、网络强国、数字中国。”

提升中国经济发展水平的方法有哪些？

2. 中国住房消费能否拉动经济增长

从居民消费趋向分析，中国住房消费仍将大量挤占居民其他消费支出，对经济的持续增长起着越来越重要的作用。一是截至 2000 年底，中国城镇居民人均居住面积只有 13.6 平方米，与国外发达国家人均居住面积 20—30 平方米相比，还有很大的差距；在城市还有近 200 万户缺房，其中，人均住房面积 4 平方米以下的住房困难户还有近 40 万户，在不少城市尚有一定数量的危房需要改造；为此，“十五”期间，全国城乡将建房 57 亿平方米，其中，城镇建房 27 亿平方米，较“九五”期间增长 15%。到 2005 年，城镇居民人均住宅建筑面积增加到 22 平方米。二是中国每年大约净增人口 1 300 万人左右，在“十五”期间大约有 1 350 万对新婚夫妇需要住房。三是随着农村居民改善居住环境的愿望越来越高，在今后 5 年间有 14% 的家庭准备购买新房，户均支出约 11 万元，平均每年增长 7.4%；有 14.6% 的家庭准备装修住宅，户均支出约 2 万元。四是预计今后每年的房地产投资将递增 7%，对国民经济的贡献率为 0.7 个百分点。到 2050 年，我国城镇居民住房将增加 150 亿平方米，住房共计将达 210 亿平方米。届时，到 2020 年，全国城镇居民进入市场买卖住房产生的住房消费为 8 000 亿元；到 2050 年，将达到 3.4 万亿元，平均每年增长 1 000 亿元以上。

据专家测算，建筑业每生产 1 亿元产品，需要直接消耗 0.46 亿元的工业产品，还可以带动 0.04 亿元的商品销售。每增加 1 亿元的住宅投资，其他 23 个相关产业相应地增加投入 1.479 亿元；其中，建材、冶金、机械工业和农副业等 5 个部门将增加投入 0.70 亿元，被带动的直接或间接相关的较大产业有 60 多个。不仅如此，住宅消费的提高还能带动诸如钢铁、建材、化工、汽车、交通、家电、装饰、家具、文化市场等生产资料和生活资料消费的相应增长，其比率大约是 1∶6。有关部门计算显示，中国城市住宅建设每年要消耗的钢材相当于 1995 年全国钢铁产量的 14%，消耗的水泥占年产量的 47%，消耗的玻璃占年产量的 40%，消耗的木材占年产量的 20%，消耗的运输量占年运输量的 8%。由此可以看到，城乡住房消费的增加将推动经济的持续增长。

中国住房消费能否拉动经济增长？

习题练习答案

第一章　导言

（一）单项选择题

1-5 BBBAC　6-10 EDCDD

（二）多项选择题

1. ABCD　2. AB　3. AB

（三）判断题

1-5 √ × × √ ×　6-10 × × √ × ×

（四）名词解释

1. 稀缺性：稀缺是经济学中一个基础性的概念。稀缺性是指相对于人类的无穷欲望而言，资源在数量上是不足的，可见稀缺是相对的。由于稀缺性（相对人们的需求来说，资源总是稀缺的）的存在，人们就必须作出各种选择，这也是经济学产生的根本原因。

2. 经济学：经济学是研究如何将稀缺资源用于最有效的用途，简称资源配置问题的一门科学。（或：研究人类社会在各个发展阶段上的各种经济活动和各种相应的经济关系及其运行、发展的规律的学科。）

3. 经济物品：是指人类必须付出代价方可得到的产品或服务，即必须借助生产资源通过人类加工出来的物品，其数量有限。

4. 机会成本：使用一种资源的机会成本是指将该资源投入某一特定用途时所放弃的该资源在其他各种可能的用途中可能获得的最大收益。

5. 微观经济学：分析个体经济单位的经济行为，在此基础上，研究现代西方经济社会的市场机制运行及其在经济资源配置中的作用，并提出微观经济政策以纠正市场失灵。

6. 宏观经济学：宏观经济学以整个国民经济为考察对象，研究经济中各有关总量的决定及其变动，以解决失业、通货膨胀、经济波动、国际收支等问题，实现长期稳定的发展。（或：是以国民经济总过程的活动为研究对象，主要考察就业总水平、国民总收入等经济总量，因此，宏观经济学也被称作就业理论或收入理论。）

7. 实证分析：是指只对经济现象、经济行为或经济活动及其发展趋势进行客观分析，得出一些规律性的结论。其特点包括回答"是什么"的问题，分析问题具有客观性，得出的结论可以通过经验事实进行验证。

8. 规范分析:是指以一定的价值判断为基础,提出某些分析处理经济问题的标准,树立经济理论的前提,作为制定经济政策的依据,并研究如何才能符合这些标准。它要回答的是“应该是什么”的问题。

9. 均衡:是指经济体系中一个特定的经济单位或经济变量在一系列经济力量的相互制约下所达到的一种相对静止并保持不变的状态。(或:经济事物在影响它的各种外力处于平衡时而出现的状态)

(五)填空题

1. 亚当·斯密　2. 微观经济学　3. 宏观经济学

(六)问答题

1.(1)经济人假设是经济学分析的逻辑起点,是指经济活动中的任何个体和组织都以利己为动机,总是力图以最小的经济代价去追逐和获取自身最大的经济利益,即在一定约束条件下实现自身利益的最大化。

经济人假设包括以下内容。

①在经济活动中,个人所追求的唯一目标是自身经济利益的最大。例如,消费者所追求的是最大限度的自身满足,生产者所追求的是最大限度的自身利润,生产要素所有者所追求的是最大限度的自身报酬。这就是说,经济人主观上既不考虑社会利益,也不考虑自身非经济的利益。

②个人所有的经济行为都是有意识的和理性的,不存在经验型和随机型的决策。因此,经济人又被称为理性人。

③经济人拥有充分的经济信息,每个人都清楚地了解其所有经济活动的条件与后果。因此,经济中不存在任何不确定性。获取信息不需要支付任何成本。

④各种生产资源可以自由地、不需要任何成本地在部门之间、地区之间流动。经济人的利己主义假设并不等于通常意义上所说的“自私自利”,即该假设并不意味着这些市场活动个体只会关心自己的钱袋子,相反,他们会在孜孜不断地追求自己最大利益的过程中,自然地、必然地为社会提供最优的产品和服务,从而客观地实现一定的社会利益。

(2)经济人假设是经济学分析的逻辑起点,是经济学分析的基础和前提条件,它存在于经济学几乎所有的理论之中。“经济人”的假设是新古典经济学的研究基础,是新古典微观经济学的核心,也是新古典经济学的基石之一。

2.(1)局部均衡分析和一般均衡分析的差别如下。

①局部均衡是指不考虑所分析的商品市场或经济体系内某一局部以外因素的影响时,这一局部所达到的均衡状态。它是经济体系中单独一个消费者、一个商品市场或要素市场、一家厂商或一个行业的均衡状态。局部均衡分析即只考虑这个局部本身所包含的各因素的相互影响,相互作用,最终如何达到均衡状态。

一般均衡是指在一个经济体系中,所有市场的供给和需求同时达到均衡的状态。一般均衡分析从微观经济主体行为的角度出发,考察每一种产品和每一个要素的供给和需求同时达到均衡状态所应具备的条件和相应的均衡价格以及均衡供销量应有的量值。根据一般均衡分析，某种商品的价格不仅取决于它本身的供给和需求状况，而且还受到其他商品的价格和供求状况的影响。因此，某种商品的价格和供求均衡，只有在所有商品的价格和供求都同时达到均衡时，才能实现。

②局部均衡模型在一定的合理假设下，不但可以达到说明问题的目的，而且可使问题简单化、明了化。特别是当把所研究的变量限于两个经济因素时，借助数、表、图进行综合分析可以达到较好的效果。

一般均衡模型相对局部均衡而言，更为复杂，但是能更全面地考察经济现象，对影响该经济现象的因素，以及那些因素如何影响经济现象能有更深刻的反映。一般均衡分析建立在局部均衡分析的基础之上，考虑不同市场的相互依存关系。

（2）局部均衡和一般均衡分析适用的情况：局部均衡适用于经济体系局部以内的均衡分析；一般均衡分析适用于整个经济体系的供求均衡分析。

3. 微观经济学以单个经济单位为研究对象，通过研究单个经济单位的经济行为和相应的经济变量单项数值如何决定来说明价格机制如何解决社会的资源配置问题。

宏观经济学以整个国民经济为研究对象，通过研究经济中各有关总量的决定及其变化，来说明资源如何才能得到充分利用。

4. 均衡原本是物理学中的名词。它表示，当一物体同时受到来自几个方向的不同外力作用时，若合力为零，则该物体将处于静止或匀速直线运动状态，这种状态就是均衡。英国经济学家马歇尔把这一概念引入经济学中，均衡指经济中各种对立的、变动着的力量处于一种力量相当、相对静止、不再变动的境界。这种均衡一旦形成后，如果有另外的力量使它离开原来的均衡位置，会有其它力量使它恢复到均衡，即衡定的均衡。均衡可以分为局部均衡和一般均衡。

5.（1）研究对象。①研究由稀缺性引起的资源配置与利用问题。②具体问题有：微观层面的市场运行、价格决定和调节、资源配置问题，包括生产什么、如何生产、为谁生产；宏观层面的收入与就业决定理论，也就是资源利用理论，包括经济波动与增长问题、失业问题、通货膨胀问题、宏观经济政策等。

（2）研究方法。研究方法主要从三个方面来理解。

①根本研究方法：从方法论个人主义出发对个体行为展开研究，假设个体行为是理性的和自利的，通过研究最优化或均衡实现的条件和特征来对现实进行解释，对未来进行预测。

②具体研究技术包括：演绎法和归纳法；建立模型；利用数学工具。

③根据研究问题的性质而选择不同的技术方法：静态分析、比较静态分析和动态分析；局部均衡分析和一般均衡分析；实证分析和规范分析；边际分析。

6. ①生产什么（包括生产多少）；②如何生产；③为谁生产。

7.（1）两者的联系。

首先，微观经济学和宏观经济学是互为补充的。

其次，微观经济学是宏观经济学的基础。

再次，宏观经济学并不是微观经济学的简单加总或重复。

最后，两者共同构成了西方经济学的整体。

（2）两者的区别。

①研究对象不同。微观经济学的研究对象是单个经济单位，如家庭、厂商等。然而宏观经济学的研究对象则是整个经济，研究整个经济的运行方式与规律，从总量上分析经济问题。

②解决的问题不同。微观经济学要解决的是资源配置问题，即生产什么、如何生产和为谁生产的问题，以实现个体效益的最大化。宏观经济学则把资源配置作为既定的前提，研究社会范围内的资源利用问题，以实现社会福利的最大化。

③研究方法不同。微观经济学的研究方法是个量分析，即研究经济变量的单项数值如何决定。而宏观经济学的研究方法则是总量分析，即对能够反映整个经济运行情况的经济变量的决定、变动及其相互关系进行分析。

④基本假设不同。微观经济学的基本假设是市场出清、完全理性、充分信息，认为“看不见的手”能自由调节实现资源配置的最优化。宏观经济学则假定市场机制是不完善的，政府有能力调节经济，通过“看得见的手”纠正市场机制的缺陷。

⑤中心理论和基本内容不同。微观经济学的中心理论是价格理论，还包括消费者行为理论、生产理论、分配理论、一般均衡理论、市场理论、产权理论、福利经济学、管理理论等。宏观经济学的中心理论则是国民收入决定理论，还包括失业与通货膨胀理论、经济周期与经济增长理论、开放经济理论等。

（七）观点辨析

1. 这种说法不正确。

西方经济学的本质是在意识形态上，宣传资本主义制度的市场合理性和优越性，从而加强该制度永恒存在的信念；总结资本主义的市场经济运行的经验，以便为改善其运行，甚至在必要时为拯救其存在提供政策建议。但是我们学习西方经济学，则基于以下目的：

（1）西方的经济理论同样值得我们重视，学习西方经济学，能明辨是非；

（2）对有用的东西，也要结合我国的国情进行考察，以决定其适用的程度和范围；

（3）随着中西方交往的日益频繁，我们需要学习西方经济学，以了解西方国情，特别是经济方面的情况；

（4）西方经济学构成了许多西方经济学科和课程的基础，这是西方经济学的作用。

2. 属于规范经济学问题，而不属于实证经济学问题。实证经济学说明和回答的问题是，经济现象“是什么”，即经济现象的现状如何。规范经济学是以一定的价值判断为出发点，提出行为的标准，并研究如何才能符合这种标准，它回答“应该是什么”的问题。由于人们的立场观点、伦理道德观点不同，对同一事物会有不同的看法。如人们的收入差距大一点好还是小一点好，个人根据自己的价值标准，可能有不同的回答。坚持效率优先的人会认为收入差距大一点好，因为这样可以提高效率；相反，坚持公平为重的人会认为，收入差距小一点好,因为这样可以体现收入均等化原则。可见,这个问题属于规范经济学范畴。

3. 人类的欲望是无穷的;用于满足欲望的资源是稀缺的;欲望无限性与资源稀缺性的矛盾决定选择是必要的。选择无处不在,选择无时不有。一个企业的资源是有限的,生产什么产品与劳务,这是一个选择;一个社会既要实现效率,又要实现公平,这还是一个选择。经济学就是一门研究如何用有限的资源来满足人类无穷欲望的科学,因此必须要决定如何用这些有限的资源去生产经济物品,以便更好地满足人类需求,这个过程就是选择,所以经济学会被称为"选择的科学"。

4. 经济理想主义认为人在经济生活中总是被个人利益或利己的动机所驱使,总能认真地对各种可能的抉择权进行比较,以便找出一个能使他耗费给定的代价取得最大限度的利益的所谓最优方案。在日常生活中,人们花费一定金钱买进消费品时总力求消费品提供最大效用,厂商经营总力求利润最大,要素出售者生产要素则力求收益最大。总之,人们无论从事何种经济活动,都力求能带来最大利益,带来最大限度的满足。一切头脑正常的人,即所谓理性的人都会这样行动,不可能有所谓"非理性"或"反理性"的行为。然而,理性行为不一定是自私自利的,更不一定是损人利己的。因为如果人们不把自私自利和损人利己作为自己行为所追求的目标,而把助人为乐看作自己行为准则的话,则自私自利和损人利己就不会成为他们的理性行为。当然,在自私自利或损人利己主义者看来,自私自利和损人利己行为就是理性行为。可见,如果我们说,理性行为不应该是自私自利或损人利己的行为,这种说法实际已经是规范性的而不是实证性的了。

(八)案例分析

1. 晋文公退避三舍

"理性经济人"说白了就是每个人都是很精明的,能够为自己谋取最大的利益。我们来看看故事里的历史人物是如何表现自己的理性的。晋文公无疑是本故事里最理性的人,一开始为了寻求庇护,跑到齐国,并且过着低调的生活以掩人耳目,然后再被偷偷送出齐国,流亡曹国。在受到曹国的"非礼"后,辗转来到楚国,并对楚成王做出"退避三舍"的承诺,而后楚成王将其送到秦国,多次辗转却安然无恙,无不说明晋文公是个很理性精明的人。故事里晋文公的弟弟为了自己的王位而追杀哥哥重耳,以及齐桓公和秦穆公款待晋文公等这些行为无不说明他们都是理性的。然而不是每个人都是理性的,像曹国公的行为,以及楚成王送走晋文公,造成日后楚国在城濮之战中败于晋国等,都说明了他们的行为是不理性的。

2. 邻人献玉

邻人献玉这个故事很简单,今天让我们从经济学的角度去仔细想想如下两个问题:第一,邻人凭什么能够"骗取"农夫手中的玉石;第二,工匠为何就认定这块玉石价值连城。其实邻人就是利用了农夫对玉石的信息不对称而轻而易举地获得了玉石。与农夫相反的是,邻人和工匠他们都对玉石是信息对称的,从而导致了两种完全不同的结果。如俗话说"买的不如卖的精",这就是说,卖家掌握的信息总比买家多,造成买家与卖家之间的信息不对称。卖家在允诺给买家各种优惠时,只有卖家自己心里清楚是不是真的优惠了。因此在学习了“信息不对称”这个经济学知识以后,大家在平时买东西时,特别是购买大件物品时,就要做到货比三家,尽可能多地收集信息,如可以通过问朋友或同事,也可以自己利用网络去查询,尽量减少信息的不对称,从而减少自己不必要的损失。

3. 无为而治的“文景之治”

在文帝和景帝两位皇帝的政策中,我们看到一个明显而又重要的主题,那就是“无为而治”。具体体现在以下几个方面。

第一,“黄老之学”的本质就在于“无为而治”,想通过“无为”而“无不为”,“与民生息”这个政策就是其具体表现。这实际上就是要求政府在经济发展中,不必插手太多事物,市场会在其自身机制下自主向前发展。

第二,在文帝和景帝的整个统治时期内,没有出现像今天这样规模宏大的中央财政刺激计划,所有的只是为农民减轻税负,为农业发展营造了一个积极向上的环境,也没有出现过度干预。

第三,在对外关系上,同样没有太多的“作为”,效果也很明显。当然,“文景之治”的时候,政府也不是完全不去干预经济的发展,例如在出现粮价下跌时,政府就通过增加购买来稳定粮食的价格,这又说明了政府是“有为”的。结合这个故事,我们会发现政府在经济发展中扮演着两种不同的角色,干预和放任,其中放任在经济学里有个专有的名词——“看不见的手”。

第二章 需求、供给及均衡价格

(一)选择题

1-5 CBBBD 6-10 BBBAD 11-15 BBDCD 16-20 BADAC 21-25 CBAAB
26-30 CCCAC 31-35 CADBB 36-37 BD

(二)多项选选题

1. ABD 2. ABCD 3. ABCD 4. ABCD 5. ABC 6. ABCD 7. ABCE 8. CD

(三)判断题

1-4 √√ × √

(四)名词解释

1. 需求:消费者在一定时期内在各种可能的价格水平下愿意而且能够购买的该商品的数量。

2. 供给:生产者在一定时期内在各种价格水平下愿意并且能够提供出售的该种商品的数量。

3. 需求规律:在其他条件不变的情况下,需求量与价格之间呈反向变动关系。

4. 供给规律:一般而言,在其他条件不变的情况下,某种商品的价格越高,生产者对该商品的供给量就越大;反之,商品的价格越低,供给量就越小。

5. 供求定理:均衡价格和均衡数量与需求同方向变动;均衡价格与供给反方向变动,均衡数量与供给同方向变动。

6. 均衡价格:一种商品的均衡价格是指该种商品的市场需求量和市场供给量相等时的价格。

7. 需求价格弹性:简称为价格弹性或需求弹性,指需求量变动对价格变动的反应程度,描述了价格变化百分之一,需求量的变动百分比,需求量变动是价格变动的倍数,大小等于需求量变化的百分比与价格变化的百分比的比值。

8. 需求收入弹性:需求的收入弹性表示在一定时期内消费者对某种商品的需求量变动对于消费者收入量变动的反应程度,或者说表示在一定时期内当消费者的收入变化百分之一时所引起的商品需求量变化的百分比。

9. 需求交叉价格弹性:表示在一定时期内一种商品的需求量的变动相对于它的相关商品的价格变动的反应程度。或者说表示在一定时期内当一种商品的价格变化百分之一时所引起的另一种商品的需求量变化百分比。

10. 供给价格弹性:表示在一定时期内一种商品的供给量的变动对于该商品的价格的变动的反应程度,或者说表示在一定时期内当一种商品的价格变化百分之一时所引起的该商品的供给量变化的百分比。

11. 最低限价:是指政府为了扶持某一行业的生产而规定的该行业产品的最低价格。最低价格总是高于市场均衡价格。

12. 最高限价:是指政府为了防止某些生活必需品的价格上涨而规定的这些产品的最高价格。最高价格总是低于市场均衡价格。

(五)填空题

1. 64　2. 同　3. 供给　4. 均衡　5. 价格　6. 上升　7. 6　8. 7.5　9. 0.5　10. 10
11. 4　12. 5/3　13. 提价　14. 富有弹性

(六)问答题

1.(1)一种商品的均衡价格是指该种商品的市场需求量和市场供给量相等时的价格。在均衡价格水平下的相等的供求数量被称为均衡数量。

(2)均衡价格的形成。商品的均衡价格表现为商品市场上需求和供给这两种相反的力量共同作用的结果,它是在市场的供求力量的自发调节下形成的。当市场价格偏离均衡价格时,市场上会出现需求量和供给量不相等的非均衡的状态。一般说来,在市场机制的作用下,这种供求不相等的非均衡状态会逐步消失,实际的市场价格会自动地恢复到均衡价格水平。当市场价格高于均衡价格时,会出现供大于求的局面。面对这种供给量大于需求量的商品过剩或超额供给的市场状况,一方面会使需求者压低价格来得到他要购买的数量,另一方面，又会使供给者减少商品的供给量。这样，该商品的价格必然下降，一直下降到均衡价格为止。相反地，当市场价格低于均衡价格时，会出现供不应求的局面。面对这种需求量大于供给量的商品短缺或超额需求的市场状况，一方面，迫使需求者提高价格来得到他所要购买的商品量，另一方面，又使供给者增加商品的供给量。这样，该商品的价格必然上升，一直上升到均衡价格的水平。由此可见，当实际价格偏离时，市场总存在着使实际价格变化的力量，最终达到市场的均衡价格。

2. 限制价格是政府为防止某种商品的价格上升而规定的低于市场均衡价格的最高限价。实行限制价格，会出现供不应求，发生短缺、排队、黑市、强迫替代等现象。为维持限制价格，政府往往采取配给制。

3. 一般来说，在其条件不变的情况下，商品的价格越高，消费者愿意并且能够购买的该商品数量（即需求量）越小；反之，商品的价格越低，需求量越大。在西方经济学中，这一特征被称为需求规律。满足需求规律的需求曲线向右下方倾斜。需求规律给出了消费者对商品需求的基本特征。但这并不意味着所有消费者的行为都严格服从这一规则。下面的三种情况可以作为需求规律的特例。第一，消费者需求某种商品的数量不受该商品价格的影响。此时，需求曲线是一条垂直于数量轴的直线。第二，消费者对商品价格的变动极其敏感，以至于价格升高时消费者的需求量为零，而价格降低时需求量趋于无穷大。此时，消费者的需求曲线是一条平行于数量轴的直线。第三，消费者的需求量随着商品价格的提高而增加。此时，消费者的需求曲线向右上方倾斜，比如名贵字画、积分商品等。

4. 与需求一样，生产者愿意并且能够提供的商品的数量与价格之间也具有一定的关系。一般而言，在其他条件不变的情况下，一种商品的价格越高，生产者对该商品的供给量就越大；反之，商品的价格越低，供给量就越小。这一特征被称为供给规律。供给规律表明，在其他条件不变的情况下，供给量与价格具有同方向变动的关系，因而生产者对一种商品的供给曲线向右上方倾斜。

与需求规律一样，供给规律也存在一些例外。例如，供给曲线可能是一条垂直于数量轴的直线。这类形状的供给曲线表明，无论商品的价格有多高，生产者只提供既定数量的商品。又例如，供给曲线也可能是一条平行于数量轴的直线。这类形状的供给曲线表明，在一个特定的价格下，生产者愿意供给任意数量的商品。

由此可见，并不是所有生产者对所有商品的供给都满足供给规律。这从一个侧面说明，经济学中的规律并不像自然科学中那样精确。正如马歇尔所说，经济学中的规律“不过是一种多少是可靠的和明确的一般命题或倾向的叙述而已”。

（七）观点辨析

1. 运输价格应该降低。因为大量运输的需求的价格弹性约为 1.6，即其需求富于弹性，价格的变化导致的需求量的变化程度较大。根据需求的价格弹性与销售者收入之间的关系，我们知道，若某种商品或劳务的需求是富于弹性的，则降低价格将为销售者带来较多的收入，而提高价格会使销售者的收入较前减少。因此应降低运输价格。

2. 气候不好对农民是否有利就是要看农民的总收入在气候不好的情况下如何变动。显然气候不好的直接影响是农业歉收，即农产品的供给减少，这表现为农产品供给曲线向左上方移动。若此时市场对农产品的需求状况不发生变化，即需求曲线固定不动，那么农产品供给的减少将导致均衡价格的上升。由于一般对农产品的需求缺乏弹性，根据需求的价格弹性与销售总收入之间的关系可知，价格的变化导致的需求量的变化程度较小。在需求状况不因气候不好发生变化，并且对农产品需求缺乏弹性的情况下，气候不好导致的农业歉收对农民增加收入是有利的。若需求状况也同时发生变化，或者需求不是缺乏弹性，那么农民将不会因气候不好而获得更多的收入。故对这个问题的回答依赖对弹性系数及需求状况所做的假设，一般不能笼统下判断。

3. 不正确。因为供给是条线，需求也是条线，供给等于需求，就是供给曲线与需求曲线重合，而这是不可能的，因为供求定理决定了需求曲线向右下方倾斜，供给曲线向右上方倾斜，这两条线永远不会重合，供给不会等于需求，均衡价格因此不是供给等于需求时的价格。均衡价格也不是“供给价格等于需求价格时的价格”，因为支持价格和限制价格时的供给价格都等于需求价格，但是它们肯定不在均衡点上。均衡价格更不是“供给量等于需求量时的价格”，因为买卖双方提供和需要的数量很可能相等，但是它们的价格往往谈不拢。所以均衡价格只能是供给曲线和需求曲线相交时的价格。它必须同时满足供给量等于需求量，供给价格等于需求价格这两个条件。

4. 餐饮业属于需求富有弹性（有替代品），中小学教科书属于需求缺乏弹性（由教育部门指定，无替代品）。对于需求富有弹性的商品而言，价格与总收益呈反方向变动，即降价可使总收益增加；对于需求缺乏弹性的商品而言，价格与总收益呈同方向变动，即降价会使总收益减少。需求富有弹性的商品可以降价促销，而需求缺乏弹性的商品不能降价促销。

5. 对这个问题的回答可以借助如下关于点弹性的公式：

$$E_{\mathrm{d}}=-\frac{\mathrm{d}Q}{\mathrm{d}P}\cdot\frac{P}{Q}$$

在上式中，P 和 Q 一起对应着需求曲线上的既定点，而 $\mathrm{d}Q/\mathrm{d}P$ 是这一点上需求量关于价格的导数，即需求曲线的斜率，所以上述弹性系数只与需求曲线上该点处的性质有关。

根据这个公式，在同一条需求曲线上，弹性值不仅取决于需求曲线的斜率，而且与需求曲线上的特定点有关系。在 P 和 Q 给定的条件下，需求曲线斜率 $\mathrm{d}Q/\mathrm{d}P$ 的绝对值越大，即需求曲线相对于价格轴越陡峭、相对于数量轴越平缓，价格弹性值就越大；反之，需求曲线相对于价格轴越平缓、相对于数量轴越陡峭，需求的价格弹性就越小。这适用于对过同一点的两条需求曲线的弹性进行比较。

（八）案例分析

1. 多收了三五斗

为什么会发生这种奇怪的现象？这其中蕴含着一个有趣的机理。我们知道，需求数量与商品价格之间存在一定的依存关系，这是需求定理的解释，然而不同商品需求数量的变动相对于价格的反应程度是不一样的,就粮食这种必需品而言,消费者对于价格变动的反应是比较迟钝的,一般来说价格下降的幅度大于销售量上升幅度,这种情况之下农民的收益必然会下降。

2. 洛阳纸贵

这是个典型的"供求关系影响价格波动"的例子,因为左思的《三都赋》写得很好,所以在当时的社会中人们争先渴求一观,造成了需求量上涨的情况。而供应商正是看到了短期内人们的需求量急增的状况,趁机涨价,造成了短时间内"洛阳纸贵"的情况。但是根据经济学原理,长期的供求关系最终会趋于稳定,回到原有的价格,所以洛阳纸贵只是短期的情况,长时间内会回到原有价格。

第三章 消费者选择

(一)单项选择题

1-5 DDCCB 6-10 ACDBD 11-15 CCDCA 16-20 CBADD 21-25 CDCCC
26-30 BCBBA 31-35 CBCAB 36-40 ABBCC 41-45 BBACB 46-47 AA

(二)多项选择题

1. BD 2. BCDE 3. ACD 4. AC

(三)判断题

1-5 ×××√√ 6-10 ×××√× 11-13 ×√√

(四)名词解释

1. 边际效用:指消费者在一定时间内增加一单位商品的消费所得到的效用量的增量。

2. 边际效用递减规律:在一定时间内,在其他商品的消费数量保持不变的条件下,随着消费者对某种商品消费量的增加,消费者从该商品连续增加的每一消费单位中所得到的效用增量即边际效用是递减的。

3. 无差异曲线:用来表示消费者偏好相同的两种商品的所有组合,或者说用来表示能够给消费者带来相同的效用水平或满足程度的两种商品的所有组合。

4. 消费者均衡:是研究单个消费者如何把有限的货币收入分配在各种商品的购买中以获得最大效用的。

5. 消费者剩余:消费者在购买一定数量的某种商品时愿意支付的最高总价格和实际支付的总价格之间的差额。

6. 商品的边际替代率:在维持效用水平不变的前提下,消费者增加一单位某种商品的消费数量时所需要放弃的另一种商品的消费数量,被称为商品的边际替代率。

7. 市场需求曲线:一种商品的市场需求量是每一价格水平上的该商品的所有个人需求

量的总和。由于消费者需求曲线一般向右下方倾斜,所以市场需求曲线一般也向右下方倾斜。同时在单个消费者的需求曲线上的任何一点表示消费者在相应的价格水平上选择获得最大的满足程度的需求量,因而在市场需求曲线上的任何一点都表示在相应的价格水平上,可以给全体消费者带来最大效用水平或满足程度的市场需求量。

(五)填空题

1. 30 单位,20 单位,600　2. 9 和 0.5　3. 9 单位,12 单位,1 296

(六)问答题

1. 总效用是指在一定时间内消费者从消费商品或服务中获得的效用满足总量;边际效用是指在一定时间内消费者从增加一单位商品或服务的消费中所得到的效用增加量。总效用是消费者在这一时间内所消费的每一单位商品或服务得到的效用加总。很显然,一个消费者消费特定商品获得的总效用取决于消费商品的数量。边际效用是消费者增加一单位商品消费所产生的增加的效用,消费商品的数量不同,增加的效用也不同,所以边际效用与消费商品的数量密切相关。边际效用表示了总效用的改变率,而每一单位商品的边际效用之和构成了这些商品的总效用。

2. 第一,无差异曲线有无数多条,每一条都代表着消费者消费商品组合可以获得的一个效用水平,并且离原点越远,无差异曲线代表的效用水平就越高。

第二,任意两条无差异曲线都不会相交。如果两条无差异曲线相交,就会导致逻辑上的错误。

第三,无差异曲线向右下方倾斜。它表明,随着一种商品数量的增加,另一种商品数量的减少,消费者也可以获得与原来相同的满足程度。因此,在效用水平保持不变的条件下,一种商品数量的增加意味着对另外一种商品产生了替代。所以,无差异曲线向右下方倾斜表明两种商品之间存在替代关系。

第四,无差异曲线凸向原点。凸向原点意味着,随着一种商品数量的增加,另外一种商品减少的数量越来越小,即一种商品对另外一种商品的替代能力越来越弱。

3. 效用是指消费者在消费商品时所感受到的满足程度,并且这种满足程度纯粹是一种消费者主观心理感觉。效用有基数效用和序数效用之分。基数效用论认为,效用的大小可以用设想的数字来表示,并加以计算和比较。如消费者消费第一个包子的效用为 5,第二个包子的效用为 4,因此第一个包子比第二个包子的效用大 1。序数效用论认为,效用仅仅是次序概念,而不是数量概念,因此在分析商品效用时,无法用具体数字来描述商品效用,只能用第一、第二等序数来说明各种商品效用谁大谁小或相等。虽然基数效用论和序数效用论在效用的认识方法上存在差异,但是它们说明的问题和得出的结论却是一致的。它们都认为边际效用具有递减规律,都能用各自的方法推导出商品需求曲线,只是它们用来表述的工具不同。其中,基数效用论的工具是边际效用,而序数效用论的工具是无差异曲线。

4. 无差异曲线是用来表示两种商品的不同数量组合给消费者带来的效用完全相同的一条曲线。预算线是一条表明在消费者收入与商品价格既定的条件下,消费者所能购买到的两种商品数量最大组合的线。消费者均衡发生在无差异曲线与预算线相切的位置。在切点对应的两种商品的组合能给消费者带来最大的效用。同时切点满足 $MU_X/P_X=MU_Y/P_Y$ 这一条件。

5. 在维持效用水平不变的前提下,消费者增加一单位某种商品的消费量时所需要放弃的另一种商品的消费量,被称为商品的边际替代率。

边际替代率意味着为增加一单位的商品 X 的消费量,而必须放弃的另一种商品 Y 的消费量是递减的。这是因为,随着商品 X 的消费的增加和商品 Y 的消费的减少,商品 X 的边际效用 MU_X 递减,商品 Y 的边际效用 MU_Y 递增,为使总效用不变,减少的 MU_X 须等于增加的 MU_Y。既然 MU_X 递减,那么, MU_Y 的增加也应递减,总效用才不会变化。又因为商品 Y 的减少导致 MU_Y 递增,所以,商品 Y 的减少应放缓,即需要放弃的商品 Y 的数量递减。

6. 正常品价格对正常品的需求有两个方面的影响,即替代效应和收入效应。

从替代效应来看,正常品价格下降使得对该商品的需求量增加,反之,正常品的价格上升使得对该商品的需求量减少。因此,正常品价格变动对其本身需求所产生的替代效应使得需求量与价格呈反方向变动。

从收入效应来看,正常品价格下降使得消费者的实际收入增加,而伴随着收入增加,消费者对正常物品的最优消费数量也增加。因此,作为正常品的价格下降对该商品需求所产生的收入效应一定使得该商品的需求量增加,反之,正常品的价格上升使得对该商品的需求量减少。因此,正常品价格变动对其本身需求所产生的收入效应使得需求量与价格呈反方向变动。

由于无论从替代效应还是从收入效应上看,正常品价格的下降都会使得对它的需求量增加,故正常品的需求曲线是向右下方倾斜的。

(七)观点辨析

1. 没有违反边际效用递减规律。边际效用是指物品的消费量每增加(减少)一个单位所增加(减少)的总效用量,这里"单位"是指一完整的商品单位,因此四个轮子的车才是一个完整的单位, 每一个轮子都不是一个有效用的单位,所以不能说第四个轮子的边际效用超过第三个轮子。

2. 在社会生活中对于幸福不同的人有不同的理解,政治家把实现自己的理想和抱负作为最大的幸福;企业家把赚到更多的钱当作最大的幸福;教师把学生喜欢听自己的课当作最大的幸福;老百姓往往把平平淡淡衣食无忧作为最大的幸福。幸福是一种感觉,自己认为幸福就是幸福。总体而言,一个人的欲望水平与实际水平之间的差距越大,他就越痛苦。反之,就越幸福。

(八)案例分析

1. 钻石和木碗

效用论认为,效用不是物品的客观属性,而是个人在使用该物品时所体验到的愉快或防止痛苦的满足程度。一种商品或劳务对消费者是否有效用,取决于消费者对这种商品或劳务是否有消费欲望,以及这种商品和劳务是否有满足消费者欲望的能力。同一物品对不同消费者的满足感是不一样的,因人而异,所以酋长最后把最珍贵的礼物——木碗送给了富人。

2. 朱元璋与"珍珠翡翠白玉汤"

"适可而止""过犹而不及"等都说明了边际递减规律。既然存在边际递减规律,那么我们就要尽量去减少这种现象,从而减少不必要的资源浪费,毕竟资源是稀缺的。

3. 价值悖论

商品价格由 $P=MU/\lambda$ 决定,由于 MU 为货币的边际效用,是既定值,则随着产品消费量的增加,人们愿意支付的价格也不断下降。由于世界上水的数量很大,所以水的边际效用很小,人们只愿意支付非常低的价格,钻石用途虽然不大,但数量小,边际效用高,因此价格昂贵。

4. 手机款式为什么变化那么快

从经济学的理论看消费者连续消费某一款式的手机给消费者所带来的边际效用是递减的。如果企业连续生产同一种型号的手机,它带给消费者的边际效用就在递减,消费者愿意支付的价格就会降低。因此,企业的产品要不断创造出多样化的产品,即使是同类产品,只要不相同,就不会引起边际效用递减。

5. 我们为什么要讨价还价

消费者希望通过讨价还价,获得更多的消费者剩余,消费者剩余是指消费者从商品的消费中得到的满足程度超过他实际付出的价格部分。简单的公式是:消费者剩余 = 消费者愿意付出的价格 - 消费者实际付出的价格。消费者剩余是主观的,并不是消费者实际货币收入的增加,仅仅是一种心理上满足的感觉。消费者在平时就必须注意游览和观察各种商品的价格和供求情况,在购买重要商品时至少要货比三家并与其卖主讨价还价,最终恰到好处地拍板成交,获得消费者剩余。

6. 每一分钱都用在刀刃上

消费者均衡就是消费者购买商品的边际效用与货币的边际效用相等。这就是说消费者的每一元钱的边际效用和用一元钱买到的商品边际效用相等。我们前边讲到商品的连续消费边际效用递减,其实货币的边际效用也是递减的。在收入既定的情况下,存的货币越多,购买的物品就越少,这时货币的边际效用下降,而物品的边际效用在增加,明智的消费者就应该把一部分货币用于购物,增加它的总效用;反过来,消费者则卖出商品,增加货币的持有,也能提高它的总效用。经济学家的消费者均衡的理论看似难懂,其实一个理性的消费者的消费行为已经遵循了消费者均衡的理论。

7. 五袋谷物的使用

(1)这五袋谷物的不同用途,其重要性是不同的。假如以数字来表示的话,将维持生存的那袋谷物的重要性可以确定为 12,其余的依次确定为 10、8、6、4。

(2)如果一袋谷物遭受了损失比如被小偷偷走了,这位农民面前只有一条唯一合理的道路,即用剩下的四袋谷物供应最迫切的四种需要,而放弃最不重要的需要,或者说是放弃边际效用。边际效用取决于需要和供应之间的关系。要求满足的需要越多越强烈,可以满足这些需要的物品量越少,那么得不到满足的需要就越重要,因而物品的边际效用就越高。反之,边际效用和价值就越低。边际效用递减规律给企业经营的启发规律是要进行不断的创新和发展,只有不断地创新和发展企业,才能使效用维持在较高水平,给企业带来更高的经济效用。

第四章　生产理论与成本理论

(一)单项选择题

1-5 CADAC　6-10 BABDD　11-15 AACAB　16-20 AAABD　21-25 BBDCB
26-30 DCCCB　31-35 ADAAA　36-40 BACCA　41-44 ACCC

(二)多项选择题

1. ABCD　2. ABD　3. ABC　4. ACD　5. CE　6. ACDE　7. ABCE　8. BCE
9. AD　10. ABCDE　11. ACD　12. BD　13. BC　14. ABD　15. AD

(三)判断题

1-5 ×√√√×　6-10 ×√√×√　11-15 √√×××　16-19 √√××

(四)重点名词

1. 生产函数:是指在一定时期内,在技术水平不变的条件下,生产中所使用的各种生产要素的数量与所能生产的最大产量之间的关系,简单的生产函数可表示为:$Q=f(K,L)$。

2. 等产量曲线:是在技术水平不变的条件下生产同一产量的两种生产要素投入量的各种不同组合的轨迹,与等产量曲线相对应的生产函数为:$Q=f(L,K)$

3. 边际技术替代率:在维持产量水平不变的条件下,增加一单位的某种要素投入量时减少的另一种要素的投入数量,被称为边际技术替代率($MRTS_{LK}=-\Delta K/\Delta L$,$\Delta K$ 和 ΔL 分别表示资本投入的变化量和劳动投入的变化量)。等产量曲线上某一点的边际技术替代率就是等产量曲线在该点的斜率的绝对值。边际技术替代率等于两要素的边际产量比。

4. 边际技术替代率递减规律:在维持产量不变的前提下,当一种生产要素的投入量不断增加时,每一单位的这种生产要素所能替代的另一种生产要素的数量是递减的。这一现象被称为边际技术替代率递减规律。等产量曲线上某一点的边际技术替代率等于产量曲线在该点的斜率的绝对值。边际技术替代率递减规律使得向右下方倾斜的等产量曲线必然凸向原点。

5. 边际报酬递减规律：在技术水平不变的条件下，在连续等量的把一种可变生产要素增加到一种或几种数量不变的生产要素上的过程中，当这种可变生产要素的投入量小于某一特定值时，增加该要素投入所带来的边际产量是递增的；当这种可变要素的投入量连续增加并超过这个特定值时，增加该要素投入所带来的边际产量是递减的。

6. 等成本曲线：等成本曲线是指在一给定的时期内，在现行市场价格上，厂商花费同样的总成本所能够购买的两种要素使用量的所有可能的组合。等成本曲线可写成：$W \cdot L+R \cdot K=C$。

7. 最优生产要素组合：最优生产要素组合是指以最小的成本生产最大产量的要素组合。在现实的生产经营决策中，要素的最优组合，又具体表现为这样两种情况：一是在成本既定条件下，产量最大的要素组合；二是在产量既定条件下，成本最低的要素组合。实现最优组合的条件为：$MP_L/W=MP_K/R$。

8. 机会成本：机会成本是指将一定的资源用于某项特定用途时，所放弃的该项资源用于其他用途时所能获得的最大收益。

9. 显性成本：是指厂商为生产一定商品而在要素市场上购买生产要素所支付的实际费用。

10. 隐性成本：是指厂商在生产过程中使用自身所拥有的那些生产要素的价值总额。

11. 规模经济：在企业生产扩张的开始阶段，厂商由于扩大生产规模而使经济效益得到提高。

12. 规模不经济：当企业生产扩张到一定的规模以后，厂商继续扩大生产规模，就会使经济效益下降。

13. 外部经济：外界环境改善给个别厂商带来产量与收益的增加，LAC 下移。

14. 外部不经济：外界环境恶化给个别厂商带来产量与收益的减少，LAC 上移。

（五）填空题

1. 10，8，0　2. 6　3.（1）L=1 000，K=1 000，Q=1 000　（2）L=800，K=800，C=2 400
4.（1）120，150　（2）$25 \leqslant L \leqslant 40$

（六）问答题

1. 第一，总产量曲线、平均产量曲线和边际产量曲线都是先向右上方倾斜，而后向右下方倾斜，即先上升而后分别下降。

第二，总产量曲线和边际产量曲线的关系：当边际产量为正时，总产量是递增的；当边际产量为零时，总产量达到最大；当边际产量为负时，总产量开始递减。

第三，边际产量曲线和平均产量曲线的关系：边际产量曲线和平均产量曲线相交于平均产量曲线的最高点。相交前，边际产量大于平均产量（$MP > AP$），平均产量曲线是上升的；

相交后，边际产量小于平均产量（$MP < AP$），平均产量曲线是下降的；相交时，边际产量等于平均产量（$MP= AP$）。

2. 边际报酬递减规律适用的条件有三个。

第一，边际报酬递减规律发挥作用的条件是生产技术水平保持不变。这一规律只能在生产过程中所使用的技术没有发生重大变革的前提下才可能成立。如果出现技术进步，边际报酬递减规律可能不再成立。

第二，边际报酬递减规律只有在其他生产要素投入数量保持不变的条件下才可能成立。如果在增加可变要素投入的同时，增加其他生产要素投入，那么这一规律也可能不再成立。

第三，边际产量递减在可变要素投入增加到一定程度之后才会出现。边际产量并非一开始就会出现递减，原因在于，生产过程中存在着固定不变的要素投入，在可变要素投入数量很低时，不变要素投入相对过剩，增加一单位可变要素投入可以使得固定不变的生产要素得到更加有效的使用，因而产量的增加也会增加。但随着可变要素投入不断增加，不变要素投入相对不足，从而对产量增加形成制约。在这种情况下，可变要素的边际产量就会出现递减。因此，边际报酬递减规律要在可变要素投入增加到一定程度之后才会发挥作用。

3. 生产的三个阶段是根据产量的变化将生产过程划分为平均产量递增、平均产量递减和边际产量为负三个阶段的。

第一阶段，可变要素投入增加至平均产量达到最大。在此阶段部产量和平均产量都是递增的，所以理性的生产者不会选择减少这一阶段的劳动投入量，而会继续增加劳动投入量。

第二阶段，平均产量开始递减至边际产量为零。在此阶段，平均产量和边际产量都处于递减阶段，但总产量是增加的，且可达到最大。

第三阶段，总产量开始递减，边际产量为负。在此阶段，总产量开始下降，所以理性的生产者不会选择增加这一阶段的劳动投入量，而是会减少劳动投入量。

综上所述，理性的生产者不会选择在第一阶段和第三阶段进行生产，必然选择在第二阶段组织生产，即只有第二阶段是可变要素投入的合理区域。但在这一区域中，生产者究竟投入多少可变要素可生产多少，必须结合成本函数确定。

4. 机会成本是指某项资源用于一种特定用途时而不得不放弃掉的其他机会所带来的成本，通常由这项资源在其他用途中所能得到的最高收入加以衡量。例如，假定企业使用自己拥有的办公大楼，那么在会计人员看来，大楼当期并没有发生实际支出，因而没有成本。但是在经济学家看来，如果将大楼出租，将会获得租金，企业自己使用无疑损失了将大楼出租获取租金的机会。如果在分析期内这栋办公大楼最多可以获得 100 万元的租金收入，那么这 100 万元就构成了企业的机会成本。

区分机会成本和会计成本对于分析企业的决策具有重要意义。这是因为，会计成本记录的是企业在过去一段时间内生产和经营过程中的实际支出，通常只被用于对以往经济行为进行审核和评价。而经济学家分析成本的目的在于考察企业的决策，进而分析资源配置的结果及效率，所以经济学中对成本的使用重在衡量稀缺资源配置于不同用途上的代价。

这涉及使用一项资源或做出一项选择放弃的机会，即机会成本的概念。

(七)观点辨析

1. 一个企业主在考虑再雇佣一名工人时，在劳动的平均产量和边际产量中他将更关心劳动的边际产量。厂商的理性决策在劳动的第二阶段，在这个区域中，劳动的平均产量及边际产量都是递减的，但其中却可能存在着使利润极大化的点，劳动第二阶段的右界点是使劳动的边际产量为零的点。因此，只要增雇的这名工人的边际产量大于零，即能够带来总产量的增加，企业主就可能雇佣他。

2. 上述说法不正确。

机会成本仅是选择的代价，是指具有多种用途的一定资源，用于某一用途，而放弃的其他用途中所能得到的最高收益。机会成本是经济学中的一个重要术语，就是为了得到某种东西所必须放弃的其他东西。也就是在一个特定用途中使用某种资源，而没有把它用于其他可供选择的最好用途上所放弃的利益。机会成本是因选择行为而产生的。中国有句古语为，两利相权取其重，两害相权取其轻。在两个市场价值利益中作选择，当然要选择更大的。我们在经济决策中确实要重视市场价值的其他选择，并反复衡量，以获得最大利益。但从本质上讲，机会成本不是劳动付出，是市场价值选择。

3. 不是。英国农学家杨格就用在相同面积的土地上施以不同量肥料的试验，证明了肥料施用量与产量增加之间存在着这种边际产量递减的关系。这不是偶然的现象而是经验性的规律。用两种(或两种以上)生产要素相结合生产一种产品时，如果其中一种要素是可以变动的，那么，在其他条件不变的情况下，随着这一可变要素连续等量地增加，其边际产量开始会出现递增的现象，但在达到一定数量后，会呈现递减现象。这就是经济学中著名的边际产量递减规律。

(八)案例分析

1. 三个和尚没水喝

在生产中普遍存在这么一种现象，在技术水平不变的条件下，连续等量地把某一种生产要素投入到生产过程中，最初带来的边际产出是递增的，一旦超过某一定值，每增加一单位投入所带来的边际产出是递减的。一个和尚挑水吃，两个和尚抬水吃，三个和尚没水吃，粗放式的人力投入只会造成边际报酬递减。在生产中，边际报酬递减的例子十分常见。比如，在建房时，如果建材、建筑设备等其他投入不变，随着人工的增加，建造速度可能会加快；但人数增多到某一数量后，此时再增加人力，不仅不会加快建造速度，反而会“人多手脚乱”而延缓工期。又如，在农田里撒化肥可以增加农作物的产量，当向一亩农田撒第一个 100 公斤化肥的时候，增加的产量最多，撒第二个 100 公斤化肥的时候，增加的产量就没有第一个 100 公斤化肥增加的产量多，撒第三个 100 公斤化肥的时候增加的产量就更少甚至减产，也就是说，随着化肥使用量的增加，增产效应越来越低。

建议减少劳动的投入量，做到要素组合的投入量在合理区间。

2. 积土成山，风雨兴焉；积水成渊，蛟龙生焉启示

“积土成山，风雨兴焉；积水成渊，蛟龙生焉。”（引自《荀子·劝学》）荀子这一朴素辩证法思想反映到经济学中就是“规模经济效应”，即通过不断扩张生产和积累自身优势以达到最优规模，从而使经济效益得到提高，形成“滚雪球”式的赢利模式。当前全球一体化趋势掀起的企业并购高潮，越来越显露出大型跨国公司在世界经济舞台的主角地位。

3. 干洗店的成本类型分析

经济总成本 = 显性成本 + 隐性成本，其中显性成本包括：购买设备款、工人工资、水费电费和干洗的材料支出。隐性成本是自己家的店面，用于自我使用，机会成本的角度获取的租金。

4. 鱼与熊掌不可兼得

俗话说：天上不会掉馅饼；世上没有免费的午餐。任何经济活动必须消耗资源，而一切资源又都是稀缺的，在使用一种稀缺资源获得某种收入的同时放弃在其他方面所能得到的更高收入，称为“机会成本”。通过比较机会成本，可以使资源从效率低的用途转移到效率高的用途上。因此，以机会成本来估算生产中的各种成本，对于社会主义条件下的整个经济或单个部门、单个企业的资源配置，不管是理论研究还是实际应用都具有参考价值。有学者指出，目前我国大多数低效运行的国企所消耗的原材料、燃料、动力的机会成本是大得惊人的，应予以高度重视。撇开“机会成本”不论，“鱼与熊掌不可兼得”的矛盾在经济上也是很普遍的，譬如银行业中“流动性”与“安全性”的矛盾，“安全性”与“效益性”的矛盾，经济活动中“效率”与“公平”的矛盾，等等。

5. 大的是美好的还是小的是美好的？

企业大有大的好处，小也有小的好处，要具体问题具体分析。从外在条件来说要分析本行业的技术特点和市场需求特点，一些行业规模大些好，但有些行业规模小些可以适应需求复杂的条件，经营会更有利。从内在条件来说，要分析自己的资金和人员实力。有些企业资金雄厚、高素质人才充足，企业规模可以做大，但如果企业筹资能力有限，或者管理能力不够，做得越大反而越困难。我国经济中一些企业该大的没有做大，该小的没有做小，致使这些企业效益不理想。在条块分割的体制下，各地区强调自己的发展和利益，许多地方不顾实际情况上钢铁厂、化工厂、汽车厂等五小企业，结果规模都不大，效益差。一些该分散、灵活的企业，如零售、服务业反而做得很大。在市场经济的今天，仍然有一些人不顾条件限制想把企业做大，包括人为强迫合并，或不顾条件限制进行多元化经营。其实企业大小也是市场竞争的结果，人为干预只会违背经济规律。

6. 农业生产的应用

农业生产是最能反映边际报酬递减规律的生产领域。在农业生产中，固定生产要素为

土地,可变要素为人工、农业物资如化肥、种子、农业机械等。在一个固定生产要素上,产量总会有个最大限度。这也意味着,增加可变要素时,产量的增加必然呈递减趋势。

7. 上大学值得吗?

从经济学角度出发,成本有两种,一种是实际发生的成本,即会计成本;另一种是机会成本。会计成本是厂商在生产过程中按市场价格直接支付的一切费用,这些费用一般均可以通过会计账目反映出来。利用这个原理我们计算一个大学生上大学四年的会计成本是上大学的学费、书费和生活费,按照现行价格标准,一个普通家庭培养一个大学生的费用之和是4万。机会成本是为了得到某种东西而放弃的成本。大学生如果不上学,找份工作,按照现行劳动力价格标准假如也是4万,也就是说一个大学生上大学四年的机会成本为4万。大学生上大学的经济学概念的成本是8万。上大学成本这么高,为什么家长还选择让孩子上大学,因为这符合经济学理论,收益最大化原则。不上大学18岁工作,工作到60岁,平均年收入是1万,共42万。上大学22岁工作,工作到60岁,平均年收入是2万,共76万,减去上大学经济学成本8万,还剩68万。这还没考虑高学历带来的名誉、地位等其他效应。因此,家长会让孩子上大学。

第五章 完全竞争市场

(一)单项选择题

1-5 CADBA 6-10 DDACA 11-15 BBDBD 16-20 CBDCC 21-25 CBADA 26-27 AA

(二)多项选择题

1. BD 2. ABCD 3. ACD

(三)判断题

1-3 √ × ×

(四)名词解释

1. 完全竞争市场:完全竞争市场必须具备以下四个条件:第一,市场上有大量的买者和卖者。第二,市场上每一个厂商提供的商品都是同质的。第三,所有的资源都具备完全的流动性。第四,信息是完全的。

2. 完全竞争市场厂商所面临的需求曲线:完全竞争市场厂商所面临的需求曲线是一条由既定的市场价格水平出发的水平线。

3. 边际收益:边际收益指厂商增加一单位产品销售所获得的总收入的增量。

4. 成本不变行业:成本不变行业是这样一种行业,该行业的产量变化所引起的生产要素需求的变化,不对生产要素的价格产生影响。

5. 成本递增行业：成本递增行业是这样一种行业，该行业的产量变化所引起的生产要素需求的变化，会导致生产要素价格的上升。

6. 成本递减行业：成本递减行业是这样一种行业，该行业的产量变化所引起的生产要素需求的变化，反而使生产要素的价格下降了。

7. 生产者剩余：生产者剩余指厂商在提供一定数量的某种产品时实际接受的总支付和愿意接受的最小总支付之间的差额。

（五）填空题

1. 等于　2. 大　3. 不变

（六）问答题

1. 如果 $MR>MC$，意味着厂商每多生产一单位产品，销售所增加的收益大于多生产这一单位产品所增加的成本，由于多生产一单位产品有利可图，厂商会继续生产，以增加利润或减少亏损。如果 $MR<MC$，意味着厂商每多生产一单位产品用于销售所增加的收益小于多生产这一单位产品所增加的成本，由于多生产一单位产品已经亏损，厂商会减少生产，以减少亏损或增加利润。而当 $MR=MC$ 时，厂商生产的最后一单位产品既不盈利也不亏损，从而利润达到最大或亏损最小。所以 $MR=MC$，即厂商生产最后一单位产品的收益等于生产这一单位产品的成本时，实现了利润最大化。（另一答案：通过求导解出厂商利润最大化的原则是 $MR=MC$）

2. 对完全竞争厂商来说，有 $P=MR$，所以，完全竞争厂商的短期均衡条件又可以写为 $P=MC$。此式可以这样理解：在每一个给定的价格水平 P，完全竞争厂商应该选择最优的产量 Q，使得 $P=MC$ 成立，从而实现最大的利润。这意味着在 P 和 Q 之间存在着一一对应的关系，而厂商的 SMC 曲线恰好准确地表明了这种商品的价格和厂商的短期供给量之间的关系。但厂商只有在 $P \geqslant AVC$ 时，才会进行生产，而在 $P<AVC$ 时，厂商会停止生产。所以，厂商的短期供给曲线应该用 SMC 曲线上大于和等于 AVC 曲线最低点的部分来表示。

3. 第一，市场上厂商的数量；第二，厂商所生产的产品的差别程度；第三，单个厂商对市场价格的控制程度；第四，厂商进入或退出一个行业的难易程度。其中第一个因素和第二个因素是最基本的决定因素。

（七）观点辨析

1. 短期内不应该，长期内应该。

（1）完全竞争厂商进行生产时，短期内出现亏损，未必要停止生产。其原因是：在短期内，完全竞争厂商的暂时停止营业点的条件是 $P=AVC_{min}$。在这种情况下，厂商生产或不生产的结果都是一样的。这是因为如果厂商生产的话，则全部收益只能弥补全部的可变成本，不变成本得不到任何弥补，如果厂商不生产的话，厂商虽然不必支付可变成本，但是全部不变成本仍然存在。由于在这一均衡点上，厂商处于关闭企业的临界点，所以该点被称作停止营业点。

在短期，如果 $AVC_{\min} \leqslant P \leqslant AC$，这时完全竞争厂商会出现亏损，但是，此时从事生产仍是有利的，因为从事生产除了可以弥补全部可变成本外，还弥补一部分固定成本。因此，此时尽管出现了亏损，厂商未必要停止生产。

（2）在长期内，如果出现亏损，则厂商应该停止生产。其原因为：厂商可以通过在长期中调整生产要素而获得收益，当在长期中市场价格低于长期平均成本时，厂商会退出市场。因为在长期中，当厂商获得利润时，行业外的厂商进入该行业，市场上的供给就增加，市场价格下降。相反，当市场价格低于长期平均成本时，厂商经营不能获利，市场必须减少供给才能使价格上升到长期平均成本，在这个条件下，厂商可能退出市场。

2. 从理论上说延长时间 1 小时，就要支付 1 小时所耗费的成本，这种成本既包括直接的物耗，如水、电等，也包括由于延时而需要的售货员的加班费，这种增加的成本就是边际成本。假如延长 1 小时增加的成本是 1 万元（包括成本和正常利润）那么在延长的 1 小时里他们由于卖出商品而增加收益大于 1 万，作为一个精明的企业家他还应该将营业时间在此基础上再延长，因为他还有一部分该赚的钱还没赚到手。相反如果他在延长 1 小时里增加的成本是 1 万，增加的收益不足 1 万，他在不考虑其他因素的情况下就应该取消延时的经营决定，因为他延长一小时的成本大于收益。

3. 因为每一次飞机起飞运行所需的费用都是基本一样的，但是每一次的客坐率不一样。例如一架飞机有 400 个座位，但是航空公司不能确保这一次航班的乘客有多少名，如果数目接近 400，那么航空公司不仅确保了能盈利而且盈利空间还会很大；但是如果数目太少则恰好相反。如果提前很多天订票，那么航空公司能确定的订票率就高，所以会提供很高的折扣。如果是起飞前几天订，则表示乘客急需该机票且没有什么选择的空间，所以机票肯定就不怎么有折扣了。但是到快起飞时又不一样了，在保本的前提下，航空公司能卖就卖了，所以机票的价格又会很低。

（八）案例分析

1. 狡猾的农场主

不同意。因为即使农场主亏损，也会收割小麦。他的总收益（3.5 万美元）超过了可变成本（支付给工人的 3 万美元），数月前用来支付种子和化肥的 2 万美元固定成本已经是沉淀成本了，在决定是否收割小麦时是可以忽略不计的。因此，由于农场主的总收益超过了可变成本，所以即使工人们不接受降低工资的建议，他仍会收割小麦。

2. 猴子的故事

故事中的猴子可以看作市场理论中的厂商，大树是行业，果子是厂商在行业中经营可以获得的利润。猴子们争夺果子之后，昔日喧闹的大树，恢复了平静。可以理解为厂商之间通过争夺利润，达到了长期均衡状态。其中有一些猴子在“苦苦挣扎”，可以看作市场理论中的一些厂商生产要比不生产好。

3. 政府办的大型养鸡场为什么赔钱

在鸡蛋这样的完全竞争市场上，短期中如果供大于求，整个市场价格低，养鸡可能亏本。如果供小于求，整个市场价格高，养鸡可以赚钱。但在长期中，养鸡企业（包括农民和大型养鸡场）则要对供求做出反应：决定产量多少和进入还是退出。假设由于人们受胆固醇不利于健康这种宣传的影响而减少鸡蛋的消费，价格下降，这时养鸡企业就要做出减少产量或退出养鸡业的决策。假设由于发生鸡瘟，供给减少，价格上升，原有养鸡企业就会扩大规模，其他人也会进入该行业。在长期中通过供求的这种调节，鸡蛋市场实现了均衡，市场需求得到满足，生产者也感到满意。这时，各养鸡企业实现成本（包括机会成本在内的经济成本）与收益相等，没有经济利润。在完全竞争市场上，企业完全受市场支配。由于竞争激烈，成本被压得相当低。生产者要对市场供求变动做出及时的反应。换言之，在企业无法控制的市场上，成本压不下来或调节能力弱，都难以生存下去。大型养鸡场的不利是由于压低成本和适应市场的调节能力远远不如农民养鸡者。

第六章　不完全竞争市场

（一）单项选择题

1-5 ACBAA　6-10 AABBB　11-15 BACCA　16-20 ACCBC

（二）多项选择题

1. BCD　2. ABC　3. BC

（三）判断题

1-3 × √ ×

（四）名词解释

1. 不完全竞争市场：在西方经济学中，不完全竞争市场是相对完全竞争市场而言的，除了完全竞争市场以外的所有的或多或少的带有一定垄断因素的市场都被称为不完全竞争市场。不完全竞争市场分为三种类型，它们是垄断市场、寡头市场和垄断竞争市场。其中，垄断市场的垄断程度最高，寡头市场居中，垄断竞争市场最低。

2. 垄断市场：垄断市场是指整个行业中只有唯一一个厂商的市场组织。具体地说，垄断市场的条件主要有三点：第一，市场上只有唯一一个厂商生产和销售商品；第二，该厂商生产和销售的商品没有任何相近的替代品；第三，其他任何厂商进入该行业都极为困难或不可能。

3. 自然垄断：有些行业的生产具有这样的特点，企业生产的规模经济需要在一个很大的产量范围和相应的巨大的资本设备的生产运行水平上才可能得到充分的体现，以至于只有由一个企业来生产才有可能达到这样的生产规模。而且，只要发挥这一企业在这一生产规模上的生产能力，就可以满足整个市场对该种产品的需求。在这类产品的生产中，行业内部总会有某个厂商凭借雄厚的经济实力和其他优势，最先达到这一生产规模，从而垄断了整个行业的生产和销售。这就是自然垄断。

4. 垄断厂商的需求曲线和收益曲线：由于垄断市场中只有一个厂商，所以，市场的需求曲线就是垄断厂商所面临的需求曲线。垄断厂商的 *AR* 曲线和需求曲线 *d* 重叠，都是一条向右下方倾斜的曲线。

5. 价格歧视：以不同的价格销售同一种产品，被称为价格歧视。如果厂商对每一单位产品都按消费者所愿意支付的最高价格出售，这就是一级价格歧视。一级价格歧视也称完全价格歧视。二级价格歧视要求对不同消费数量段规定不同的价格。垄断厂商对同一种产品在不同市场上（或对不同的消费群）收取不同的价格，这就是三级价格歧视。

6. 垄断竞争市场：垄断竞争市场是这样一种市场组织，一个市场中有许多厂商生产和销售有差别的同种产品。市场上大量的生产非常接近的同种产品的厂商的总和称作市场集团。

7. 非价格竞争：在垄断市场上，由于每一个厂商生产的产品都是有差别的，所以垄断厂商往往通过改进产品品质，精心设计包装，改善产品售后服务以及广告宣传等手段，来扩大自己产品的市场销售份额，这就是非价格竞争。

8. 寡头市场：寡头市场又被称为寡头垄断市场。它是指少数几家厂商控制整个市场的产品生产和销售的这样一种市场组织。

（五）填空题

1. 竞争、垄断　2. 无、有　3. 不完全竞争

（六）问答题

1. 一条是其他企业价格不变，*AB* 线，一条是其他企业价格改变，*AD* 线。*AD* 线较陡峭，因为价格的变化，使垄断竞争企业的产量变化幅度没有那么大了，产量会被其他企业分走一部分。

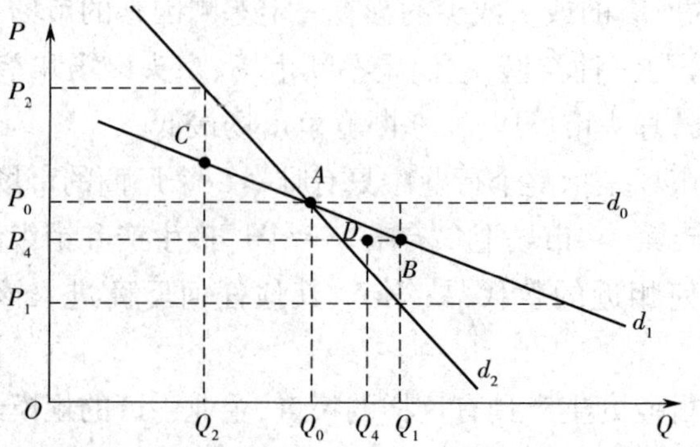

短期均衡的条件是 $MR=MC$，$AB=AD$，上述两交点位于同一垂线上。

均衡状态取决于 P 和 AC 的比较,如果 $P>AC$,有超额利润,如果 $P=AC$,盈亏相抵,只有正常利润,如果 $AC>P>AVC$,厂商有亏损,只能得到一部分正常利润。

长期均衡条件, $MR=SMC=LMC$,在 AB 和 AD 的交点上, $P=LAC$,均衡状态只有一种情况,即厂商收支相抵,每个厂商只能得到正常利润。

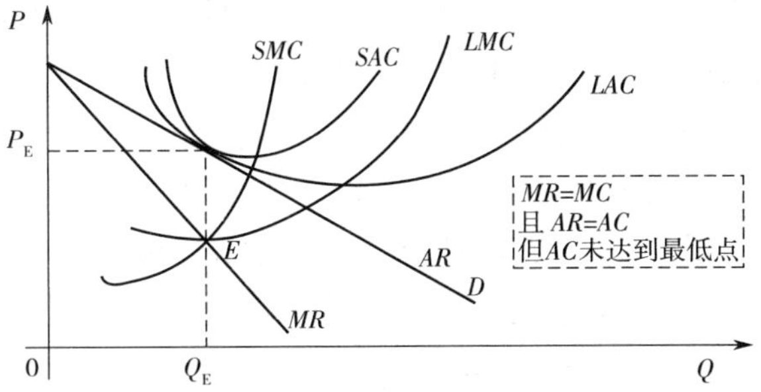

2. 垄断竞争厂商的产品之间有较大的替代性,因而其需求的价格弹性较高,需求曲线接近于水平线。当垄断竞争厂商提高价格时,如其他厂商不跟着提价,其销售市场会缩小,使利润反而减少。当垄断竞争厂商降价时,其他厂商也跟着降价,其销售量只会稍有增加。垄断竞争厂商之间一般不愿意进行价格竞争。产品质量、广告、售后服务等非价格竞争则会增加该厂商与其他厂商产品的区别,增加厂商对产品价格的影响力,所以垄断竞争厂商之间宁肯进行非价格竞争。

3. 完全竞争厂商的价格位于平均成本的最低点:价格等于平均成本,等于边际成本。而垄断厂商确定的价格(一般)高于平均成本,产量低于平均成本最低点的产量,这意味着厂商增加产量会降低平均成本。一方面,垄断厂商没有利用最低成本的生产技术,同时,完全垄断厂商由于高价格而获取超额利润,也不利于公平分配。另一方面,垄断厂商的边际成本低于社会给予他最后一单位的评价,即边际成本小于市场价格。这意味着,增加产量会增加社会福利。因此垄断市场相比于完全竞争市场是缺乏效率的。

(七)观点辨析

1. 完全竞争厂商的价格位于平均成本的最低点:价格等于平均成本,等于边际成本。而垄断厂商确定的价格(一般)高于平均成本,产量低于平均成本最低点的产量,这意味着厂商增加产量会降低平均成本。一方面,垄断厂商没有利用最低成本的生产技术,同时,完全垄断厂商由于高价格而获取超额利润,也不利于公平分配。另一方面,垄断厂商的边际成本低于社会给予他最后一单位的评价,即边际成本小于市场价格。这意味着,增加产量会增加社会福利。因此垄断市场相比于完全竞争市场是缺乏效率的。

2. 在一个生产集团内,垄断竞争厂商的产品特点是:不同质但具有较强的替代性。有差别的产品使厂商面对的需求曲线向右下方倾斜,它意味着:如果其价格提高的话,不会失去所有的购买者;如果增加产出,其价格必须相应的降低。这种市场结构类似垄断。但产品之间存在的替代性,使得厂商彼此之间无法给对方造成明显的影响;其次厂商数量众多,新厂商可以自由进入该行业,使每一个厂商不能对市场价格产生影响,这使垄断竞争类似于完全竞争。

(八)案例分析

1. 电影票和爆米花

电影票的老年人折扣价格并不是一种慷慨之举,而是为了增加利润设计的定价策略的一部分。老年人对电影愿意支付的价格往往比其他人低,因此电影院将消费者分为两个集团——老年人和其他人,并为老年人提供折扣。价格歧视通过向老年人提供折扣,增加了电影院的利润。而与电影票不同,爆米花可以很容易被转卖。如果老年人可以以正常价格的一半购买到爆米花,那么很多年轻人就会请老年人替他们购买爆米花,这样以正常价格售出的爆米花的数量就会下降。从而,价格歧视就无利可图。

2. 麦当劳的折扣券

折扣券使麦当劳公司实行了三级差别价格。麦当劳公司知道并不是所有的顾客都愿意花时间将折扣券剪下来保存,并在下次就餐时带来。此外,剪折扣券意愿与顾客对物品支付意愿和他们对价格的敏感度相关。富裕而繁忙的高收入阶层到麦当劳用餐弹性低,对折扣券的价格优惠不敏感,不可能花时间剪下折扣券并随时带在身上,以备下次就餐时用,而且折扣券所省下的钱他也不在乎。但低收入的家庭到麦当劳用餐弹性高,他们更可能剪下折扣券,因为他的支付意愿低,对折扣券的价格优惠比较敏感。根据对麦当劳连锁店进行的调查显示,来麦当劳的消费者平均每十个顾客就有一个没有带折扣券,假定每天来麦当劳就餐的顾客有 500 人,就有 50 人没有享受折扣,如果折扣是 3 元,那么麦当劳就从中得到超额收入 150 元。

3. 黄鹤楼的入场券

这是三级价格歧视,企业的目的是获得更多利润。一般必须具备三个条件:第一,市场存在不完善性;第二,市场需求弹性不同;第三,市场之间的有效分割。

第七章　一般均衡与福利经济学

(一)单项选择题

1-5 AABCA　6-9 DBDD

(二)多项选择题

1. ACD　2. BCD　3. ABCD

(三)判断题

1-3 × × √

(四)名词解释

1. 帕累托最优:对于某种既定的资源配置状态而言,如果不可能在不影响他人境况的条件下来改善某个人的福利状态,则称该状态为帕累托最优状态。

2. 一般均衡:一般均衡强调整个市场体系的所有市场同时实现均衡。从整个市场体系中各市场间的相互联系、相互影响的视角分析和研究市场均衡问题。当整个市场体系实现均衡的时候,便决定了构成该市场体系的各个市场的均衡价格和数量。

3. 福利经济学:从福利观点或最大化原则出发对经济体系的运行予以社会评价的经济学。

(五)填空题

1. 经济效率　2. 帕累托最优　3. 最大化

(六)问答题

1. 平等是指将社会的商品平均地分配给社会的所有成员,使得大家都有完全相同的商品。效率是指经济资源的合理配置和有效配置,它是研究帕累托最优问题的核心内容。

在资源配置与收入分配问题上,平等与效率是一个两难的选择。如果只强调平等而忽视效率,就会产生平均主义而阻碍经济增长导致普遍贫穷;如果只强调效率而忽视平等,就会出现分配不公而影响社会安定。从发展经济和社会稳定角度来看,最好能够选择一种兼顾效率与公平的分配。根据世界各国的经验,处理好两者关系的原则是,在保障效率的基础上,实现社会的平等。

出现的问题:由于中国经济增长奇迹中的受益者与落后者之间的鸿沟正逐渐拉大,出现了种种不公平,这种不公平尤其在地区之间、城乡之间、性别之间及不同人群之间表现得极为突出。

造成的原因:公平与效率既对立,又统一。首先,公平与效率存在对立的一面。在市场经济条件下,由于社会成员在知识、能力方面的差异性,以及对社会的贡献不同,在按劳分配原则下每个人的报酬必然不同,结果形成收入差距。同时,社会机制又要求社会成员享有平等的机会和待遇,实现社会公平。但社会财富分配得过于公平又会抑制人的劳动积极性的发挥和社会资源的有效配置,从而损害经济效率。其次,公平与效率又存在着统一的一面,即公平与效率相互依赖、相互促进。经济和社会活动中,竞争的起点公平和过程公平是促进效率的方式和手段。社会财富的公平合理分配有利于消除社会对立情绪,维护社会稳定;有利于调动劳动积极性和创造性,提高生产效率,推动经济发展;分配公平有利于刺激消费,拉动经济的增长。同时,效率是实现公平的根本手段。效率为实现公平提供了强有力的物质基础,只有效率才能保障公平,实现更高层次的公平,实现更大范围的社会公平。

对策:在社会发展过程中,公平与效率应当两者兼顾,反对割裂两者关系,片面强调某一方面的错误观点。重公平轻效率会使经济发展缓慢或停滞不前;重效率轻公平会使社会陷入收入差距过大和社会不稳定的境况,这都势必影响经济社会发展。所以既不能追求效率而丧失公平,又不能为追求公平而损害效率,只有两者兼顾,才能相辅相成,相互促进,形成公平而不失效率,有效率而不失公平的理想状态。我们反对平均主义,也反对把效率绝对化,所以在制定方针政策时应着力寻找公平与效率的结合点、平衡点。

具体应该从以下几方面来解决:①建立起点公平、机会均等、信息透明的社会制度,为穷人营造平等的致富环境;②加大力量削弱权力货币化、打破行业或区域垄断,从根本上遏制收入分配的差距;③政府通过制定更多帮助穷人的政策来实现;④鼓励民间投资,压缩政府主导型投资,通过财政转移支付的倾斜帮助穷人脱贫。

2. 局部均衡分析是在假定其他市场条件不变的情况下,孤立地考察单个市场或部分市场的供求与价格之间的关系或均衡状态而不考虑它们之间的相互联系和影响。一般均衡分析是指在承认供求与市场上各种商品价格和供求关系存在相互关系和相互影响的条件下,所有市场上各种商品的价格与供求的关系或均衡状态。

如果一种商品价格变动与其他商品价格变动相互影响较小,就比较适合采用局部均衡分析的方法。局部均衡分析应用于分析个别商品的价格决定等,如果某一市场的商品价格受其他商品价格的影响较大,就应采用一般均衡分析的方法。

3. 洛伦兹曲线是由美国统计学家洛伦兹于 1905 年提出的,旨在用以比较和分析一个国家在不同时代,或者不同国家在同一时代的收入与财富的平等情况。洛伦兹把社会人口按收入由低到高分为十个等级,每个等级有 10% 的人口,再将这 10% 的人口的收入除以国民收入,得出每一等级人口收入在国民收入中的所占的比重,然后,以累计的人口百分比为横轴,以累计的国民收入百分比为纵轴,画出一个正方形图。最后,根据某国每一等级人口的收入在国民收入中所占比重的具体数字,描绘出一条实际收入分配曲线,这就是洛伦兹曲线。洛伦兹曲线反映了收入分配的平等程度:弯曲程度越大,收入分配越不平等;反之亦然。

基尼系数是由意大利统计学家基尼根据洛伦兹曲线,计算出的一个反映一个国家贫富差距的指标。把洛伦兹曲线图中洛伦兹曲线与完全平等曲线之间的面积用 A 表示,将洛伦兹曲线与完全不平等曲线之间面积用 B 来表示,那么基尼系数就可以表示为:$G=A/(A+B)$。基尼系数通常是大于 0 而小于 1 的,基尼系数越小,表明收入分配越平等;反之,越不平等。

(七)观点辨析

1. 垄断的存在造成价格相对比较高、而产量低。即厂商的产量低于社会最优产量,其市场价格又高于成本。同时,垄断行业中存在技术发展停滞、寻租等现象,又会造成更大的社会成本。资源不能得到充分利用,社会福利受到损失。

2. 洛伦兹曲线用来检验社会收入分配的平均程度,它反映了人口累计百分比和收入累计百分比的对应关系。洛伦兹曲线的弯曲程度越大,收入分配越不平等,反之亦然。

洛伦兹曲线与 45° 线之间的部分叫做“不平等面积”,当洛伦兹曲线成为折线 OHL 时,OHL 与 45° 线之间的面积为“完全不平等面积”。不平等面积与完全不平等面积之比,称为基尼系数,是衡量一个国家贫富差距的标准。基尼系数不会大于 1,也不会小于 0。

（八）案例分析

1. 汽油价格与小型汽车的需求

美国司机找到的解决办法之一就是放弃自己的旧车，购置新的小型汽车，每加仑汽油可以多跑一段距离。因此，小型汽车的销售量增加，大型汽车的销售量下降，中型汽车勉强维持原有水平。

2. 苹果和梨

这取决于甲乙二人对苹果和梨的喜欢程度，如果甲喜欢苹果大于梨，乙喜欢梨大于苹果，这样就已经达到了最满意的结果，也就是帕累托最优。如果是甲喜欢梨大于苹果，乙喜欢苹果大于梨，甲乙之间可以进行交换，交换后甲乙的效用都有所增加，这就是帕累托改进。

3. 发生在空中的帕累托改进

可以改进超额售票术，就是航空公司在售票的同时交给旅客一个信封和一份投标书，让顾客填写他们可以接受的延期飞行的最低赔偿金额。一旦飞机出现超载，公司可以选择其中数目最低者按数给予现金补偿，并优先售给其下一班飞机的机票。

4. 铅笔的故事

（1）讲述了经济规模和分工，成千上万的人进行铅笔生产，将整个制造铅笔的流程进行分解，从而达到提高效率和经济规模的目的。

（2）正如亚当·斯密所说，市场有一只看不见的手，每一个人在追求私利的过程中，却实现了社会整体福利的最大化。这只看不见的手就是价格。商品的价格和要素的价格决定了资源的合理分配和最大化利用，最终达到帕累托最优化。在没有任何人位于中枢指导的情况下，就实现了复杂流程的最优化运转，这就是市场经济的威力。

第八章　市场失灵

（一）单项选择题

1-5 BDADB　6-10 DDBDA　11-15 DCBDC　16-20 ACCAD　21-24 ABAD

（二）多项选择题

1. AC　2. ACE　3. ABC　4. ACDE　5. AB　6. BC　7. BD　8. BC　9. AB

（三）判断题

1-5 × √ × × √

（四）名词解释

1. 市场失灵：利用价格的自动调节不能使社会资源配置达到最优状态。

2. 外部性：个人或企业在生产或消费过程中给其他个体或社会带来危害或利益，但是并未因此支付相应的成本或得到相应的报酬。

3. 公共物品：具有非排他性和非竞争性的物品。

4. 信息不对称：交易双方对交易对象的信息了解和掌握程度不一样。

（五）填空题

1. 市场失灵　2. 非竞争性　3. 搭便车

（六）问答题

1. 市场失灵是指市场机制在不少场合下会导致资源不适当配置，即导致无效率的一种状况。换句话说，市场失灵是市场均衡偏离帕累托最优的一种情况。微观经济学认为在一系列理想的假定条件下，自由竞争的市场经济可导致资源配置达到帕累托最优状态，但理想化的假定条件并不符合现实情况。以下这些情况会导致市场失灵现象：不完全竞争、公共物品、外部性、信息不完全等。

2. 完全垄断对经济产生如下影响。

（1）资源配置不合理。为了保证利润最大化，垄断厂商会限制产量，难以满足社会真正的需求。

（2）资源利用效率低。由于垄断厂商限制产量，其生产脱离最优规模，即长期平均生产成本的最低点。

（3）社会福利损失。垄断价格高于边际成本以及最低平均成本，导致消费者剩余减少，而且它大于生产者剩余的增加，结果是社会总剩余净减少。

3. 微观经济学讲自由竞争的市场机制会使资源配置达到帕累托最优，其实是假定经济活动不存在“外部影响”，即单个经济活动主体的经济行为产生的私人利益和私人成本就是社会利益和社会成本。但在现实生活中，私人利益和社会利益，私人成本和社会成本往往是不一致的。一项经济活动存在外部经济时，人们从该项活动中得到的私人利益会小于社会利益；而存在外部不经济时，人们从事该活动所付出的私人成本又会小于社会成本。在这两种情况下，自由竞争条件下的资源配置都会偏离帕累托最优。

4. 公共物品的主要特征如下。

（1）非排他性。公共物品的消费权为整个社会共同占有，并不排斥其他人对它的同时消费。

（2）非竞争性。对某公共物品来说，消费者的增加不会引起该种物品生产成本的增加。

（3）不可分性。不能将公共物品分割为可以计价的单位供市场销售。

（七）观点辨析

地摊市场给消费者的印象是出售低档商品的市场，因此消费者只愿意支付低档商品的价格。这种价格对于高档商品所有者来说是不可接受的，即无利可图或亏本，因而其不愿意在地摊市场上出售；即使消费者知道地摊市场上有高档商品，但由于产品信息的不对称会使消费者面临不利选择,从而消费者同样不愿意对潜在的高档商品支付比较高的价格,而只愿意支付它们的平均价格,最终均衡价格将使高档商品所有者无利可图或亏本,从而高档商品退出地摊。

(八)案例分析

1. 当火车驶过农田的时候

这正是市场经济的无能为力之处,称为"市场失灵"。1971 年,美国经济学家斯蒂格勒和阿尔钦同游日本。在高速列车(这时已是电气机车)上他们想起了庇古当年的感慨,就问列车员,铁路附近的农田是否因受到列车的损害而减产。列车员说,恰恰相反,飞速驶过的列车把吃稻谷的飞鸟吓走了,农民反而受益。当然铁路公司也不能向农民收"赶鸟费"。这同样是市场经济无能为力的表现,也称为"市场失灵"。

2."金玉其外,败絮其中"的故事

在这个故事中,消费者的地位相当脆弱,由于信息不对称,价格对经济的调节就会失灵。比如某商品降价,消费者未必会增加购买,其可能认为该商品是假冒伪劣商品;某商品即使是假冒伪劣商品,但其提高价格时消费者还认为该商品是真货所以价格才高。这就是市场失灵造成的市场的无效率。

3. 蚕丝被的畅销

该商家消除了信息不对称,公开制作工厂使得消费者避免了因信息不对称导致的购买假货、劣等货,所以其积极购买该工厂制作的蚕丝被。

第九章　国内生产总值及其衡量

三、习题练习

(一)单项选择题

1-5 CDCBC　6-10 BBCAA　11-15 CDBCD　16-20 ACBAA　21-25 AAABB
26-30 DABCC　31-32 CD

(二)多项选择题

1. ABCD　2. ABCD　3. ABCD　4. BD　5. BCD

(三)判断题

1-5 ×√√√√　6-10 ×××××　11-15 ×××××　16 ×

（四）名词解释

1. 国内生产总值：是指某个经济社会（一般指一个国家或地区）在一定时期内运用全部生产要素所生产的最终产品和劳务的市场总价值。

2. 最终产品：在一定时期内生产的，并由最终使用者购买的产品和劳务。

3. 中间产品：用于再出售而供生产别种产品用的产品。

4. 实际国内生产总值：用以前某一年做基期的价格计算出来的全部最终产品和劳务的市场价值总和。

（五）填空题

1. 1 000　2. 200　3. 100　4. 100　5. -200　6. 400　7. 100　8. 120　9. 1 475

（六）问答题

1. 既计算最终产品又计算中间产品就会产生重复计算的结果。例如，计算了钢铁厂出售给汽车的钢材的价值，当汽车作为最终产品出售时又计算汽车的价值，这样钢材就被计算了两次，从而扩大了最终产品的价值。所以，在国内生产总值核算中只计算最终产品的价值，而不计算中间产品的价值，或者计算在生产各阶段的增值，计算增值与计算最终产品价值的结果是相同的。

2. 不能。该公司对国内生产总值创造的作用表现是看它在某年生产了多少汽车，而不是卖掉了多少汽车。多卖掉一些还是少卖掉一些，只会使存货投资多一些或是少一些，而不会使国内生产总值发生变化。

3. 生产产品与劳务但无法包括在国内生产总值中的经济活动包括非法经济活动，地下经济的生产活动，以及非市场活动。第一项活动不进行申报是因为这些活动是非法的。第二项活动不进行申报是为了逃税或逃避政府管制。第三项活动不进入市场进行交易，也没有市场价格。所以，这些活动提供的最终产品与劳务的价值无法计入国内生产总值。

4. 增加，因为这些人员原来领的失业救济金不计入国内生产总值，而现在作为政府雇员领取报酬要作为政府购买支付计入国内生产总值。

5.（1）这个企业为经理买这辆小汽车要作为投资计入国内生产总值，而这个企业给这位经理发笔额外报酬让他自己买这辆小汽车在国民收入核算中要作为消费计入国内生产总值。

（2）若一个消费者买本国生产的轿车消费，则该购买支出要计入国内生产总值；若购买进口轿车消费，则该消费支出要作为进口从国内生产总值中扣除。

6. 经济学上所讲的投资是增加或替换资本资产的支出，即购买新厂房、设备和存货的行为，而人们购买债券和股票只是一种证券交易活动，并不是实际的生产经营活动。人们买债券或股票，是一种产权转移活动，因而不是经济学意义的投资活动，不能计入国内生产总值，当公司从人们手里取得了出售债券或股票的货币资金再去购买厂房或机器设备时，才是投资活动。

7. 因为政府转移支付只是简单地通过税收(包括社会保险税)把收入从一个人或一个组织转移到另一个人或另一个组织手中,并没有相应的货物或劳务的交换发生。例如,政府给残疾人发放救济金,并不是因为残疾人创造了收入;相反,是因为他丧失了创造收入的能力从而失去生活来源才给予救济。政府转移支付和政府购买虽都属政府支出,但前者不计入国内生产总值而后者计入国内生产总值,因为后者发生了实在的交换活动。比方说,政府给公立学校教师发薪水是因为教师提供了教育工作的服务。

8. 不是。计入国内生产总值的应当是 300 美元加 400 美元共 700 美元,因为国内生产总值计算的是生产的最终产品和劳务的价值,现在甲乙两厂商生产的劳务价值总共是 700 美元而不是 100 美元,因此,计入国内生产总值的应是 700 美元,至于双方抵销多少,和国内生产总值计量无关。

9.(1)国内生产总值代表了社会的总产出,即新创造的价值。而新创造的价值可被视作是生产者投入的生产要素(劳动、土地、资本及企业家管理才能)共同创造的,因而它对应着这些要素的报酬,即工资、地租、利息和利润。从生产产品的角度观察,国内生产总值代表了总产出(包括产品和劳务),国内生产总值被定义为该国生产的最终产品流量的货币总价值。

(2)从所得或成本的角度观察,在社会生产中,企业要支出工资、利息、地租和获得利润,因为土地、劳动和资本这些要素所得都是产品流量的生产成本,因此国内生产总值又可以被定义为生产要素的所得(工资、利息、租金和利润)的总和。这些所得是社会所生产最终产品的成本。这里利润是指产品卖价中扣除各项成本后的余额。所以从整个社会观察,总产出和总收入或总支出是社会生产一个对象的两个不同的方面,总产出总等于总收入或总支出。

(3)整个社会经济活动由四个部门组成:家庭、企业、政府和其他世界各国,通过三种类型的市场:资源市场、物品和劳务市场以及金融市场,整个社会经济活动构成了收入与支出循环流。对整个经济而言,收入等于支出,也等于产值,即总生产或国内生产总值等于总支出,也等于总收入。

(七)计算题

1.(1)100 × 10+200 × 0.5+500 × 1=1 600 美元

(2)110 × 10+200 × 1.5+450 × 1=1 850 美元

(3)1998 年实际国内生产总值 =100 × 10+200 × 0.5+500 × 1=1 600 美元

1999 年实际国内生产总值 =110 × 10+200 × 0.5+450 × 1=1 650 美元

实际国内生产总值变化 =(1 650−1 600)÷ 1 600 × 100%=3.125%

(4)1998 年实际国内生产总值 =100 × 10+200 × 1.5+500 × 1=1 800 美元

1999 年实际国内生产总值 =110 × 10+200 × 1.5+450 × 1=1 850 美元

实际国内生产总值变化 =(1850−1800)÷ 1800 × 100%=2.78%

2.(1)国内生产净值 = 国内生产总值 − 折旧 =5 300−500=4 800 亿美元。

（2）从 $GDP=C+I+G+NX$ 中可知，$NX=GDP-C-I-G=5\ 300-3\ 300-1\ 100-1\ 000=-100$ 亿美元。

（3）用 BS 代表政府预算盈余，T 代表净税收，Tr 代表转移支付，有 $BS=T-G-Tr$，因此 $T-Tr=BS+G=100+1\ 000=1\ 100$ 亿美元。

（4）个人可支配收入本来是个人所得税后的余额，本题中没有说明间接税、公司利润、社会保险税等因素，因此可从国内生产净值中直接得到个人可支配收入，则有：$DPI=NDP-(T-Tr)=4\ 800-1\ 100=3\ 700$ 亿美元。

（5）个人储蓄 $S=DPI-C=3\ 700-3\ 300=400$ 亿美元。

（八）案例分析

1. 国内生产总值（GDP）不是万能的

GDP 具有局限性。① GDP 不能反映实际总产出的变化，其中包含了价格变化。② GDP 不能完全反映一国经济实力、福利水平、生活质量和收入分配等。③ GDP 受汇率水平变动的影响极大。④ GDP 没有包括非市场活动和地下经济。

2. 蜜蜂的寓言

凯恩斯从这则寓言中悟出了需求的重要性，他看到蜂群的兴旺发达，正是由于它们的挥霍奢侈，创造了足够的需求，而当它们变得节俭以后，由于有效需求不足，所以经济衰落，凯恩斯认为我们的社会也和蜂群一样。

第十章　国民收入的决定：收入—支出模型

（一）单项选择题

1-5 CDAAD　6-10 ADDBC　11-15 CAABA　16-20 CBCAB　21-25 DBAAD
26-30 AAABD　31-35 DDCBA　36-40 BDBCC　41-42 CA

（二）多项选择题

1. ABCD　2. ABCD　3. ABC　4. ABC　5. BDE　6. BE　7. AC

（三）判断题

1-5 √√√√√　6-10 √ × × √√　11-14 × × × √

（四）名词解释

1. 均衡产出：是指和总需求相一致的产出，也就是经济社会的收入正好等于全体居民和企业想要的支出。即总需求与总供给相等时的产出水平。

2. 有效需求：总供给与总需求相等，从而处于均衡状态的社会总需求。

3. 平均消费倾向：任意可支配收入水平上，消费支出在可支配收入中所占的比例。$APC = \frac{C}{Y}$。

4. 边际消费倾向:每增加一单位的收入中用于增加消费部分的比率。$MPC = \frac{\Delta C}{\Delta Y}$。

5. 货币幻觉:是指人们不能对货币的实际价值变化作出反应,而是只对用货币来表示的名义价值作出反应的一种经济现象,即只关注货币数量变化,不关注实际购买力的现象。

6. 资本边际效率:是一种贴现率,这种贴现率使一项资本物品的使用期内各预期收益的现值之和正好等于该资本物品的供给价格或重置成本。

7. 乘数:当影响总产出的各种支出变量(自主性支出、投资、政府购买支出、税收、转移支付等)每变化一单位时,所引起的总产出变化的倍数。

8. 政府购买乘数:指总产出的变动对引起这种变动的政府购买支出变动的比率。

9. 投资乘数:指收入的变化量与带来这种变化的投资支出变化量之间的比率,即$K_i = \frac{\Delta Y}{\Delta I}$。

(五)填空题

1. 3　2. 消费;收入　3. 右上方　4. 收入增量　5. 储蓄;收入　6. 平均储蓄倾向

7. 675　8. 0.75　9. 7 700　10. 10

(六)问答题

1. 消费倾向就是消费支出和收入的关系,又称消费函数。消费支出和收入的关系可以从两个方面加以考察。一是考察消费支出变动量和收入变动量的关系,这就是边际消费倾向。二是考察一定收入水平上消费支出量和该收入量的关系,这就是平均消费倾向。边际消费倾向总是大于零而小于1,因为一般说来,消费者增加收入后,既不会不增加消费,也不会把增加的收入全用于增加消费,一般情况是一部分用于增加消费,另一部分用于增加储蓄。可是,平均消费倾向就不一定总是大于零而小于1。当人们收入很低甚至是零时,也必须消费,哪怕借钱也要消费,这时,平均消费倾向就会大于1。

2. 在现实生活中,乘数作用的大小要受到一系列条件的限制:①社会中过剩生产能力的大小;②投资和储蓄决定的相互独立性;③货币供给量增加能否适应支出增加的需要;④增加的收入不能购买进口货物,否则国内生产总值增加会受到限制。

3. 当处于均衡产出水平时,计划存货投资一般不为零,而非计划存货投资必然为零。这是因为计划存货投资是计划投资的一部分,而均衡产出就是等于消费加计划投资的产出,因此计划存货不一定是零。计划存货增加时,存货投资就大于零;计划存货减少时,存货投资就小于零。需要指出的是,存货是存量,存货投资是流量,存货投资是指存货的变动。在均衡产出水平上,计划存货投资是计划投资的部分,它不一定是零,但是非计划存货投资一定是零,如果非计划存货投资不是零,那就不是均衡产出了。比方说,企业错误估计了形势,超出市场需要而多生产了产品,就造成了非计划存货投资。

4. 显然,后一个老太太聪明些。根据恒久收入假定和生命周期假定,单个消费者并不是简单地根据当前的绝对收入来做消费决策，而是根据终生的或持久的收入来做决策，也就是说，消费者不单单考虑本年度可支配收入，还把他们在将来可能获得的可支配收入考虑进去，当他们购买住宅或汽车之类需要大量资金，而他们目前的收入和已积累起来的货币又不足以支付如此巨大的金额时，就可以凭借信用的手段用贷款来完成购买行为，用以后逐年逐月获得的收入来归还贷款。这样，消费者就可以提前获得消费品，所以说后一位老人更聪明些。

5. 由于边际消费递减，富人的消费占财富的比例非常小，增加财富和减少都对其影响不大；而穷人的消费占收入的比例非常大，给其一部分钱，他们都会为了需要满足生活需求而花掉，同样政府转移支付给穷人钱也会增加消费，从而增加国民的收入水平。而且，由于乘数效应，穷人增加的消费将导致国民收入成倍的增加。

6. 在两部门经济中，均衡收入是与计划总支出相等的收入，计划支出是由消费和投资构成的，即 $Y=C+I$。而对消费具有重要影响的是收入，关于收入和消费的关系，凯恩斯认为，随着收入增加，消费也会增加，但是消费的增加不及收入的增加多，用公式表示为 $C=\alpha+\beta Y$。为了使分析简化，在收入决定的简单模型中，总是假定计划净投资是一个给定的量，不随利率和国民收入水平的变化而变化，根据这一假定，只要把收入恒等式和消费函数结合起来就可求得均衡收入，即联立 $Y=C+I$ 和 $C=\alpha+\beta Y$，得到均衡收入 $Y=\dfrac{\alpha+I}{1-\beta}$。

7. 增加储蓄会导致均衡收入下降。因为增加消费或减少储蓄会通过增加总需求而引起国民收入增加，经济繁荣，反之，减少消费或增加储蓄会通过减少总需求而引起国民收入减少，经济萧条。由此得出一个看来是自相矛盾的推论，节制消费、增加储蓄会增加个人财富，对个人是件好事，但由于会减少国民收入引起萧条，对整个经济来说却是坏事；增加消费、减少储蓄会减少个人财富，对个人是件坏事，但由于会增加国民收入使经济繁荣，对整个经济来说却是好事，这就是“节约的悖论”。

8. 投资乘数，收入变化与带来这种变化的投资支出变动的比例。乘数效应对经济的影响是双向的，当增加投资时，国民收入增加，当减少投资时，国民收入也会减少，其大小与边际消费倾向成正比，大小等于 1/(1- 边际消费倾向)。

像这样的乘数还有政府购买乘数、税收乘数、转移支付乘数等。当政府投资或公共支出扩大、税收减少时，对国民收入有加倍扩大的作用，从而产生宏观经济的扩张效应。当政府投资或公共支出削减、税收增加时，对国民收入有加倍收缩的作用，从而产生宏观经济的紧缩效应。

9. 均衡国民收入是和总需求相等的收入。国民收入决定理论有三种，包括简单的国民收入决定理论（产品市场均衡），一般的国民收入决定理论（产品市场和货币市场同时实现均衡的 *IS-LM* 模型）和总需求 - 总供给模型。

决定国民收入的全部因素有四个，分别是消费者的消费需求、企业的投资需求、政府购买的购买需求和国际贸易进出口需求。其中两部门经济只包括消费和投资，三部门经济和四部门经济依次增加政府购买和国际贸易。

10.(1)国民收入决定于消费和投资。

(2)消费决定于消费倾向和收入水平。边际消费倾向大于零而小于1,因此收入增加时,消费也增加。但在增加的收入中,用来增加消费的部分所占比例可能越来越小,用于增加储蓄的部分所占比例可能越来越大。

(3)消费倾向比较稳定,因此国民收入的波动主要来自投资的变动。投资的增加或减少通过投资乘数引起国民收入的多倍增加或减少。投资乘数取决于边际消费倾向。由于边际消费倾向大于零而小于1,因此投资乘数一定大于1。

(4)投资由利率和资本边际效率决定,投资与利率呈反方向变动关系,与资本边际效率呈正方向变动关系。

(5)利率决定于流动偏好与货币数量。流动偏好是货币需求,由交易性需求、预防性需求和投机性需求组成。货币数量是货币供给,由满足交易动机、预防动机和投机动机的货币组成。

(6)预期收益和资本品的供给价格或者说重置成本决定资本边际效率。

凯恩斯认为,导致市场经济萧条的根源是由于消费需求和投资需求所构成的总需求不足以支持实现充分就业。消费需求不足是由于边际消费倾向小于1,即人们不会把增加的收入全用来增加消费;而投资需求不足来自资本边际效率在长期内递减。为解决有效需求不足,必须发挥政府的作用,用财政政策和货币政策来实现充分就业。

11. 当居民进行一笔支出时,企业就得到了这笔货币支出。企业所得到的总量就是居民的总支出量。企业得到的总量要作为收入给予拥有生产要素的居民。这里要注意利润也是收入(企业雇主也是居民户之一)。由于企业得到的总量就是居民的总支出量,企业把得到的总量作为收入支付给居民,居民又把收入用于支出。所以,在一个经济中,总收入等于总支出。总收入与总支出是分别从居民与企业角度来分析的同一个总量。

12. 在国民收入核算体系中,存在的储蓄-投资恒等式完全是根据储蓄和投资的定义得出的。根据定义,国内生产总值总等于消费加投资,国民总收入则等于消费加储蓄,国内生产总值又总等于国民总收入,这样才有了储蓄恒等于投资的关系。这就是两部门经济的总供给($C+S$)和总需求($C+I$)的恒等关系。需要强调的是此时的投资等于储蓄,是指经济要达到均衡,计划投资必须等于计划储蓄。而国民收入核算中的$I=S$,则是指实际已经发生了的投资(包括计划和非计划存货投资在内)始终等于储蓄。前者是均衡的条件,也就是说,要想让经济达到均衡,就必须让投资等于储蓄。但是,实际上,计划投资不一定等于计划储蓄,也就是说,设想的经济均衡,不一定就是实际已经实现了的均衡。只有投资和储蓄二者在计划上和实际上都相等时,收入才真正处于均衡状态。而国民收入核算中所指的实际投资和实际储蓄相等,是根据定义而得到的事后的状态,所以,二者必然相等。

(七)计算题

1. $K_{\mathrm{i}}=\dfrac{\Delta Y}{\Delta I}=\dfrac{8\,500-8\,000}{700-600}=5$

2. $K_{\mathrm{Tr}}=\dfrac{\beta}{1-\beta}=\dfrac{0.8}{1-0.8}=4$,$\Delta Y=K_{\mathrm{Tr}}\cdot\Delta Tr=4\times200=800$

3. $Y=C+I=100+0.8Y+50$，$Y=750$；$C=100+0.8\times750=700$；$S=750-700=50$。

4.（1）$Y=30+0.8\times(Y-50)+60+50+50-0.05Y$，$Y=600$

（2）$NX=50-0.05\times600=20$

（3）$K_i=1/(1-\beta)=1/(1-0.8+0.05)=4$

（4）$\Delta I=10$，$\Delta Y=\Delta I\cdot K_i=10\times4=40$，$Y'=600+40=640$，$NX=50-0.05\times640=18$

5.（1）$Y=C+I+G=100+0.8\times(Y-100)+200+100$，$Y=1\ 600$

（2）$K_i=K_G=\dfrac{1}{1-\beta}=\dfrac{1}{1-0.8}=5,\ K_T=\dfrac{-\beta}{1-\beta}=\dfrac{-0.8}{1-0.8}=-4,\ K_{Tr}=\dfrac{\beta}{1-\beta}=\dfrac{0.8}{1-0.8}=4,\ K_b=1$

（3）$\Delta I=100$，$\Delta Y_1=\Delta I\cdot K_i=100\times5=500$

$\Delta G=-50$，$\Delta Y_2=\Delta G\cdot K_G=-50\times5=-250$

$\therefore\ \Delta Y=\Delta Y_1+\Delta Y_2=250$，$Y'=Y+\Delta Y=1\ 600+250=1\ 850$

（4）$\Delta T=\Delta G=-50$，$\Delta Y'=K_b\cdot\Delta T=1\times(-50)=-50$，$\therefore\ y''=y+\Delta y'=1\ 600-50=1\ 550$

6.（1）$Y=C+I=100+0.6Y+50$，$Y=375$；$C=100+0.6\times375=325$；$S=Y-C=50$

（2）$K_i=1/(1-0.6)=2.5$，$\Delta Y=\Delta I\cdot K_i=(100-50)\times2.5=125$

（3）$Y=C+I=100+0.8Y+50$，$Y=750$；$C=100+0.8\times750=700$；$S=Y-C=50$

（4）$K'_i=1/(1-0.8)=5$，乘数变大

7.（1）由 $Y_d=Y-T\cdot Y+Tr$ 代入 $C=100+0.8Y_d=100+0.8(Y-0.25Y+62.5)$

$Y=C+I+G=100+0.8(Y-0.25Y+62.5)+50+200$

可解得：$Y=1\ 000$

（2）政府购买乘数：$K=1/[1-\beta(1-T)]=1/[1-0.8\times(1-0.25)]=2.5$

8.【解析】（1）根据 $Y=C+I=100+0.8Y+60$，得 $Y=800$，$C=740$，$S=Y-C=60$

（2）实际 $Y=700$ 时，$C=660$，$I'=Y-C=40$，而均衡时 $I=60$，则非意愿存货投资 $=40-60=-20$

（3）$Y=C+I=100+0.9Y+60$，$Y=1\ 600$，$C=100+0.9\times1\ 600=1540$，$S=Y-C=60$

$\Delta I=100-60=40$，$K_i=1/(1-\beta)=1/(1-0.9)=10$，$\Delta Y=\Delta I\cdot K_i=40\times10=400$

（4）$K=1/(1-\beta)$，$K_1=5$，$K_2=10$，乘数变大了

（八）案例分析

1. 冰成于水而寒于水的启示

在经济现象中，连锁反应与效用成倍扩大的情况叫做“乘数理论”，也是凯恩斯就业理论的重要组成部分。根据该理论，在消费需求不足造成总需求不足而私人投资不力时，尤其要靠政府增加购买支出来解决。增加一倍的政府支出可带来多倍的国民收入。当经济受金融危机影响的时候，发展速度放缓，为扩大内需，政府应实施积极的财政政策，增加政府支出，投资基础设施建设，改善宏观经济，才能使国民经济逐步走上复苏之路。

2. 上调增值税和营业税起征点

影响微型企业投资的因素很多，主要因素有实际利率水平、预期收益率和投资风险等。

政府的税收政策直接影响微型企业的预期收益。提高增值税和营业税起征点,将明显减轻小微企业的税负,有助于提高小微企业的财务能力,进而提升其融资能力,增强盈利能力。从此次起征点的调整范围看,个体工商户是受益最大的群体。

第十一章　国民收入的决定:*IS-LM* 模型

三、习题练习

(一)单项选择题

1-5 ACCCD　6-10 CADAD　11-15 BCADA　16-20 DCCBA　21-25 BAABC
26-30 BCAAA

(二)多项选择题

1. ABC　2. ABC　3. AD　4. CD　5. AD　6. BDE　7. DE

(三)判断题

1-5 √√√ × √　6-10 √ × √ × √　11 √

(四)名词解释

1. *IS* 曲线:是一条反映利率和收入间相互关系的曲线。它表示的是任何一个给定的利率水平都有与之对应的国民收入水平,在这样的收入水平上,投资恰好等于储蓄,从而产品市场是均衡的。由于利率与投资反方向变化,而投资与收入同方向变化,所以在 *IS* 曲线上,利率和收入反方向变化,即 *IS* 曲线是一条向右下方倾斜的曲线。

2. *LM* 曲线:所有满足货币市场上的均衡所需的收入与利率水平的组合点的轨迹。

3. *IS-LM* 模型:把产品市场均衡时的 *IS* 曲线和货币市场均衡时的 *LM* 曲线结合起来,建立一个产品和货币市场同时均衡的一般均衡模型,即 *IS-LM* 模型,是用来描述产品和货币市场间相互联系的理论模型。

4. 流动性陷阱:货币需求是利率的减函数,当利率下降到很低水平时,债券价格达到很高的水平,不会再上升,理性的人们会把手中的所有债券都售出,手头持有大量货币,即使有多余的货币也不愿意去买债券,货币的投机需求无穷大,在这种情况下就说经济正处在流动性陷阱中。

(五)问答题

1.(1)凯恩斯主义模型中,均衡产出等于全体居民和企业想要的支出,即消费 + 投资。投资增加导致均衡支出增加,进而导致均衡产出增加。同时根据投资乘数,投资增加会通过投资乘数作用促进收入增加。

（2）投资增加，使得 IS 曲线向右移动，LM 曲线不变的情况下，总产出增加，利率上升。

2.（1）LM 曲线为水平线，IS 曲线正常。如图 1 所示，政府实施扩张性财政政策，曲线 IS_1 移动到 IS_2 时，增加政府支出，尽管货币总需求增加，导致 L_1 上升，但 L_2 的变化却不会引起利率改变，并没有对私人投资产生挤出，挤出效应为零，国民收入由 Y_1 增加到 Y_1，所以财政政策完全有效。

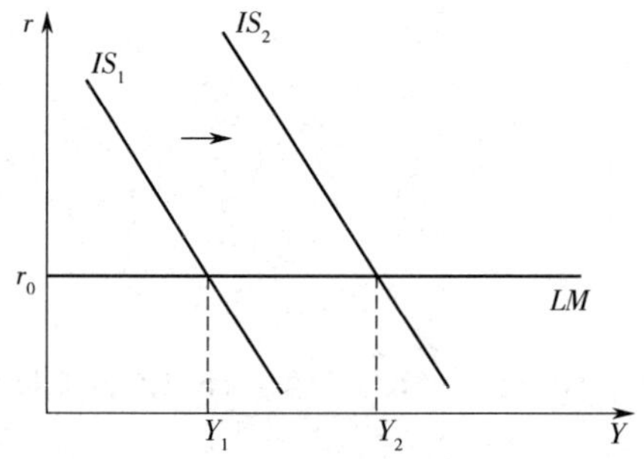

图 1

如图 2 所示，中央银行采取扩张性货币政策，增加实际货币供给量，曲线 LM_1 移动到 LM_2 时，水平的 LM 曲线移动后重合在一起，意味着新增的货币都会被投机者持有，既没有参与交换，也没有进行流通，都掉入了流动性陷阱之中，货币政策完全无效。

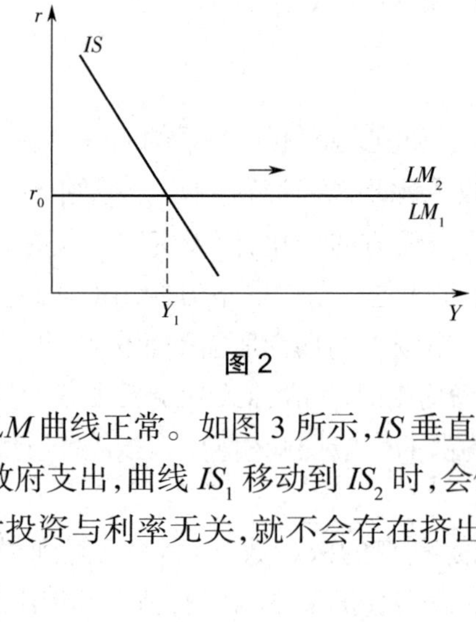

图 2

（2）IS 曲线为垂直线，LM 曲线正常。如图 3 所示，IS 垂直，私人投资完全由自发性投资 e 组成，与利率无关。增加政府支出，曲线 IS_1 移动到 IS_2 时，会使得货币总需求 L 增加，进而利率由 r_1 上升到 r_2，但此时投资与利率无关，就不会存在挤出效应，国民收入由 Y_1 增加到 Y_2，所以财政政策完全有效。

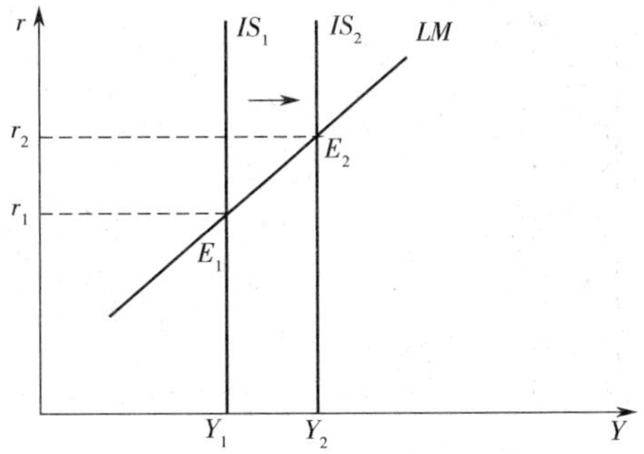

图 3

如图 4 所示，当 *IS* 曲线是一条垂直线时，投资需求的利率系数 d=0，不管利率如何变动投资都不会变动。中央银行实施扩张性货币政策时，曲线 LM_1 移动到 LM_2 时，LM 曲线移动会使利率由 r_1 下降到 r_2，但投资不会变动，收入也不会变动，利率的传导机制失灵，货币政策无效。

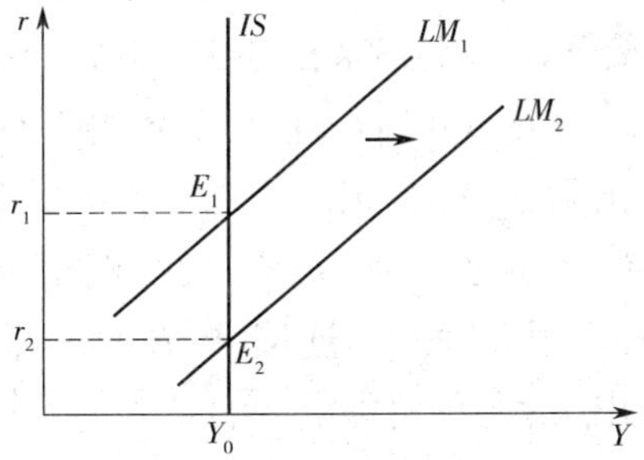

图 4

3.(1)交易动机，指个人和企业为进行正常的交易活动而持有货币的动机，它主要决定于收入，收入越高，交易数量越大。交易数量越大，所交换的商品和劳务的价格越高，从而为应付日常开支所需的货币量越大。

(2)谨慎动机或称预防动机，指为预防意外支出而持有一部分货币的动机，如个人或企业为应付事故、失业、疾病等意外事件而需要事先持有一定数量货币。它产生于未来收入和支出的不确定性，从全社会来看，这一货币需求量大体与收入成正比，是收入的函数。

(3)投机动机，指人们为了抓住有利的购买有价证券的机会而持有一部分货币的动机。它取决于利率，与利率成反比。

4. 假设货币需求 L 不变，如果实际货币供给量由(M_0/P_0)增加到(M_1/P_0)，实际货币供给曲线就会向右移动。在下图 5(a)中，利率水平由 r_1 下降到 r_2，货币市场上的均衡点由 E_1 移动到 E_2。在图 5(b)为了恢复在收入水平 Y_1 的货币市场均衡，利率水平必须下降到 r_2，相应地，均衡点也由 E_1 变为 E_2。LM_1 曲线将向右下方移动到 LM_2，意味着在收入水平 Y_1 上，均衡利率必须下降到 r_2，以诱导人们持有更多的实际货币供给量，或者说，在利率水平 r_1 上，收入水平必须上升到 Y_2，以增加货币的实际交易需求从而吸纳更多的货币供给量。

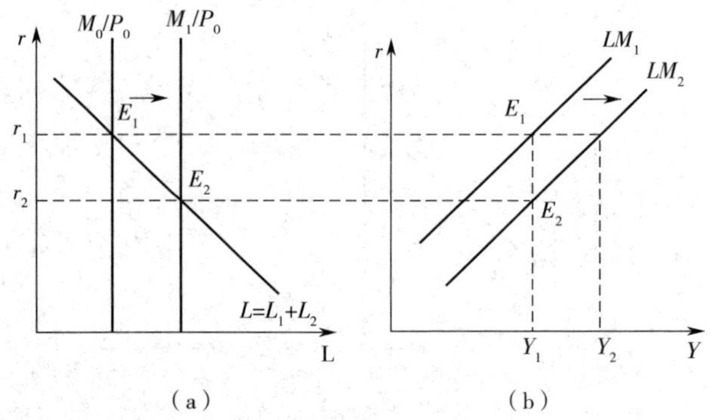

图 5

5. 方法 1:我们以三部门经济为例。

$AE=C+I+G$,即:$AE=\alpha+\beta(Y-T+Tr)+e-d\cdot r+G$

产品市场的均衡条件要求收入等于总需求,则有:$Y=AE=\alpha+\beta(Y-T+Tr)+e-d\cdot r+G$

即:$Y=(\alpha+e+G-\beta\cdot T+\beta\cdot Tr)/(1-\beta)-d\cdot r/(1-\beta)$,这就是 *IS* 曲线方程。

方法 2:利用凯恩斯主义交叉图(图 6)来推导 *IS* 曲线。用收入等于支出线的方法来推导。假定市场利率为 r_1,总支出为 $E_1=C+I_1+G$,它与 $Y=E$ 相交时,交点就是产品市场均衡点,对应的均衡国民收入为 Y_1,找出利率与收入组合(Y_1, r_1)点,用 *A* 表示。由于利率 r_1 下降为 r_2 时投资增加为 I_2,总支出曲线上移为 $E_2=C+I_2+G$,均衡点相应的均衡收入水平为 Y_2。也可以找出利率与收入组合(Y_2, r_2),用 *B* 表示。连接 *A*、*B* 两点即得 *IS* 曲线。*IS* 曲线表示使产品市场均衡的利率与收入(产出)的各种可能的组合。

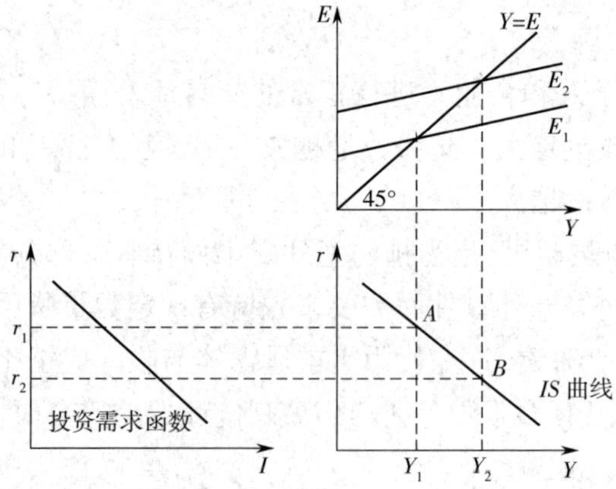

图 6

方法 3:我们还可以根据投资等于储蓄的方法来推导 *IS* 曲线。我们这里以两部门经济为例来加以推导。假定市场利率为 r_1,对应的投资水平为 I_1,投资等于储蓄时,$I_1=S_1$,对应的均衡国民收入为 Y_1,找出利率与收入组合(Y_1, r_1)点,用 *A* 表示。同理,利率 r_1 下降为 r_2 时,对应的均衡国民收入为 Y_2,组合点用 *B* 点表示,连接 *A*、*B* 即得 *IS* 曲线(图 7)。*IS* 曲线表示使产品市场均衡的利率与收入(产出)的各种可能的组合。

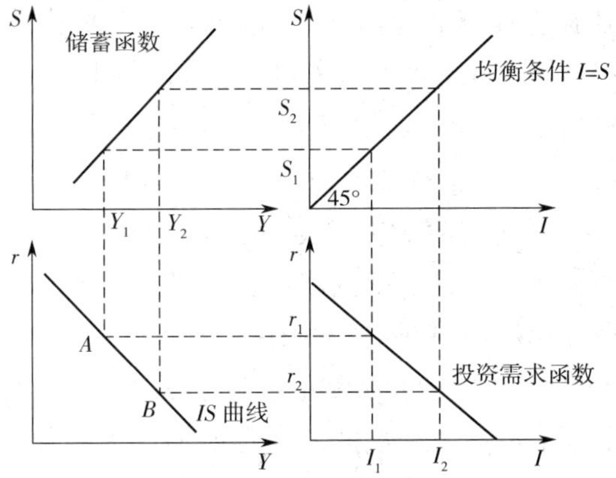

图 7

6. 当产品市场和货币市场同时均衡，均衡利率与收入的组合点位于 *IS* 曲线和 *LM* 曲线的交点 *E*，如图 8 所示。显然，对于那些既不在 *IS* 曲线上，也不在 *LM* 曲线上的利率与收入的所有组合点，意味着产品市场和货币市场均处于一种非均衡状态。那么，这些非均衡位置点是如何趋向于均衡位置点 *E* 的呢？下面将描述经济趋向均衡位置的自动调整过程。

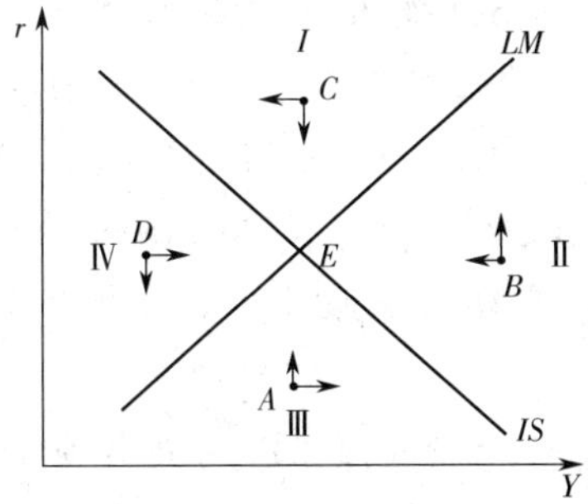

图 8

在图 8 中，*IS* 曲线和 *LM* 曲线将整个坐标平面分为四个区域，依次标为Ⅰ、Ⅱ、Ⅲ、Ⅳ区域。

（1）Ⅰ区域的 *C* 点，*C* 点所对应的产品市场和货币市场都处于非均衡状态。*C* 点位于 *IS* 曲线的右上方，产品市场存在着产品的过度供给，或者说产品总需求低于产出水平，$I<S$，厂商的非意愿的存货持续增加。这时，厂商对存货累积的反应将首先是减少产出，从而国民收入水平趋于下降。下降的产出或收入用向左的箭头表示。*C* 点还位于 *LM* 曲线的左上方，货币市场存在着过度货币供给 $L<M$。这时，人们将试图把多余的货币用于买进债券，从而将提高债券的价格和降低利率水平。利率的下降用向下的箭头表示。可见，在非均衡点 *C*，国民收入存在着减少的趋势，利率存在着下降的趋势。收入和利率的不断调整，将最终导致 *C* 点趋向于均衡位置点 *E*。在区域Ⅰ中任何一点存在着过度产品供给和过度货币供给，国民收入有减少的趋势，利率有下降的趋势。

（2）在区域Ⅱ的 *B* 点，*B* 点位于 *IS* 曲线的右上方，产品市场存在着产品的过度供给，或者说产品总需求低于产出水平，$I<S$，厂商的非意愿的存货持续增加。这时，厂商对存货累积的反应将首先是减少产出，从而国民收入水平趋于下降。下降的产出或收入用向左的箭头表示。B 点还位于 LM 曲线的右下方，货币市场存在着过度货币需求 $L>M$。这时，人们将试图卖出债券，从而将降低债券的价格和提高利率水平。利率的上升用向上的箭头表示。可见，在非均衡点 B，国民收入存在着减少的趋势，利率存在着上升的趋势。收入和利率的不断调整，将最终导致 B 点趋向于均衡位置点 E。在区域Ⅱ中任何一点存在着过度产品供给和过度货币需求，国民收入有减少的趋势，利率有上升的趋势。

（3）在区域Ⅲ的 A 点，A 点位于 IS 曲线的左下方，产品市场存在着产品的过度需求，或者说产品总需求高于产出水平，$I>S$，理性的厂商会增加产出，从而国民收入水平趋于上升，用向右的箭头表示。A 点还位于 LM 曲线的右下方，货币市场存在着过度货币需求 $L>M$。利率水平趋于上升，用向上的箭头表示。可见，在非均衡点 A，国民收入存在着增加的趋势，利率存在着上升的趋势。收入和利率的不断调整，将最终导致 A 点趋向于均衡位置点 E。在区域Ⅲ中任何一点存在着过度产品需求和过度货币需求，国民收入有增加的趋势，利率有上升的趋势。

（4）在区域Ⅳ的 D 点，D 点位于 IS 曲线的左下方，产品市场存在着产品的过度需求，或者说产品总需求高于产出水平，$I>S$，理性的厂商会增加产出，从而国民收入水平趋于上升，用向右的箭头表示。D 点还位于 LM 曲线的左上方，货币市场存在着过度货币供给 $L<M$。利率水平趋于下降，用向下的箭头表示。可见，在非均衡点 D，国民收入存在着增加的趋势，利率存在着下降的趋势。收入和利率的不断调整，将最终导致 D 点趋向于均衡位置点 E。在区域Ⅳ中任何一点存在着过度产品需求和过度货币供给，国民收入有增加的趋势，利率有下降的趋势。

当产品市场和货币市场都没有实现均衡时，两个市场向均衡调整的过程具有不同的特点。简而言之，就是货币市场调节快，产品市场调节慢。因为利率时刻都在变化，可以迅速调节投机性货币需求，使货币供求很快实现相等，所以货币市场调节快。而产品供给的增加和减少都是比较缓慢的，因为厂商改变生产不像债券的买卖那样快，它需要一定的时间，需求的增加或减少虽然比较迅速，但是要通过价格调节机制来实现，而价格调整不是像市场利率调整那样随时进行的，所以产品市场调节慢。一般来说，可以认为，经济总是持续地处于 LM 曲线上，逐渐向 IS 曲线移动，逐渐趋于产品市场和货币市场的同时均衡点 E。

7.（1）当利率降到极低时，人们会认为这时利率不大可能再下降或者说有价证券市场价格不可能再上升，而只会下降。因此，将所持有的有价证券全部换成货币，而不愿再去购买有价证券，以免证券价格下跌使遭受损失。

（2）人们不管有多少货币都愿意持在手中，货币的投机需求无穷大，这种情况称为"流动偏好陷阱"或"凯恩斯陷阱"。

8. 作图结果如图 9 所示。

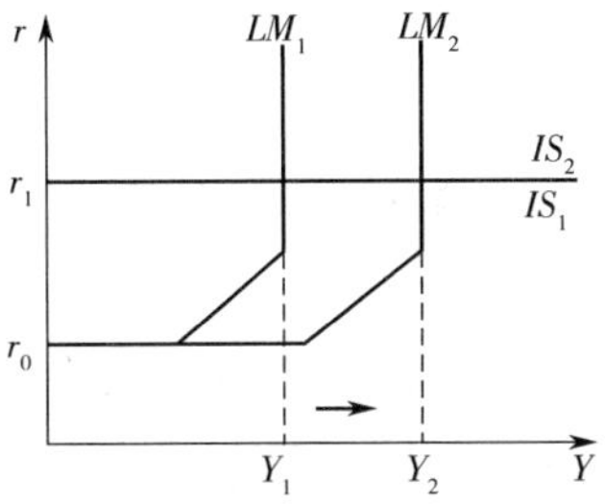

图 9

分析：因为 LM 曲线越陡，IS 曲线越平坦时货币政策效果越大。故如图所示：LM 曲线垂直时，货币政策效果达到最大，财政政策完全无效。

（1）含义：当 IS 曲线为水平线或 LM 曲线为垂直线的情况，货币政策将十分有效而财政政策将完全无效，这种情况就称为古典主义的极端情况。

（2）当 LM 曲线为垂直线时，说明货币投机需求为零，货币需求只包括货币交易需求。此时，若政府推行扩张性财政政策，社会公众手头没有闲余资金，只能把自己本来用于投资或消费的货币借给政府。这样，就造成了完全的挤出，国民收入不会增加，财政政策就完全无效。

（3）当 IS 曲线是一条水平线时，投资需求的利率系数 $d=\infty$，说明投资需求对利率的变化的反应异常敏感。若政府推行扩张性货币政策时，货币供给增加，利率水平下降，此时投资会有大幅增加，国民收入大幅增加，利率的传导机制发挥到最佳，所以货币政策完全有效。

9. 产品市场上供过于求是指储蓄大于投资的情况，在 IS 曲线右上方的任何收入和利率的组合点之所以都表明储蓄大于投资，这是因为相对于一定收入而言，利率太高了，从而使该收入提供的储蓄超过了该利率所导致的投资，或者是相对于一定利率而言收入太高了，从而该利率所导致的投资水平低于该收入所提供的储蓄。

10. 如图 10 所示，LM 曲线从左到右所经历的水平线，向右上方倾斜线和垂直线三个区域。分别称为凯恩斯区域，中间区域，古典区域。其经济含义如下。

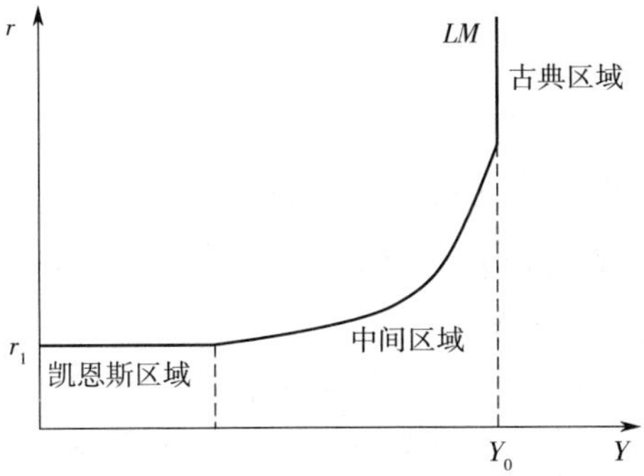

图 10

（1）在水平线阶段的 LM 曲线上，货币的需求曲线已处于水平状态，对货币的投机需求无穷大，已经处于利率下降到最低点的灵活偏好陷阱。LM 斜率为零，货币政策完全无效，财政政策完全有效，符合凯恩斯的政策主张，故水平的 *LM* 曲线下方区域被称为凯恩斯区域。

（2）在垂直线阶段的 *LM* 曲线上，货币的需求曲线已处于垂直状态，货币投机需求对利率已经毫无敏感性，此时不论利率怎样变化货币的投机需求为零，*LM* 斜率为无穷大，货币政策完全有效，财政政策完无效，古典学派认为货币只有交易需求而无投机需求，任何干预政策都是无效的，故垂直的 *LM* 曲线下方区域被称为古典区域。

（3）在向右上方倾斜的 *LM* 曲线上，*LM* 曲线斜率为正，给定货币供给水平下，收入水平上升，交易性货币需求提高，使得利率上升。在 *LM* 曲线右下方，存在过度货币需求，$M<L$；在 *LM* 曲线左上方，则存在超额货币供给，$M>L$。*LM* 曲线因货币供给变化而移动，当货币供给增加时 *LM* 曲线将向右移动。

11. 两部门经济的 *IS* 曲线数学表达式为：$Y=(\alpha+e)/(1-\beta)-d\cdot r/(1-\beta)$ 或 $r=(\alpha+e)/d-(1-\beta)Y/d$（其中 α、e、β、d 为大于零的常数）

影响 *IS* 曲线斜率的主要因素是边际消费倾向 β 和投资需求对利率变化的敏感程度和反应弹性 d。β 越大，*IS* 曲线斜率的绝对值越小，因为 β 越大，意味着支出乘数越大，从而利率变动引起投资变动时，收入的增幅较大，因而 *IS* 曲线较平缓；d 越大，*IS* 曲线斜率的绝对值越小，因为投资对利率的变化较为敏感，利率的小幅变动就会引起投资较大幅度的变动，进而引起收入较大变动，因而 *IS* 曲线较平缓。

（六）计算题

1.（1）*IS* 曲线：$Y=C+I+G=0.8(Y-0.25Y)+900-50r+800$，$0.4Y=1\ 700-50r$，$Y=4\ 250-125r$

（2）*LM* 曲线：$M=L$，$500=0.25Y-62.5r$，$0.25Y=500+62.5r$，$Y=2\ 000+250r$

（3）联立方程得：$Y=3500$，$r=6$，因此均衡收入为 3 500，均衡利率为 6%

2.（1）由 $Y=C+I$，得：$Y=100+0.8Y+150-4r$，*IS* 曲线方程：$Y=1\ 250-20r$

由 $M/P=L$，得：$0.2Y-6r=600/4$，*LM* 曲线方程：$Y=750+30r$

（2）将 *IS* 曲线和 *LM* 曲线方程联立求解：得利率为 $r=10$，均衡收入为 $Y=1\ 050$，因此均衡收入为 1 050，均衡利率为 10%

3.（1）$Y=C+I+G+NX$，$Y=300+0.5(1-0.1)Y+200-150r+100+100+0.05Y-50r$，*IS* 曲线：$Y=1\ 400-400r$

（2）根据 $L=M$，$450/1=0.5Y-200r$，*LM* 曲线：$Y=900+400r$

（3）两个方程联立求解：$Y=1\ 150$，$r=0.625$，因此均衡收入为 1 150，均衡利率为 0.625%

4.（1）$L=L_1+L_2=0.2Y+2\ 000-500r$

（2）$M_d=0.2\times 10\ 000+2\ 000-500\times 6=1\ 000$（亿美元）

（3）$2\ 500=0.2\times 6\ 000+L_2$，$L_2=1\ 300$（亿美元）

（4）$2\ 500=0.2\times 10\ 000+2\ 000-500r$，$r=3$，均衡利率为 3%

(七)案例分析

凯恩斯革命

(1)凯恩斯的基本理论框架主要是由以下几方面构成的。

①国民收入决定于消费和投资。

②消费由消费倾向和收入决定。

③消费倾向是比较稳定的。因而,国民收入的波动主要来自投资的变动。

④投资由利率和资本边际效率决定,与利率呈反方向变动关系,与资本边际效率呈同方向变动关系。

⑤利率决定于流动偏好与货币数量。

⑥资本边际效率由预期收益和资本资产的供给价格或者说重置成本决定。

凯恩斯认为,资本主义经济萧条的根源是消费需求和投资需求所构成的总需求不足以实现充分就业。消费需求不足是由于边际消费倾向小于1,即人们不会把增加的收入全用来增加消费,而投资需求不足是由于资本的边际效率在长期内递减。

(2)为了解决有效需求不足,必须发挥政府的作用,用财政政策和货币政策来实现充分就业。财政政策就是用政府增加支出或减少税收以增加总需求,通过乘数原理引起收入多倍增加。货币政策是用增加货币供给量以降低利率,刺激投资从而增加收入。由于存在"流动性陷阱",因此货币政策效果有限,增加收入主要靠财政政策。

(3)凯恩斯根据三大基本心理规律(边际消费倾向递减规律、资本的边际效率递减规律、流动偏好规律)得出了资本主义可能出现严重的失业和经济萧条的结论。他的结论虽然符合事实,但分析方法存在明显的缺陷和错误。经济周期的主要原因决不可能是人们的心理状态。凯恩斯虽然正确地指出了资本主义的弊端,但对弊端的原因所做的解释却是错误的。凯恩斯的宏观经济政策方面存在一些缺陷。货币政策制止严重萧条时无能为力。尽管政策正确而适时,但官员可能处于利己的政治考虑而不执行。由于经济政策在时间上滞后的性质,为数众多的变量使财政政策和货币政策所运用的有限手段难以奏效。凯恩斯定律是针对1929—1933年的大萧条,资源大量闲置的情况下提出来的。在这种情况下,社会总需求增加可以使社会闲置的资源得到充分的利用而生产增加不会使资源的价格上升。凯恩斯定律适用于短期分析。对于处于经济危机中的国家而言,凯恩斯定律有一定的现实基础。

第十二章　国民收入的决定:*AD*–*AS* 模型

(一)单项选择题

1-5 CDADA　6-10 BABAD　11-13 CAB

（二）多项选择题

1. AC　2. BDE　3. ABD

（三）判断题

1-5 ×√××√　6-10 √××√×　11-15 ×√×√√　16-18 √√×

（四）名词解释

1. 黏性价格：价格不随总需求的变动而迅速变化。

2. 总需求曲线：总需求是指对应于既定的价格总水平的社会总支出或总需求量，表示经济中的需求总量与价格水平之间关系的曲线就是总需求曲线。

3. 古典总供给曲线：又被称为长期总供给曲线，是一条位于充分就业产量水平上的垂线。这表明，无论价格水平如何变动，总供给量都是固定不变的。

4. 凯恩斯总供给曲线：是一条水平的总供给曲线，这表明，在既定的价格水平，厂商愿意供给社会所需求的任何数量产品。

5. 常规总供给曲线：在以价格为纵坐标、总产量为横坐标的坐标系中，总供给曲线是向右上方延伸的，即为常规总供给曲线。

6. 潜在产量：即充分就业的产量，是指在现有资本和技术水平条件下，经济社会的潜在就业量所能生产的产量。实际产量只能小于或等于潜在产量。

（五）问答题

1. 总供给函数指总产量与一般价格水平之间的关系，总供给曲线即关系的几何表达。总供给曲线一般有三种类型。

（1）古典总供给曲线之所以是垂线，是由于假设工资和物价可以立即调整，工资和物价有充分的时间来进行调整，劳动市场总是处于充分就业水平，国民收入不受价格的影响。

（2）凯恩斯总供给曲线之所以是水平线，是由于工资和价格都具有刚性，凯恩斯描述的短期的情况。

（3）常规总供给曲线通常向上倾斜，原因是：在一般情况下，社会经济没有达到充分就业的状态，有一定的闲置资源，工资和价格既不具有完全的刚性，也不具有完全的灵活性。

2. 名义工资未能根据劳动市场的供求状况及时做出调整，导致劳动市场未能及时出清。因此，未预期到的价格上涨将降低实际工资水平，从而诱使厂商雇用更多的工人，产出水平增加。

3. 如图 1 所示，当政府采取扩张性的财政政策（增加政府购买支出 G、转移支付支出 Tr 或降低税率 T）时，总需求曲线就会向右上方移动。在原价格水平 P_1 下，形成新均衡 E_2，利率由 r_1 上升到 r_2，收入 Y_1 增加到 Y_2。相同价格下，收入增加后总需求 AD 曲线右移。

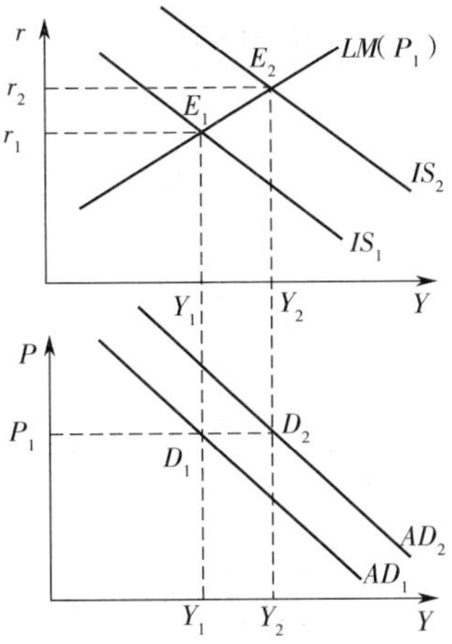

图 1

4. 有关国民收入决定的三个模型分别是收入—支出（*Y-E*）模型、汉森 - 希克斯（*IS-LM*）模型和总需求 - 总供给（*AD-AS*）模型。

（1）收入—支出（*Y-E*）模型是最简单的国民收入决定模型。在两部门经济中，不考虑政府和对外贸易，投资是外生变量，利率和价格水平既定时，用消费函数和储蓄函数来推导均衡国民收入。其结论为：$Y=(a+I)/(1-\beta)$

（2）汉森 - 希克斯（*IS-LM*）模型描述了在产品市场和货币市场同时均衡时，利率与国民收入之间的相互关系。为三部门经济，并把利率和投资看成内生变量，是对凯恩斯理论的标准解释。

（3）总需求 - 总供给（*AD-AS*）模型揭示了在产品市场、货币市场和劳动力市场同时均衡时，价格水平和国民收入之间的关系，为四部门经济，价格水平也是变量。

（六）计算题

1.（1）根据产品市场均衡条件 $Y=C+I$，可得 *IS* 曲线为：$r=60-Y/8$

根据货币市场均衡条件 $M/P=L$，可得 *LM* 曲线为：$r=-100/P+0.4Y$

当产品市场和货币市场同时均衡时，总需求函数为：$Y=190/P+114$

（2）当 $P=19$ 时，总需求 $Y=124$；

当 $P=5$ 时，总需求 $Y=152$

（3）当 M 增加 10 时，*LM* 曲线为 $r=4Y/10-120/P$

当产品市场和货币市场同时均衡时的总需求函数为：$Y=4\,800/21P+2\,400/21$

2.（1）由 $Y_s=Y_d$ 得：$1\,800+P=2\,100-P$，于是 $P=150$，$Y_s=Y_d=1\,950$，即得供求均衡点。

（2）向左平移 20% 后的总需求方程为：

$Y_d=1\,920-P$

于是，由 $Y_s=Y_d$ 有：

$1\,800+P=1\,920-P$

$P=60$，$Y_s=Y_d=1\,860$

与(1)相比,新的均衡表现出经济处于萧条状态。

(3)向左平移 20% 后的总供给方程为:

Y_s=1 440+P

于是,由 $Y_s=Y_d$ 有:

1 440+P=2 100−P

P=330,$Y_s=Y_d$=1 770

与(1)相比,新的均衡表现出经济处于滞胀状态。

(七)案例分析

1. 成品油涨价的影响

燃油作为一种非常重要的燃料,其价格的变化,会对社会经济的诸多行业产生影响。油价的持续显著上涨,必然引起大量企业生产成本的提高,成本的提高阻碍厂商提高产量,促使总供给水平下降,推动总供给曲线向左移动。假定经济中的需求方不变,其结果必然会使得经济社会中新的总供求均衡点向左上移动,新的均衡价格上升,均衡产出下降,经济可能出现滞胀状态。

2. 战争与经济

发动战争需要很多装备,会使总需求增加,在 *AD-AS* 模型中,*AD* 曲线右移,当经济未达到充分就业时,可以使得经济扩张,产生通货膨胀,但如果已经饱和,则经济不会再扩张,只会造成通货膨胀,对经济产生不利的影响。

第十三章　失业、通货膨胀和经济周期

三、习题练习

(一)单项选择题

1-5 BACBD　6-10 DDDBC　11-15 AACBA　16-20 ADCBD　21-25 CDCBC
26-30 AADCA　31-32 AC

(二)多项选择题

1. AD　2. ACD　3. ABC　4. ABC　5. ABCD　6. BE　7. ABCD　8. ABC
9. ABCDE　10. AC

(三)判断题

1-5 √√××√　6-10 ××××√　11-13 ×√√

（四）名词解释

1. 摩擦性失业：经济中由于（正常的劳动力流动）而引起的失业。

2. 菲利普斯曲线：表示失业率与通货膨胀率之间关系的曲线，通常向右下方倾斜，有凯恩斯主义、货币主义、理性预期等多种形式的曲线。

3. 潜在产量：又称充分就业的产量，是指在现有资本和技术水平条件下，经济社会的潜在就业量所能生产的产量。

4. 自然失业率：在没有货币因素干扰的情况下，劳动力市场和商品市场自发供求力量发挥作用时应有的处于均衡状态的失业率，即经济处于充分就业时的失业率。

5. 通货膨胀：指某一个经济的物价总水平或一般物价水平在一定的时期内持续普遍上升的过程。

（五）填空题

1. 1.2　2. 4　3. 1.25　4. 5.6

（六）问答题

1. 通货膨胀是指一个经济体在一定时期内价格水平普遍持续地上升的情况。通货膨胀的程度是用通货膨胀率来反映的，通货膨胀率被定义为从一个时期到另一个时期价格水平变动的百分比。如果以 P_t 表示 t 时期的价格水平，P_{t-1} 表示（$t-1$）时期的价格水平，π_t 表示 t 时期的通货膨胀率，则有：$\pi_t=(P_t-P_{t-1})/P_{t-1}\times 100\%$，这里，价格水平 P 既可以用国内生产总值平减指数表示，也可以用消费价格指数表示。

2. 失业可以分为四种类型：摩擦性失业、结构性失业、季节性失业和周期性失业。具体来说，摩擦性失业是指由于正常的劳动力周转所造成的失业，摩擦性失业产生的原因在于，失业人员和有职位空缺的雇主之间的信息在相互搜寻过程中需要花费一些时间；结构性失业是指由于技术或经济结构变化导致工作所需技能或工作地域变化带来的失业，结构性失业的原因有两种情况，一是在某特定地区，劳动力市场上所需要的技能与劳动者实际供给的技能之间出现了不匹配的现象；二是劳动力供给和劳动力需求在不同地区之间出现了不平衡的现象；季节性失业是指由于季节性的气候变化所导致的失业；周期性失业是指一个经济周期内随着经济衰退而上升，随着经济扩张而下降的波动性失业，当一个经济体中的总需求下降，进而引起劳动力需求下降时，周期性失业就出现了。

3.（1）影响主要有五个方面：一是引起收入再分配效应，当通货膨胀发生时有利于变动收入群体，有利于债务人；二是资源配置效应；三是税收扭曲效应；四是经济增长效应，五是通货膨胀对社会稳定构成威胁。

（2）通货膨胀按照价格上升的幅度不同，分为温和的通货膨胀、奔腾的通货膨胀和超级通货膨胀；按照是否可预期分为可预期的通货膨胀和不可预期的通货膨胀。

4. 经济周期也称商业周期、景气循环，经济周期一般指经济活动沿着经济发展的总体趋势所经历的有规律的扩张和收缩，是国民总产出、总收入和总就业的波动，是国民收入或总体经济活动扩张与紧缩的交替或周期性波动变化。其分为繁荣、衰退、萧条和复苏四个阶段。

经济衰退的普遍特征:消费者需求、生产相对严重过剩,投资急剧下降;对劳动的需求销售量下降,价格低落,企业盈利水平极低,生产萎缩,出现大量破产倒闭,失业率增大;股票价格和利率一般也会下降。

5. 通货膨胀是宏观经济运行中出现的价格总水平的持续上涨。对通货膨胀的成因有多种解释,主要有货币数量论和总供给、总需求方面的解释。

(1)货币数量论的解释:通货膨胀的原因在于货币供给的迅速增长,依据是费雪方程式。

(2)总供给、总需求方面的解释。

①需求拉动的通货膨胀,指总需求增加所引起的一般价格水平的持续、显著的上涨,消费需求、投资需求、政府需求和国外需求的增加都会对社会总需求的增加产生影响,在总供给曲线既定的条件下,总需求增加即总需求曲线向右上方移动,导致价格总水平上涨。

在经济处于不同状况时,需求拉动对价格总水平的影响也不相同。在经济处于萧条时期,总需求增加对价格总水平的影响较小;而在经济处于潜在或充分就业时期,由于总供给增加会受到市场能力的限制,因而总需求增加会增加通货膨胀的压力。

对于需求拉动的通货膨胀,可供政府采取的方案是人为制造衰退。既然通货膨胀是超额总需求所致,那么降低总需求水平,从而增加失业,减少产出,则会使得通货膨胀率降低。制造的衰退幅度越大,通货膨胀率下降的速度也就越快。

②成本推动的通货膨胀,是指由于供给成本的提高而引起的一般价格水平持续和显著的上涨。成本推动主要包括工资和利润推动。无论是工资还是利润,如果超过价格总水平的上涨速度,则会对商品和劳务价格的进一步上涨形成压力。实践中,工会对工资增长率的要求以及垄断厂商借用市场支配力索要高价都会对生产成本增加产生影响。如果要素收入的增长超过要素生产率的增长,就会产生成本推动的通货膨胀。在总需求既定的条件下,成本推动的通货膨胀表现为总供给曲线向左上方移动导致价格总水平提高。

对于成本推动的通货膨胀,政府主要采取收入政策逆转通货膨胀。收入政策是政府为了降低通货膨胀而对货币收入和价格采取的强制性和非强制性的政策,主要有工资价格管制、收入指数化以及一定的税收政策等。

③结构型通货膨胀:在没有需求拉动和成本推动的情况下,只是由于经济结构因素的变动,也会出现一般价格水平的持续上升。

通货膨胀的成因往往是多种因素交织在一起的,因而政府逆转通货膨胀的政策也并非单一的,各种政策往往搭配使用。应对通货膨胀主要有两种方案,即用衰退来降低通货膨胀或者使用收入政策。前者通过紧缩性的财政政策和货币政策,以经济衰退降低通货膨胀率,后者包括对工资和物价的控制、道德劝说、改变预期等。

6. 这是从总需求的角度来分析通货膨胀的原因,是指总需求超过总供给所引起的一般价格水平的持续显著的上涨。引起总需求过大的因素有两类:一类被称为实际因素,如消费需求和投资需求扩大，政府支出增加、减税以及一国净出口增加都会使 *IS* 曲线向右移动，从而使总需求曲线向右移动，使经济在现有的价格水平下总需求超过总供给；另一类被称为货币因素，即货币供给量的增加或实际货币需求的减少，这会使 *LM* 曲线向右移动，也会导致总需求在现有价格水平下扩大。在经济的总供给没有达到充分就业的产出水平之前，总需求的增加在使价格水平上升的同时，也会使总产出增加。随着经济接近充分就业的产出水平，总需求再增加，产出不会再增加，只会导致价格水平的上升。

7. 1958 年，新西兰籍经济学家菲利普斯在研究英国 1861—1957 年工资变化率与失业率的实际统计资料时发现，英国近一个世纪的货币工资增长率与失业率之间存在一种负相关关系，即失业率上升，货币工资率下降；失业率下降，货币工资率则上升。这就是最初的菲利普斯曲线的含义。

萨缪尔森和索洛则用这条曲线来表示失业率与通货膨胀率之间的交替关系。货币主义经济学家弗里德曼和费尔普斯提出了附加预期的菲利普斯曲线。附加预期的菲利普斯曲线可以写为：$p=g(u)+p^e$ 在短期内，工人对预期价格水平变化率 p^e 是既定的，所以，对于一个既定的预期价格水平变化率的菲利普斯曲线，就是一条短期菲利普斯曲线。

按照货币主义的解释，在短期内，由于人们的预期错误，通货膨胀率和失业率会有反方向的交替关系。在长期中，预期的通货膨胀率和实际的通货膨胀率是相等的，不管实际通货膨胀率有多高，劳动市场的就业量会处于长期均衡水平，失业率也就处于自然失业率水平上。这意味着长期的菲利普斯曲线（*LPC*）是一条位于自然失业率水平上的垂线。换言之，政府运用扩张性的需求管理政策试图把失业率降低到自然失业率的努力，只会在短期有效，在长期则会引起通货膨胀率的上升。

8. 乘数又称作倍数，是指引起总需求增加的各变量所引起的国民收入增加的倍数，或者说国民收入增加量与引起这种增加的影响因素增加量之间的比率。如果以 ΔA 代表影响因素的增加量，以 ΔY 表示国民收入的增加量，我们将乘数记为 $K=\Delta Y/\Delta A=\mathrm{d}Y/\mathrm{d}A$。投资乘数 $K_i=1/(1-\beta)$，乘数的发挥作用的条件是经济中存在闲置的资源，否则国民收入的增加将受到资源条件的限制。

在没有闲置生产能力的条件下，当收入增加从而对产品需求增加引致产品生产扩大时，为了增加产量，要求扩大生产能力，为此就要求增加资本存量、要求有新的投资。收入（产量）增加会引致资本存量增加（净投资）的一个倍数，就叫作加速原理。收入（产量）增加所引致的资本存量增加（净投资）的倍数，就叫做加速数。以 v 代表加速数，则有 $v=\Delta K/\Delta Y$ 或 $\Delta K=v\Delta Y$，加速数发挥作用的条件是经济中不存在闲置生产能力。

9. 通货紧缩是指由于总需求小于总供给引起的收入水平减少，具体表现为经济增长速度下降、失业率大幅度上升，物价水平下降等。解决通货紧缩的办法是刺激总需求。政府可以把扩张性财政政策与扩张性货币政策配合使用。在决定选择哪一种政策时，首先要考虑的主要是要刺激总需求中的哪一部分。如果是要刺激私人投资，最好是采用财政政策中的投资补贴；如果是要刺激投资中的住房建筑，就要采用货币政策；如果是要刺激消费，则可以增加转移支付和减少所得税。这就要看经济中的萧条是由于私人投资不足引起的，还是由于消费不足引起的。只有对症下药，政策才能收到最大的效果。扩张性财政政策使总需求增加，但提高了利率水平，抑制私人投资，产生挤出效应。这时采用扩张性货币政策就可以抑制利率的上升，以消除或减少扩张性财政政策的挤出效应，使总需求增加。这就在保持利率不变的情况下，刺激了经济。

如图 1 所示，*IS* 曲线和 *LM* 曲线交于 *E* 点，相应的利率和国民收入分别为 r_e 和 Y_e，但 Y_e 不是充分就业的国民收入，充分就业的国民收入为 Y_f。政府既可以实施扩张性的财政政策，将 *IS* 曲线向右移动，也可以实施扩张性的货币政策，将 *LM* 曲线向右移动，从而实现充分就业，使国民收入增加至 Y_f。但只采用财政政策，须将 *IS* 曲线移至 IS_1 的位置，均衡点是 E_1。这时利率水平上升；只采用货币政策，需将 *LM* 曲线移至 LM_1 的位置，均衡点是 E_2，这时利率水平降低。这两种方法都会导致利率的大起大落，不利于经济的稳定。如果同时采用扩张性财政政策和扩张性货币政策，即同时将 *IS* 和 *LM* 分别移动到图 2 中 IS_2 和 LM_2 的位置，均衡点是 E_3，则利率 r_e 可保持不变，而国民收入可达到充分就业水平 Y_f。

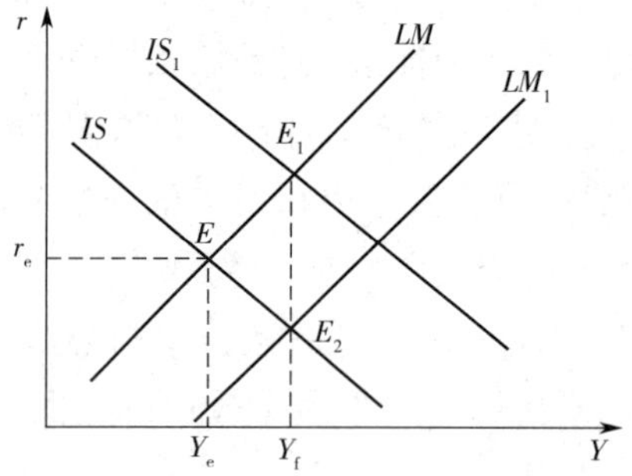

图 1

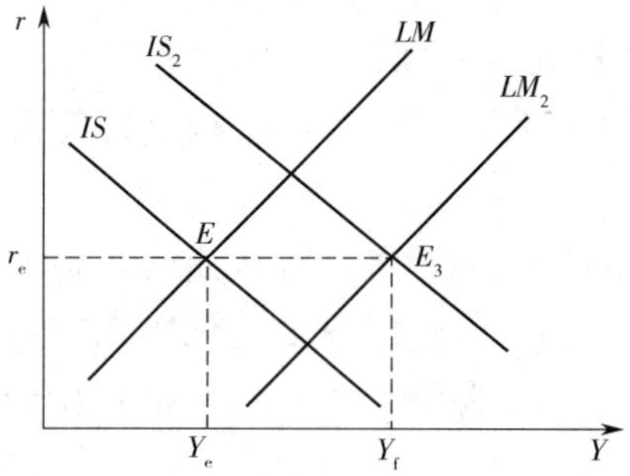

图 2

10. 通货膨胀的经济效应主要包括再分配效应和产出效应。

通货膨胀的再分配效应表现如下。

其一，通货膨胀不利于靠固定的货币收入维持生活的人。对于固定收入阶层来说，其收入是固定的货币数额，落后于上升的物价水平。其实际收入因通货膨胀而减少，他们持有的每一单位收入的购买力将随价格水平的上升而下降。相反，那些靠变动收入维持生活的人则会从通货膨胀中受益。例如，那些从利润中得到收入的企业也能从通货膨胀中获利，如果其产品价格比资源价格上升得快的话,则企业的收入将比它的产品的成本增加得快。

其二,通货膨胀可以在债务人和债权人之间发生收入再分配的作用。一般地,通货膨胀靠牺牲债权人的利益使债务人获利。

通货膨胀对产出的影响可以通过各种情况来说明,这里只说明两种主要的情况。

第一种情况:随着通货膨胀出现,产出增加。这就是需求拉动的通货膨胀的刺激,促进了产出水平的提高。许多经济学家长期以来坚持这样的看法,即认为温和的或爬行的需求拉动通货膨胀对产出和就业将有扩大的效应。假设总需求增加,经济复苏,造成一定程度的需求拉动的通货膨胀。在这种条件下,产品的价格会跑到工资和其他资源的前面,由此而扩大了企业的利润。利润的增加就会刺激企业扩大生产,从而产生减少失业、增加国民产出的效果。这种情况意味着通货膨胀的再分配会被更多的就业、增加产出所获得的收益所抵消。例如,对于一个失业工人来说,如果他只有在通货膨胀条件之下才能得到就业机会,显然,他就受益于通货膨胀。

第二种情况:成本推动通货膨胀引致失业。这里讲的是通货膨胀引起的产出和就业的下降。假定在原总需求水平下,经济实现了充分就业和物价稳定。如果成本推动通货膨胀,则原来总需求所能购买的实际产品的数量将会减少。也就是说,当成本推动的压力抬高物价水平时,既定的总需求只能在市场上支持一个较少的实际产出。所以,实际产出会下降,失业会上升。

11. 自然失业率就是指在没有货币因素干扰的情况下,劳动力市场和商品市场自发供求力量发挥作用时应有的处于均衡状态的失业率,也就是充分就业情况下的失业率。失业通常包括摩擦性失业和结构性失业。生产力的发展、技术进步以及制度因素是决定自然失业率及引起自然失业率提高的重要因素。具体包括如下内容。

(1)劳动者结构的变化。一般来说,青年与妇女的失业率高,而这些人在劳动总数中所占比重的上升会导致自然失业率上升。

(2)政府政策的影响。如失业救济制度,一些人宁可失业也不从事工资低、条件差的职业,这就增加了自然失业中的“寻业的失业”;最低工资法使企业尽量少雇佣人,尤其是技术水平差的人,同时也加强了用机器取代工人的趋势。

(3)技术进步因素。随着新技术、新设备的使用,劳动生产率不断提高,资本的技术构成不断提高,必然要减少对劳动力的需求,出现较多失业。同时,技术进步使一些文化技术水平低的工人不能适应新的工作而被淘汰出来。

(4)劳动市场的组织状况。如劳动信息的完整与迅速性,职业介绍与指导的完善与否,都会影响自然失业率的变化。

(5)劳动市场或行业差别性。厂商、行业和地区会兴起和衰落,而劳动者和厂商需要时间来与之适应和配合。这些无疑会引起劳动者的大量流动,增加结构性失业。

12. 实际经济周期理论是新古典宏观经济学的代表性理论之一,该理论的基本观点可概括如下。

第一,技术冲击是经济波动的动力之源。

第二,经济周期所产生的产出波动不是实际国内生产总值对潜在国内生产总值的背离,而是潜在国内生产总值本身的变动。

第三,即使在短期,货币也是中性的。

(七)计算题

1. 劳动力 =10 000−2 000−1 000−1 400−500−100=5 000 万人

劳动参与率 =5 000/(10 000−2 000−1 000)×100%=71.43%

失业率 =500/5 000×100%=10%

2. 2001 年名义国内生产总值 =2×100=200 元

2002 年名义国内生产总值 =3×200=600 元

2001 年实际国内生产总值 =2×100=200 元

2002 年实际国内生产总值 =2×200=400 元

2001 年物价指数 =100

2002 年物价指数 =600÷400×100=150

名义国内生产总值变动 =(600−200)÷200×100%=200%

实际国内生产总值变动 =(400−200)÷200×100%=100%

物价指数变动 =(150−100)÷100×100%=50%

(八)案例分析

1. 阿根廷的恶性通货膨胀

通货膨胀的起因主要有:需求拉上的通货膨胀、成本推动的通货膨胀和结构型通货膨胀。从收入分配效应看,通货膨胀使工资收入者受损,使利润收入者受益。通货膨胀有利于债务人而不利于债权人。减少税收,减少管制,实施有助于提高和增强生产能力的经济政策,实施紧缩性的财政政策和货币政策。

2. 1995 年颠簸的软着陆

(1)失业率与经济增长率存在反方向变动的关系,经济过热时失业率降低。

(2)提高利率,减少投资,从而降低经济增长速度和物价上涨速度。

(3)宏观经济政策具有时滞性,批评者担心利率上调得过高,会使投资过度减少、经济增长速度过低。

第十四章　开放条件下的宏观经济

三、习题练习

(一)单项选择题

1-5 DDBAD　6-10 AADBB　11-15 BBBCB　16 B

(二)判断题

1-5 × √√√√

(三)名词解释

1. 国际收支盈余:净出口和资本净流出的差额称为国际收支差额,即国际收支差额 = 净出口 - 国际资本净流出。如果国际收支差额为正,称国际收支出现顺差,也称国际收支盈余。

2. 国际收支赤字:净口和资本净流出的差额称为国际收支差额,即国际收支差额 = 净出口 - 国际资本净流出。如果国际收支差额为负,称国际收支出现逆差,也称国际收支赤字。

3. 国际收支平衡:净出口和资本净流出的差额称为国际收支差额,即国际收支差额 = 净出口 - 国际资本净流出。一国国际收支平衡也称为外部均衡,是指一国国际收支差额为零。

4. 名义汇率:人们可以用一国货币兑换另一国货币的比率,是没有考虑两国的价格因素的汇率。

5. 实际汇率:用两国(或地区)价格水平对名义汇率加以调整后的汇率。

6. 货币贬值:购买力平价是决定长期实际汇率水平的基础。该理论认为实际汇率就决定于两个国家的价格水平,并随着这两个国家中任何一个国家的价格水平的变动而变动。根据购买力平价理论,无论是哪个国家的价格水平上升,都意味着该国的货币贬值。

7. 货币升值:购买力平价是决定长期实际汇率水平的基础。该理论认为实际汇率就决定于两个国家的价格水平,并随着这两个国家中任何一个国家的价格水平的变动而变动。根据购买力平价理论,无论是哪个国家的价格水平下降,都意味着该国的货币升值。

8. 固定汇率制度:货币的汇率基本固定,只在一定幅度内波动,并且由货币当局确定的汇率制度。在固定汇率制度下,汇率的变动主要取决于货币当局的汇率政策。

9. 浮动汇率制度:汇率直接由市场供求关系决定的汇率制度,包括自由浮动汇率制度和管理浮动汇率制度两种。在浮动汇率制度下,汇率的变动主要取决于外汇的供求关系。

(四)问答题

1. 固定汇率下的进口限额使得 IS^* 曲线向右移动(图 1)。为了保持固定汇率,这引起了货币供给增加。结果,总产出增加。

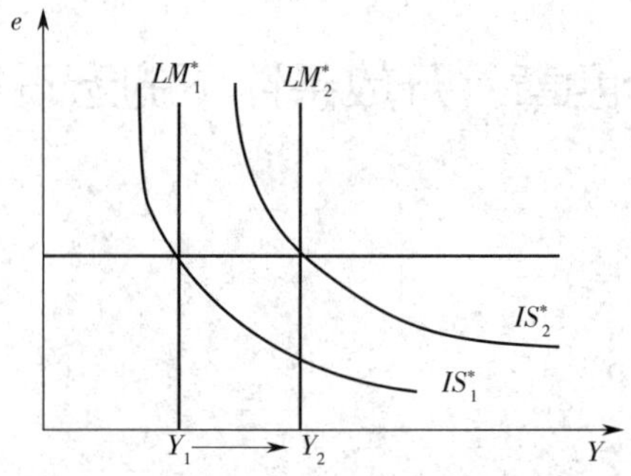

图 1

2. 在浮动汇率制度下外部平衡自动实现。在内部平衡方面,货币政策在三种情况下均有效;财政政策在资本不完全流动的情况下作用不确定,在资本完全流动下无效,在资本完全不流动下有效。

3. 在固定汇率下,如果外国发生通货膨胀,由于汇率不发生变化,这意味着外国商品的价格都上升了,其产品的竞争力下降,本国居民把自己的钱多花在本国的商品和证券上,少花在外国的商品和证券上,本国的国际收支将为顺差。不过,在固定汇率下,即使本国货币当局不采取任何措施,货币市场的不平衡也是不可能长期存在的,它可以通过货币供给的自动调整机制自行消除,即货币供给通过国际储备的流动来适应货币需求。

4. 本国货币贬值将引起国内价格上涨,本国货币供给相对不足、货币需求相对过大,国际储备增加,改善本国的国际收支。不过,在浮动汇率下,货币需求通过汇率的变化来适应货币供给,国际收支失衡通过汇率的变化来消除。本国的顺差情况意味着外汇市场中的外汇供给大于外汇需求,于是本国货币升值。本币升值使得本国国内价格下降,引起货币需求的减少。在货币市场趋于平衡的过程中,国际收支顺差逐渐缩小,直至消失。

5. 无效。在固定汇率的情况下,本国国际收支恶化后,从长期来看,外国收到这部分货币余额的人,一定会把这部分货币余额交给外国中央银行换回外国货币,然后外国中央银行再把它们提交给本国中央银行,而本国中央银行只能从本国的国际储备中支付这部分货币金额。国际储备的减少,必然会使本国中央银行收缩国内信用。本国收缩国内信用的结果将会自动地调整本国国际收支的逆差。如果本国政府采取增加国内部分的货币供给量办法,则不能减少国内信用,以上通过国内货币供给的变化自动调整国际收支的机制就无效了。

6.(1)如果一个国家同时存在通货膨胀和国际收支赤字,应该采用紧缩性的财政政策和紧缩性的货币政策。

(2)在高通货膨胀与国际收支顺差共存的情况下,政府则可采取扩张的货币政策和紧缩的财政政策相配合的方法。

(3)在通货紧缩和国际收支顺差并存的情况下,扩张性的财政政策和扩张性的货币政策是正确的解决办法。

7. 在资本具有完全流动性的情况下,利率的微小变动都会引发资本的无限量流动。在固定汇率制度下,任何国家的中央银行均不可能独立地操纵货币政策,其原因如下:假设一国货币当局希望提高利率,因而采取紧缩性货币政策使利率上升,很快世界各国的投资者为了享有这一更高的利率而将其资金转入该国,结果由于巨额资本流入,该国的国际收支出现大量顺差,外国人购买该国大量的金融资产会造成该国货币升值的巨大压力。在固定汇率制度下,该国中央银行有责任干预外汇市场以保持汇率稳定,因此中央银行将在外汇市场上抛售本币买进外币,结果使该国货币存量增加,抵消了最初紧缩货币政策的影响,最终国内利率退回到最初水平。而财政政策则会收到意想不到的效果,同样由于上述原因而使国际收支恢复均衡,对国民收入的影响却进一步扩大了。

8. B 国会受到影响。A 国实行宽松的货币政策,将导致物价上升和货币贬值,随着 A 国出口的增加,B 国国内市场将相对减小,不利于 B 国的就业和生产的增加。

9. 当出现通货膨胀、国际收支逆差时,则紧缩国内支出、货币贬值;当出现通货紧缩、国际收支逆差时,则扩张国内支出、货币贬值;当出现通货膨胀、国际收支顺差时,则紧缩国内支出、货币升值;当出现通货紧缩、国际收支顺差时,则扩张国内支出、货币贬值。

10. 固定汇率制度下,财政政策的扩张会导致产出增加和利率上升,资本内流,货币供应量扩张,财政政策作用得到加强。固定汇率制度下,扩张性的货币政策会导致产出增加和资本外流,货币供应量减少,货币政策效果受到抑制并失去效力,基础货币构成发生变化。浮动汇率制度下,财政扩张导致产出增加和利率上升,资本内流,本币升值,本国出口减少进口增加,抵消了初期的产出扩张,财政政策失去效力,总支出构成发生变化。浮动汇率制度下,货币扩张则产出增加利率下降,资本外流并导致本币贬值,从而使本国出口增加进口减少,货币政策效果得到增强。

11.(1)固定汇率下,国内货币供给突然自发增加,本国货币的利率下降,本国货币利率下降导致资本大量外流、存在国际收支逆差,这样对国内货币产生贬值压力,中央银行必须干预市场,抛出外汇,收回本币,保持固定汇率,与此同时国内货币供给减少,直到重新达到原来的均衡点为止。浮动汇率下,国内货币供给突然自发增加,因价格不变,实际货币供给增加。实际货币供给增加使利率下降,这会刺激国内投资,提高国民收入水平。由于国内利率低于国际均衡水平,导致大量资本流出,国际收支出现逆差,于是本国货币贬值。本币贬值后,本国出口增加,进口减少,直至国际收支恢复平衡为止。最终,国内收入水平提高了,利率与国际均衡利率相等。国内货币供给突然自发增加导致了产量、就业的提高。

(2)固定汇率下,外国资本突然大量流入,利率与国民收入都有所增加。这时利率高于国际均衡水平,吸引大量国际资本流入本国,造成巨额国际收支顺差,本币汇率面临升值的压力。为保持固定汇率,中央银行必须在外汇市场上买进外汇,抛出本币,结果本国货币供给增加,这一过程将一直持续到经济达到新的均衡点,使利率恢复到原来的水平,国际收支恢复平衡。但这时收入进一步增加。浮动汇率下,外国资本突然大量流入,会使得国内需求扩张,产量提高,对货币需求也因此增加,并导致利率上升,国内利率上升会造成资本大量流入国内,从而国际收支出现顺差,反映在外汇市场上,对本币的需求超过了本币的供给,由于汇率可以自由调整,于是本币升值。本币升值后,本国出口受抑制,但进口增加,直到净进口的增加抵消国际收支顺差为止。这意味着本国的产出不会增加。

（五）案例分析

1. 人民币升值的影响

总需求是经济社会对产品和劳务的需求总量，总需求函数表示在产品市场和货币市场均衡时产量和价格水平之间的关系，它表示在某个特定的价格水平下，经济社会需要多高的收入。总供给是经济社会的总产量，它描述了经济社会的基本资源用于生产时可能有的产量。从 *AD-AS* 模型来看，人民币升值会使人民币相当于外币价值上升，出口商品的外币价格上升，而进口商品的本币价格下降，从而有利于进口不利于出口。净出口的减少，会降低一国的总需求水平，从而进一步会降低产出，影响就业。

2. 开放条件下的我国宏观经济

出口是拉动我国经济发展的“三驾马车”之一，这体现出了国际贸易的重要性。国际贸易是指不同国家（地区）之间货品和服务的交换活动，反映了世界各国在经济上的相互依存和联系。

第十五章　宏观经济政策

三、习题练习

（一）单项选择题

1-5 BABAB　6-10 CBBAD　11-15 CCDCD　16-20 DBDCC　21-25 DBABA
26-29 ACCA

（二）多项选择题

1. ABCD　2. ABCD　3. ABCD　4. AC　5. ABC　6. BCD　7. ABCD　8. ABDE
9. AD　10. BE　11. DE　12. AC　13. BE

（三）判断题

1-5 √ × × √ ×

（四）名词解释

1. 自动稳定器：经济系统本身存在的一种会减少各种干扰和冲击国民收入的机制，能够在经济繁荣时期自动抑制通货膨胀，在经济衰退时期自动减轻萧条。

2. 挤出效应：是指政府支出增加引起利率水平上升，从而导致私人投资减少的效应。

3. 财政政策：为促进就业水平的提高，减轻经济波动，防止通货膨胀，实现稳定增长而对政府支出、税收和借债水平所进行的选择,或对政府收入和支出水平所做的决策。

4. 货币政策:是由一国货币当局即中央银行,通过银行体系变动货币供给量来调节总需求的政策,包括在经济萧条时增加货币供给的扩张性货币政策,在经济过热时减少货币供给的紧缩性货币政策。

5. 公开市场业务:中央银行在金融市场上公开买卖政府债券以控制货币供给和利率的政策行为。

6. 基础货币:即货币基础或高能货币,指商业银行的储备总额加上非银行部门持有的货币。

(五)问答题

1.(1)一般而言,宏观经济目标主要有四个:充分就业、物价稳定、经济增长和国际收支平衡。短期目标是物价稳定和充分就业,长期目标是经济增长和国际收支平衡。

①充分就业,是指所有资源得到充分利用,目前主要用人力资源作为充分就业的衡量标准。

②物价稳定,即把通货膨胀率维持在低而稳定的水平上。

③经济增长,是指保持合适的经济增长率。经济增长是指单纯的生产增长,经济增长率并不是越高越好,经济增长的同时必须带来经济发展;经济增长率一般用实际国民生产总值的年平均增长率来衡量。

④国际收支平衡,是指国际收支既无赤字又无盈余的状态。国际收支平衡是一个对外经济目标,必须注意和国内目标的配合使用;正确处理国内目标与国际目标的矛盾。

对于宏观经济目标而言,稳定经济周期和促进经济增长都十分重要。具体而言,在短期内,经济运行会由于各种因素而波动,因此短期内稳定经济周期比较重要;但是在长期内,只有促进一国经济的长期增长才能有效提高一国居民的福利水平和综合国力。

(2)按照传统凯恩斯主义的观点,稳定经济周期和促进长期经济增长这两种目标的达成主要依赖于政府采取相应的宏观经济政策(主要是财政政策、货币政策和汇率政策)来及时调整经济的运行,熨平短期内的经济波动,实现资源的优化配置、经济的平稳增长。

(3)宏观政策的协调能够同时实现这两个目标。当经济处于低迷时,政府可以采用扩张性的财政政策和货币政策促进短期经济的复兴。同时政府在实施扩张性财政政策时,可以有意识地引导政府支出和私人投资的流向,将其引向基础教育、科研等领域,这可以有效提高经济中的人力资本存量,从而在长期中促进经济的发展。

2.(1)财政政策包括财政支出和财政收入政策。财政支出的政策工具包括政府购买、转移支付和政府投资;财政收入的政策工具包括税收和公债等。

(2)政府购买支出是指各级政府购买劳务和物品的支出。如购买军需品,科技、教育开支,机关购买公用品,政府公务员报酬及维持治安支出。转移支付是政府在社会福利保险、贫困救济和失业救济金、农业补贴及退伍军人津贴等方面的支出。政府投资在发达的市场经济国家只包括公共项目工程和国家特殊重大项目的固定资产投资和存货投资。

（3）在经济萧条时期，总需求小于总供给，经济中存在失业，政府通过扩张性的财政政策来刺激总需求。扩张性的财政政策包括增加政府投资，增加政府购买和增加转移支付，以及减少税收（主要是降低税率）。

（4）在经济繁荣时期，总需求大于总供给，经济中存在通货膨胀，政府通过紧缩性的财政政策来抑制总需求。紧缩性的财政政策包括减少政府投资，减少政府购买和减少转移支付，以及增加税收（主要是提高税率）。

3. 货币政策指中央银行通过变动货币供应量，进而影响利率和国民收入的一系列方针政策的总称。

货币供给包括狭义的货币供给（纸币、硬币和活期存款），一般的货币供给（在狭义的货币供给基础上加上定期储蓄），广义的货币供给是一般货币供给加上其他金融资产。货币供给由中央银行完成，中央银行是发行的银行，银行的银行，国家的银行。

中央银行的主要货币政策工具包括：公开市场业务，法定准备金率政策以及再贴现率。

当经济中存在失业，使用扩张性货币政策，包括降低法定准备金率、降低再贴现率和在公开市场上买入国债。

当经济中存在着通货膨胀，则使用紧缩性货币政策，包括提高法定准备金率、提高再贴现率和在公开市场上卖出国债。

4.（1）财政政策是通过政府支出与税收来调节经济的政策，它的主要内容包括政府支出与税收。政府支出包括政府公共工程支出、政府购买以及转移支付；政府税收主要是个人所得税、公司所得税和其他税收。

（2）在经济衰退时期，由于总需求小于总供给，经济中存在失业，政府就要通过扩张性的财政政策来刺激总需求，以实现充分就业。

（3）扩张性财政政策是通过政府增加支出和减少税收来刺激经济的政策。政府公共工程支出与购买的增加有利于刺激私人投资，转移支付的增加可以增加个人消费，这样就会刺激总需求。减少个人所得税（主要是降低税率）可以使个人可支配收入增加，从而消费增加；减少公司所得税可以使公司收入增加，从而投资增加，这样也会刺激总需求。

（4）扩张性财政政策可以通过乘数效应刺激经济。

5. *IS-LM* 模型是产品和货币市场同时达到均衡时国民收入与利率水平决定的模型。政府支出增加是宽松的财政政策使得 *IS* 曲线右移，收入增加，利率上升；降低存款准备金率是宽松的货币政策，*LM* 曲线右移，使得收入增加，利率下降。两者同时移动，导致收入增加，对利率的影响不确定，取决于两条曲线移动的距离。

6.（1）公开市场业务又称公开市场操作，是指中央银行在金融市场公开买卖有价证券和银行承兑票据，从而调节货币存量的一项业务活动，其目的一是要影响货币存量和市场利率，二是要利用证券买卖来稳定商业银行的准备金数量，抵消市场自发波动因素的干扰，进而达到稳定货币供给或市场利率的目的。

（2）作为货币政策的最主要工具，公开市场操作有以下为其他政策工具难以比拟的明显优点：一是能按中央银行主观意图进行，不像再贴现政策那样中央银行只能用贷款条件或变动借款成本的间接方式鼓励或限制其借款数量;二是中央银行可通过买卖政府债券把商业银行的准备金有效控制在自己希望的规模内;三是操作规模可大可小,交易方法的步骤也可随意安排,更便于保证准备金率调整的精确性;四是不像法定准备金率及再贴现率手段那样具有很大的行为惯性(准备金率及贴现率不可以轻易变动),在中央银行根据市场情况认为有必要改变调节方向时,公开市场业务很容易实现逆转。

7.(1)财政政策是指一国政府为实现既定目标而通过调整财政收入和支出以影响宏观经济活动水平的经济政策。从 *IS-LM* 模型看,财政政策效果的大小是政府收支变动(包括变动税率、政府购买和转移支付等)使 *IS* 曲线发生移动,从而影响国民收入变动。显然,从 *IS* 曲线和 *LM* 曲线图形看,这种影响的大小,随着 *IS* 曲线和 *LM* 的斜率不同而有所区别。

(2)在 *LM* 曲线不变的条件下,*IS* 曲线的斜率绝对值越大,*IS* 曲线越陡峭,则移动 *IS* 曲线时收入变化就越大,财政政策效果越大;反之,*IS* 曲线越平缓,则 *IS* 曲线移动时收入变化就越小,财政政策效果越小。

IS 曲线斜率的绝对值主要由投资的利率敏感度决定,*IS* 曲线越平缓,表示投资对利率敏感度越大,即利率变动一定幅度所引起的投资变动的幅度越大。若投资对利率变动较敏感,一项扩张性财政政策使利率上升时,就会使私人投资下降很多,就是挤出效应较大,因此 *IS* 曲线越平坦,实行扩张性财政政策时被挤出的私人投资就越多,从而使得国民收入增加较少,财政政策效果就小。

(3)在 *IS* 曲线的斜率不变时,财政政策效果又随 *LM* 曲线斜率不同而不同。

分三种情况:

①一般情况下,*LM* 斜率越大,*LM* 曲线越陡,则移动 *IS* 曲线时收入变动就越小,财政政策效果就越小,反之,*LM* 越平坦,则财政政策效果就越大。

当 *LM* 曲线斜率较大时,表示货币需求的利率敏感度较小,这意味着一定的货币需求增加将使利率上升较多,从而对私人部门投资产生较大的"挤出效应",结果使财政政策效果较小。

②凯恩斯极端情况下,财政政策完全有效。

当 *LM* 曲线为水平线时,表明国民收入对利率变化具有完全弹性。增加政府支出,尽管货币总需求增加,导致 L_1 上升,但 L_2 的变化却不会引起利率改变。在利率 r 不变的情况下,投资需求不减少,挤出效应为零,*IS* 曲线的右移(不管 *IS* 曲线垂直还是向右下方倾斜),将导致完全相等的均衡国民收入的增量(产出效应最大)。因此,*Y-E* 模型和 *IS-LM* 模型得到了完全相同的结论,财政政策具有完全的效应。

③古典极端情况下,财政政策完全无效。

当 *LM* 曲线垂直时,货币需求的利率系数为零。持有货币的机会成本极大;人们认为债券价格低到了只会上涨而不会再跌的程度;人们不愿再为投机而持有货币。若政府推行一项增加支出的扩张性财政政策而要向私人部门借钱,由于私人部门没有闲置货币,政府借款利率就要上涨到使政府公债产生的收益大于私人投资的预期收益。这样,政府支出的任何增加都将伴随私人投资等量减少。

这就意味着政府的购买支出对私人投资的“挤出效应”是完全的。此时，财政政策不会产生效果（只能使利率变化，实际国民收入却保持不变）。

8. 宏观经济政策的目标有充分就业、价格稳定、经济增长、国际收支平衡。关系：既有相互统一的一面，又有矛盾的一面。

（1）为了实现充分就业，就必须有经济增长做保证，经济增长与充分就业的目标是一致的，是相互促进的。

（2）为了实现充分就业，就要实施扩张性政策来刺激总需求，扩大就业量，由此会引起物价总水平上升；为了抑制通货膨胀，就必须实施紧缩性政策来抑制总需求，由此又会缩减就业量，引起失业率上升。

（3）经济增长与物价稳定之间也存在着相互排斥的关系。因为在经济增长过程中，通货膨胀难以避免。

（4）为了实现充分就业，维持经济增长，就可能降低本国产品在国际市场上的竞争力，从而不利于国际收支平衡。为了实现国际收支平衡，又可能不利于实现充分就业和稳定物价的目标。

9.（1）再贴现率政策。再贴现率是中央银行对商业银行及其他金融机构的贷款或者放款利率。通过增减贴现贷款数量和贴现利率，来影响货币供给量。再贴现率政策往往作为补充手段和公开市场业务政策结合在一起执行。

（2）公开市场业务。公开市场业务是指中央银行在金融市场公开买卖政府债券以控制货币供给和利率的政策行为。公开市场业务很灵活，便于中央银行能够及时调整货币供给数量和方向。

（3）法定准备金率。中央银行通过提高或降低法定准备金率来控制贷款数量，增减货币供给量。这一政策手段很少使用，一般几年才改变一次准备金率。

10. 政府财政收入和政府财政支出不仅是分配社会产品的手段，而且其本身具有一种内在的自动稳定经济的功能。即当经济膨胀过热时，政府财政具有抑制膨胀、冷却降温的作用；当经济衰退滑坡时，政府财政具有遏制衰退，阻碍滑坡的作用。

从政府财政收入方面看，在实行累进税的情况下，经济高涨，就业人数增多，公民的收入增加，纳税档次提高，政府财政收入增长幅度将超过国民收入增长幅度，从而税负加重，投资成本提高，经济发展速度会逐渐放慢。

反之，经济衰退，就业人数减少，公民收入降低，纳税档次下降，政府财政收入下降的幅度会超过国民收入下降的幅度，从而税负减轻，投资成本降低，经济衰退会有所抑制。

11. 所谓财政政策手段是指政府当局为实现既定的经济目标所选择的政策操作工具。这些手段主要包括改变政府支出水平、改变政府转移支付水平和改变政府税收水平。

财政政策发生作用的过程可以用符号表示如下：$G\uparrow\rightarrow AD\uparrow\rightarrow L\uparrow\rightarrow r\uparrow\rightarrow I\downarrow\rightarrow AD\downarrow$。

如图 1 所示。在初始的均衡点，如果利率水平不变，政府支出的增加提高了总需求水平。

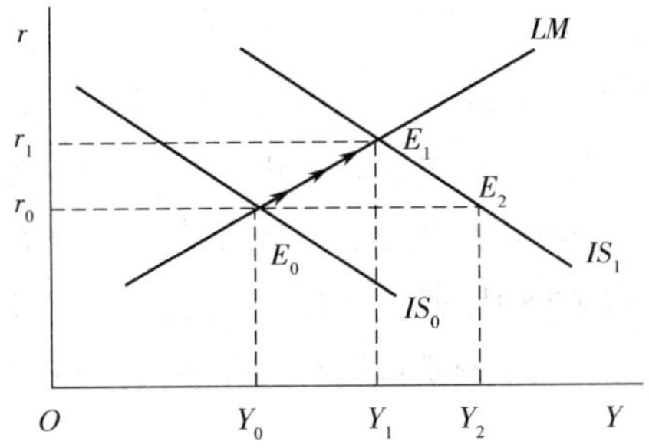

图 1

为满足增加了的产品需求，产出必须上升，IS_0 曲线移动到 IS_1，在每一利率水平上，均衡收入由 Y_0 增加到 Y_2。产品市场 E_2 实现了新的均衡。然而，收入水平的提高使得货币需求增加，在原来的利率水平 r_0 上，存在着货币的过度需求。在保持实际货币供给量不变的情况下，利率必须上升。随着利率的上升，厂商的计划投资支出下降，总需求相应降低。这个过程持续到两个市场都处于均衡状态为止，即达到 E_1 点，两个市场同时实现了新的均衡，此时，均衡收入增加，利率水平上升。

12. 实施扩张性货币政策和紧缩性财政政策。如图 2 所示。

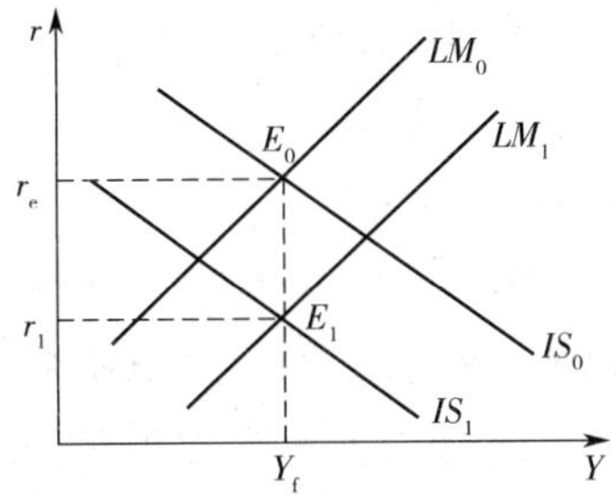

图 2

扩张性货币政策，通过增加货币供给，使得 LM_0 曲线向右移动，降低利率，从而增加私人投资；同时采用紧缩性财政政策，提高税率，尤其是提高个人所得税，减少个人可支配收入，使得 IS_0 曲线向左移动，以减少消费支出，两条新的 IS_1 曲线和 LM_1 曲线相交的均衡点上的收入水平和初始点的收入水平一致，从而达到实现总需求不变，改变需求结构的目的，但此种情况是以利率水平 r_e 下降为 r_1 为代价的。

13. 一单位高能货币能带来若干倍货币供给，这若干倍即货币创造乘数，也就是货币供给的扩张倍数。如果用 H、Cu、RR、ER 分别代表高能货币、非银行部门持有的通货、法定准备金和超额准备金，用货币供给量 M 等于通货 Cu 加活期存款 D 代入，则：$H=Cu+RR+ER$，$M=Cu+D$，即有：$M/H=(Cu+D)/(Cu+RR+ER)$，再把该式分子分母都除以 D，则有：$M/H=(Cu/D+1)/(Cu/D+RR/D+ER/D)$。这就是货币乘数，其中，$Cu/D$ 是现金存款比率，RR/D 是法定准备金率，ER/D 是超额准备金率。可见，现金存款比率，法定准备金率和超额准备金率越大，货币乘数越小。

14. 内在稳定器或自动稳定器，是指国家财政预算中根据经济状况而自动发生变化的收入和支出项目,如税收和转移支付。

政府转移支付包括社会救济、政府支付失业救济金等,是主要自动稳定器。当经济出现衰退和萧条时,劳动者失业增加,有条件领取失业救济金和其他福利费的人数增加,这就可以缓解人们可支配收入下降,进而抑制消费需求的下降;当经济繁荣时,失业人数减少,失业救济金和其他福利费支出自然减少,因而就抑制了可支配收入和消费的增长。

政府转移支付发挥内在稳定器的作用是有限的,只会减轻和缓和经济波动,不可能消除波动。

(六)计算题

1.(1)由消费、税收、投资、政府支出,可得 IS 曲线方程为:

$Y=C+I+G=60+0.8(Y-100)+150+100$,化简得 $Y=1\ 150$。

由货币需求 $L=0.2Y-10r$,货币供给 $M=200$, $P=1$,根据 $M/P=L$,得 LM 方程曲线为:$0.2Y-10r=200$,化简得 $Y=1\ 000+50r$。

由上两式联立可得,$Y=1\ 150$,$r=3$。

(2)政府购买增加到 120,则新的 IS 方程曲线为 $Y=C+I+G=60+0.8(Y-100)+150+120$,化简得 $Y=1\ 250$,与 $Y=1\ 000+50r$ 两式联立可得,均衡收入 $Y=1\ 250$,$r=5$。

(3)当政府购买增加时,投资没有变化,故不存在"挤出效应"。因为投资是一个固定的量,不受利率变化的影响,即投资与利率无关。

2.(1)货币供给 $M=1\ 000+400/0.12=4\ 333$(亿美元)

(2)当准备金率提高到 0.2,则存款变为 $400/0.2=2\ 000$ 亿美元,现金仍是 1 000 亿美元,因此,货币供给为 $1\ 000+2\ 000=3\ 000$ 亿美元,即货币供给减少了 1 333 亿美元。

(3)中央银行买进 10 亿美元债券,即基础货币增加 10 亿美元,则货币供给增加:$\Delta M=10\times 1/0.12=83.3$(亿美元)。

3.(1)由 $Y=C+I+G$,知 IS 曲线为 $Y=90+0.8Y_d+140-5r+50=90+0.8(Y-50)+140-5r+50=240+0.8Y-5r$,即:$Y=1\ 200-25r$。

由 $L=0.2Y$,$M_s=200$ 和 $L=M_s$ 知 LM 曲线为 $0.2Y=200$,即:$Y=1\ 000$,LM 曲线处于充分就业的古典区域。

由 $Y=1\ 200-25r$ 和 $Y=1\ 000$,得:利率 $r=8$;$I=140-5\times 8=100$。

(2)若其他条件不变,政府支出增加 20,将会导致 IS 曲线发生移动,此时,新的 IS 曲线为:$Y=90+0.8Y_d+140-5r+70=90+0.8(Y-50)+140-5r+70=260+0.8Y-5r$,整理得:$Y=1\ 300-25r$,与 LM 曲线 $Y=1\ 000$ 联立得 $1\ 300-25r=1\ 000$,此时,均衡利率 $r=12$, $I=140-5\times 12=80$,均衡收入仍为 $Y=1\ 000$。

(3)由投资变化可以看出,当政府支出增加时,投资减少,说明存在挤出效应,由均衡收入不变可以看出,LM 曲线处于古典区域,即 LM 曲线与横轴垂直,说明政府支出增加时,只会提高利率和完全挤占私人投资,而不会增加国民收入。

(七)案例分析

1. 疫情公债利国利民

利用 *IS-LM* 模型,通过采取扩张性财政政策,*IS* 曲线右移,可以实现国民收入的增加。

2. 张林之争:看不见的手 VS 看得见的手

货币政策:经济萎靡,释放货币,经济过热,收紧货币。财政政策:经济萎靡则政府自己购买并减税拉动经济,过热则多收税给经济降温。

第十六章　经济增长

(一)单项选择题

1-5 CABBC　6 D

(二)判断题

1-5 √ × √√√

(三)名词解释

1. 经济增长:是指一个国家或一个地区生产产品和劳务能力的增长(潜在国内生产总值的增长),或其产出水平的提高。经济增长一般是指产量总量的增加,或人均产量增加。

2. 经济发展:是一个比经济增长含义更广的概念。经济增长是经济发展的基础,没有一定的经济增长,就不会有经济发展。但经济增长并不简单的等同于经济发展。

(四)问答题

1. 在新古典增长模型中,储蓄率上升,会导致人均资本的上升,而人均收入是人均资本的增函数,因而储蓄率上升会增加人均产量,直到经济达到新的均衡为止。如图 1 所示,储蓄率由 s_1 上升到 s_2,对应的人均资本由 k_1 上升到 k_2,相应的人均收入也由 Y_1 上升到 Y_2。但另一方面储蓄率的变动不能影响到稳态的增长率。从这点上说,储蓄率的变动只有水平效应没有增长效应。

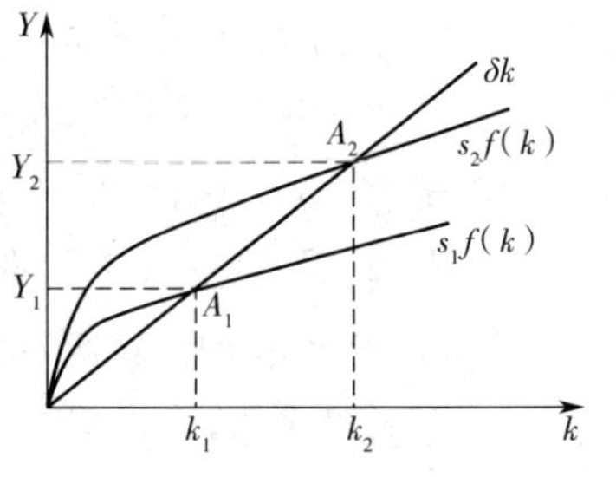

图 1

2. 新古典增长理论虽然假定劳动力按一个不变的比率 n 增长，但当把 n 当成一个参数时，就可以说明人口增长对产量增长的影响，如图 2 所示。

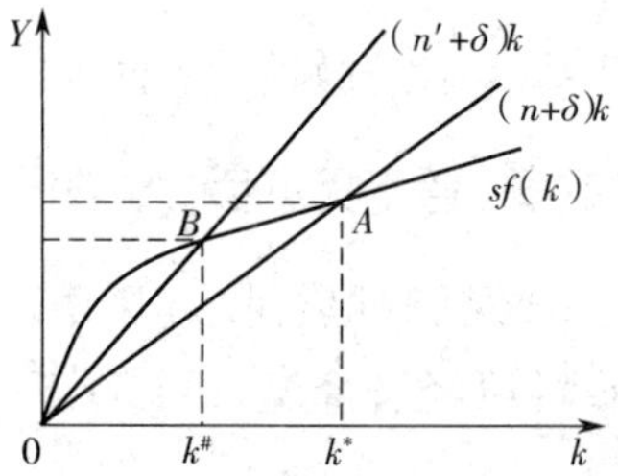

图 2

图中，经济最初位于 A 点的稳态均衡。现在假定人口增长率从 n 增加到 n'，则图中的 $(n+\delta)k$ 线便发生移动变为 $(n'+\delta)k$ 线，这时，新的稳态均衡为 B 点。比较 B 点与 A 点可知，人口增长率的增加降低了人均资本的稳态水平（从原来的 k^* 减少到 $k^\#$），进而降低了人均产量的稳态水平。这是从新古典增长理论中得出的又一重要结论。西方学者进一步指出，人口增长率上升导致人均产量下降正是许多发展中国家面临的问题。两个有着相同储蓄率的国家仅仅由于其中一个国家比另一个国家的人口增长率高，就有非常不同的人均收入水平。对人口增长进行比较静态分析得出的另一个重要结论是，人口增长率的上升增加了总产量的稳态增长率。理解这一结论的要点在于，一方面，懂得稳态的真正含义，并且注意到 B 点和 A 点都是稳态均衡点；另一方面，由于 A 点和 B 点都是稳态，故人口增加对人均资本和人均产量的增长率都不产生影响。

3. ①人均产量的高增长率及人口的高增长率；②生产率本身的增长是迅速的；③经济结构的快速改变；④社会结构、意识形态的变化；⑤增长在世界范围内迅速扩大；⑥世界经济增长的不平衡。

4. 在新古典增长模型中，稳定增长的条件为人均资本不发生变化，或者说每人使用的资本量不变，这就要使人均储蓄正好等于资本的广化。在新古典增长模型公式 $sf(k)=\Delta k+Nk$ 中，人均资本不发生变化，就是 $\Delta k=0$，$sf(k)=nk$。$sf(k)$ 是储蓄率与人均产量（收入）的乘积，即人均储蓄，nk 是资本的广化。在宏观经济学中储蓄等于投资是均衡的条件，储蓄等于储蓄率乘以收入，即 $S=sY$。投资可用资本增量 ΔK 表示。而上述公式 $sf(k)=nk$ 即 $sy=nk$，$y=Y/N$。这里 y 表示人均收入，k 表示每一劳力或每一人口配备的资本量，即 $k=K/N$。将 $y=Y/N$ 和 $k=K/N$ 代入 $sy=nk$，可得 $sY=I=\Delta K$，因此 $sY=nK$ 也就是 $\Delta K=nk$ 或 $\Delta K/K=n$。这一式子表示，资本增长率等于人口增长率。这当然会使人均资本配备量不变。因此，在新古典增长模型中，稳定增长的条件，既可用 $sf(k)=nk$ 表示，也可用 $\Delta K/K=n$ 表示。

5. 对于经济增长的源泉或者说因素，经济学家有不少研究和说法。美国经济学家丹尼森把经济增长因素分为两大类：生产要素投入量和生产要素生产率。要素投入指劳动、资本和土地。其中劳动和资本是可变的。关于要素生产率，用单位投入的产出量来衡量，它主要取决于资源配置状况、规模经济状况和知识进展。具体来说可分为七个方面：①就业者人数和他们的年龄性别构成;②工作时数;③就业人员受教育的程度;④资本存量规模;⑤资源配置状况;⑥规模的节约;⑦知识进展。另一位经济学家库兹涅茨则通过对各国经济增长的比较分析提出经济增长的主要因素是知识存量的增加、劳动率的提高和经济结构的变化。斯蒂格利茨则提出,引起经济增长的源泉主要是:资本品(投资)的增长,劳动力质量提高,资源配置效率改善和技术变革。以上各种说法尽管存在差异,基本观点其实差不多。制度经济学家则认为,这些说法忽略了制度因素在经济增长过程中的重要意义。

(五)案例分析

1. 中国经济增长政策

促进经济增长的政策有鼓励技术进步、鼓励资本形成、增加劳动供给、建立适当的制度。我国为实现经济更好更快发展,鼓励创新,不断完善资本市场、经济体制,提高教育水平,提高人才质量。

2. 中国住房消费能否拉动经济增长

需求的快速增长将保证供给的相应增长。这是因为消费需求是最终需求中最主要的部分。消费需求是最终需求,对于投资需求进而对于整个经济增长起着直接和最终的制约作用,消费需求的变化方向及变动速度最终决定着经济增长的方向和速度。由此,对于一个发展中的大国经济,国内市场对经济发展具有特别重要的意义。从国内市场需求来看,巨大的人口基数与潜在的巨大购买力是中国经济发展的最大依托和独特优势。因此,中国必须创造一个自己的商品、服务、劳动力、金融及其他因素的国内市场,增加国内经济的活力,扩大作为需求来源的地位,并利用和依托这一巨大的国内消费需求,根据经济发展的不同阶段,选择出口导向或以内需为主的发展战略,建立合理的供求格局和更加稳定的经济结构,提高抵御国际经济风险的能力,从而推动中国经济的可持续发展。